CYKLOS

Jürgen Rieck / Uwe Schäfer

Mittel-Italien per Rad

(Toskana - Umbrien)

Ein CYKLOS-Fahrrad-Reiseführer

Verlag Wolfgang Kettler

Jürgen Rieck / Uwe Schäfer

Mittel-Italien per Rad (Toskana - Umbrien)

Ein CYKLOS-Fahrrad-Reiseführer

Verlag Wolfgang Kettler

Herausgeber: Wolfgang Kettler

CIP-Titelaufnahme der Deutschen Bibliothek

Rieck, Jürgen:
Mittel-Italien per Rad : (Toskana- Umbrien) / Jürgen Rieck ; Uwe Schäfer. [Hrsg.: Wolfgang Kettler]. - 1. Aufl. - Berlin : Kettler, 1989
(Ein Cyklos-Fahrrad-Reiseführer)
ISBN 3-921939-22-4
NE: Schäfer, Uwe:

Das Frontispiz zeigt eine Gasse in Orvieto.

Fotos: Uwe Schäfer

1. Auflage Februar 1989
ISBN 3-921939-22-4

Druck: Kube & Partner GmbH, 1000 Berlin 61

Inhalt

Eine Etappen-Übersichtskarte befindet sich am Schluß des Buches (ausklappbar).

Mit dem Fahrrad auf Reisen: Mittel-Italien...

ist ein Fahrradreiseland für alle, die historisches Kulturgut mit den eigenen "Beinstärken" erkunden wollen. Erfrischende Abwechslung bieten auf einer solchen Entdeckungsreise vor allem in den Sommermonaten die Seen im Landesinnern oder das Tyrrhenische Meer. Während die Badestätten, die Lidos der toskanischen Riviera, schon auf eine lange Tradition zurückblikken, bieten die ehemals Feuer und Asche speienden Vulkane - die heutigen Kraterseen - im Landesinnern noch unverbrauchte Nischen der Ruhe.

Die südeuropäische Mentalität bedeutet für den aus Norden Angereisten zuerst einmal ungewöhnlich viel Leben in und auf den Straßen. Dies mag zwar den einen oder anderen Radreisenden empfindlich in seinem Lärmempfinden stören, muß jedoch nicht das Sicherheitsgefühl in helle Aufregung versetzen. Den radelnden Verkehrsteilnehmern wird viel Aufmerksamkeit entgegengebracht: von den einen, die das Fahrrad als *das* Freizeitgefährt feiern (der Giro d'Italia stellt alljährlich das übrige Sportgeschehen in den Schatten der Bedeutungslosigkeit) und somit den Reisenden zu Rade einige Grade an Bewunderung entgegenbringen, und von den anderen, die es schlicht lustig finden, wenn sie in der heutigen Zeit des Automobils Radreisende auf der Straße erblicken. In beiden Fällen sitzt man recht sicher im Sattel, da Wachsamkeit auf Italiens Straßen das Steuer des Automobils regiert. Nur der Erwartung, auf absolut autofreien Landstraßen völlige Entspannung auf seinem Rade zu erhalten, darf nicht zuviel Raum beigemessen werden. Denn ebenso wie die Wachsamkeit gibt es den schier unersättlichen Drang zu Mobilität. Und zur Befriedigung dieser wird gemäß des hohen Lebensstandards das Auto benutzt. Obwohl ein dichtes, gut instandgehaltenes Landstraßennetz überall zur Auswahl steht, sind die "Ganz-Ruhigen" nur in den dünn besiedelten Bereichen des Landesinnern zu finden. Die unternehmungslustigen ItalierInnen sind unermüdlich im Aufspüren der zu einer bestimmten Tageszeit am wenigsten von anderen mitbenutzten Straße. Bei der großen Anzahl in Italien betriebener Kraftwagen hat dies zur Folge, daß auch auf den in der Straßenkarte als niedrig eingestuften Nebenstraßen vormittags und nach der Mittagsruhe (also ab 15 h wieder) "einiges los ist".

Das Rad taucht im Erscheinungsbild italienischer Landstraßen zahlreich an den Wochenenden oder am frühen Abend nach Dienstschluß auf, gelenkt von großen Idealen nacheifernden, im bunten Sportdress gekleideten Hobbyradlern. Zunehmende Beliebheit gewinnt es im Alltagsgebrauch

in den Stadtgemeinden, die auf ebener Talsohle oder an der Küste ihren Standort gefunden haben - enggassige, in den Hang oder auf der Kuppe eines Hügels errichtete Metropolen des Mittelalters lassen sich noch heute am günstigsten per pedes erschließen.
Gerade der meist weitestgehend erhaltene mittelalterliche Stadtgrundriß in vielen mittelitalienischen Städten trägt heute zur Wiedernutzung des vom Automobil in der Vergangenheit verdrängten Verkehrsmittels Fahrrad bei. Den Bereich des Zentrums zahlreicher "alter" Städtchen versucht die derzeit aktuelle Verkehrsplanung wieder automobilfrei zu bekommen - überall dort reibungslos, wo mit entsprechend ausgeweitetem Umweltbewußtsein behaftete politische Mehrheiten existieren.
Somit können Sie in Mittel-Italien schon manchesmal Straßen auf sich einwirken lassen und den espresso an einer piazza "nehmen", in denen und auf der kein "Blech" die gegenüberliegenden Fassaden ziert und die Luft mit seinen Abgasen anfüllt.

Die Streckenempfehlungen dieses Buches ergänzen die touristischen Standardrouten durch eine Vielzahl erradelnswerter Varianten - Badesüchtige finden ebenso ihre Route wie die Freunde ländlicher Abgeschiedenheit, archäologisch Interessierte, Liebhaber mächtiger Stadtbefestigungen und kulinarische Leckermäuler.

Auf den Wallanlagen von Lucca

Anleitung zur Benutzung

Informationen über Benzinpreise fehlen in diesem Reiseführer: er ist voll und ganz auf Fahrradreisen ausgerichtet und verzichtet daher auf alle Details, die für RadlerInnen unwichtig sind. Stattdessen legt dieses Buch Wert auf Fahrrad-Werkstätten und Radfahrerunterkünfte, gute Landkarten und ruhige Nebenstraßen.

Italien weist eine Fülle von nationalen Eigenheiten auf, deren Kenntnis für den Touristen durchaus nützlich ist, will er nicht stetig mit staunend geöffnetem Mund als lebender Fliegenfänger durch die Gegend radeln. Etwas Hintergrundwissen über Italien und die dort lebenden Menschen steht deshalb am Anfang des Buches.

Im Anschluß an die Hintergrundinformationen sind jene kleinen Dinge zusammengestellt, die der Besucher Italiens wissen sollte und möchte, wie z.B. Einreisebedingungen, geeignete Landkarten, Eisenbahnstrecken, Unterkünfte, Kulinarisches oder Details zu geeigneten Fahrrädern.
Der eigentliche Fahrrad-Reiseführer beginnt erst danach. Mittel-Italien wird "etappenweise" behandelt, wozu das Land in 62, auf der am Ende des Buches befindlichen Übersichtskarte ersichtliche, Teilstrecken aufgeteilt ist, so daß ein weitgehend individueller Reiseverlauf ermöglicht wird. Die durchnumerierten Teilstrecken sind mit Kartenskizzen und Streckenverlauf ausführlich beschrieben, Städte und Sehenswürdigkeiten, teilweise in hervorgehobenen "Kästen", behandelt. Detailinformationen zu einem Ort stehen im allgemeinen nur in jeweils einer Etappenbeschreibung; sie sind über das Register am Ende des Buches schnell zu finden.

Die Streckenführung der Etappen ist speziell auf die Belange des Fahrrad-Touristen abgestimmt: weitestgehend werden Nebenstraßen benutzt, starke Steigungen - wenn möglich - vermieden, landschaftlich und touristisch interessante Stätten ausgesucht. Die Recherchen zu den Streckenempfehlungen wurden in den Monaten unmittelbar vor Drucklegung durchgeführt. Die Routenempfehlung beinhaltet keine Vorschriften über die zu vollbringende Tagesleistung - die Länge der Tagesstrecken bestimmen Sie ausschließlich selbst.

Die in den Beschreibungen enthaltenen Details über Ortschaften sollen sowohl der Vorauswahl der jeweils zu Aufenthalt und/oder Übernachtung angepeilten Dörfer und Städte dienen als auch touristische Tips vor Ort

Die Familie der Türme - San Gimignano

geben. Sie nehmen Ihnen jedoch nicht das Selbstentdecken der Orte ab; Näheres dazu in den Kapiteln über Übernachtung und Kulinarisches.
Die Auswahl der Informationen ist darauf gerichtet, daß sie einen guten Mittelweg zwischen den strikten Vorschriften üblicher Rad-Wanderführer und den für Radtouristen unbrauchbaren Angaben gewöhnlicher Reiseführer bieten. Anhand dieses Fahrrad-Reiseführers allein werden Sie aber keine eigenverantwortliche Mittel-Italienreise unternehmen können: als Ergänzung sind gute Straßenkarten unbedingt erforderlich. Die nötige Präzision einer vielfarbigen Karte kann mit den in diesem Buch enthaltenen Skizzen nicht erreicht werden.

Damit Sie nicht mit dem aufgeschlagenen Buch in der Hand durch Italien fahren müssen und womöglich dabei die besten Eindrücke verpassen, ist es in höchstem Maße sinnvoll, die Streckenführung im voraus mit einem Stift auf die von Ihnen benutzte Karte zu übertragen. Markieren Sie sich Punkte mit Besonderheiten, zu denen Sie Informationen dann an Ort und Stelle nachschlagen können; auf diese Art und Weise ist auch die Umkehrung einer Etappenbeschreibung kein Problem. Manchmal bestehen Möglichkeiten zu kurzen Querverbindungen zwischen einzelnen Etappen. Sofern diese über offensichtlich sich anbietende Hauptstraßen führen, wird nicht besonders darauf hingewiesen, Nebenstraßenverbindungen sind in den Etappenbeschreibungen genannt.

LAND UND LEUTE

Hof in der toskanischen Campagna

Fläche und Topographie

Die in diesem Buch beschriebenen Etappen führen durch das nordwestliche Mittel-Italien, genauer die Regionen Toskana, Umbrien und das nördliche Latium. Diese drei werden von dem großen Gebirgsbogen des Apennin umschlossen und stellen einen der bedeutendsten Kerne in der Siedlungsgeschichte Italiens dar.
Im Nordwesten begrenzen die Apuanischen Alpen, berühmt durch ihre reichen Marmorvorkommen, im Süden der Tiber und im Osten der Hauptkamm des Apennins das in diesem Reiseführer dargestellte Gebiet.

Die **Toskana** umfaßt ca. 23000 km², zählt damit zu den größten Regionen Italiens und teilt sich geographisch in die bereits erwähnten Apuanischen Alpen, das Arnobecken, die *toskanische* Hügellandschaft, den ihr vorgelagerten breiten Küstenstreifen der Maremmen und schließlich den toskanischen Archipel, mit seiner größten Insel *Elba*. Dieser vielfältige Charakter wird auch von den Geologen belegt; von Urgesteinen, über Kalk- und Sandsteine bis zu solchen vulkanischen Ursprungs reicht die Palette, so daß der vordergründige Eindruck einer einheitlichen toskanischen Berglandschaft eine Täuschung darstellt. Die ursprünglich sehr waldreiche Region wurde während der jahrtausendelangen Besiedlung des Menschen intensivstem Raubbau unterworfen; schon die Römer benötigten immense Mengen des hölzernen Baustoffs für ihre Kriegsflotten und den Ausbau ihrer Siedlungen, besonders natürlich ihrer Hauptstadt Rom. In den folgenden Jahrhunderten sank der Bedarf aber kaum, da die mächtigen Handelsstädte Genua, Pisa, Lucca und Firenze zum Unterhalt und Ausbau ihrer Flotten auf diesen Allround-Werkstoff zurückgriffen. So entstand nach und nach durch die Prozesse der Verkarstung und der Erosion die heute vermeintlich so ursprünglich wirkende Hügellandschaft.

Umbrien ist nicht nur eine der kleinsten (8500 km²), sondern auch dünnbesiedelsten (100 Einwohner/km²) Regionen Italiens und weist aus bisheriger touristischer Sicht ein bedeutendes Manko auf - als einzige Region Italiens hat sie keinen Zugang zum Meer. Umbrien wird vollständig von Apenninzügen umschlossen, ist zu zwei Dritteln von Bergen und Hügeln bedeckt und bietet so nicht nur die mittelmeertypischen Sommer, sondern auch kalte Winter. Infolge der fehlenden Bademöglichkeiten in salzigen Wassern und des traditionell recht dünnen Verkehrsnetzes blieb die Region lange Zeit von den großen Touristenanstürmen verschont. Nur die "Hauptstadt" des heiligen Franz, Assisi, zieht seit Jahrhunderten Gläubige in großen Scharen an. Mittlerweile reisen aber vor allem sonnenhungrige Teutonen nach Umbrien und tummeln sich vorwiegend am, ihren reduzierten nordischen Ansprüchen genügenden, größten See Mittel-Italiens, dem *Lago di Trasimeno.* Den radelnden Besuchern stellen sich also zahlreiche Hügel in den Weg, doch hindert ihre meist geringe Höhe nicht am Fortkommen und bietet das Tal des Tibers neben den Hochebenen von Perugia bis Spoleto ausgedehnte, leicht und angenehm zu erradelnde, Flächen.

Der Tiber durchschneidet **Latium** von Norden nach Süden und durchströmt ganz gemäß seiner eigenen Bedeutung die Hauptstadt Rom. Entsprechend ist Latium eine der bevölkerungsreichsten Regionen (ca. 5 Mio. Einwohner), obwohl es nur eine mittlere Regions-Größe von etwa 17000 km^2 erreicht. Die nordwestliche "Ecke" Latiums wird durch drei ehemaligen Vulkane, die heutigen Kraterseen Lago di Bolsena, Lago di Vico und Lago di Bracciano, bestimmt. Dieser Teil Latiums stellt zugleich eines der Kernsiedlungsgebiete der Etrusker dar, die in den flachwelligen Hügelgebieten einige ihrer bedeutendsten Städte errichteten und zugleich als ein dem Handel verbundenes Volk an der langen, teils völlig ebenen Küste florierende Häfen unterhielten. Den sanften Hügeln westlich des Tibers stehen östlich desselben die mächtigeren Monti Sabini gegenüber, deren enge Schluchten nicht nur sehr dünn besiedelt sind, sondern in denen die Zeit still zu stehen scheint. Wirtschaftlicher Mittelpunkt des nordöstlichen Latiums ist heute die weite Hochebene des Velinos, die zwar ehemals von Gebirgsbächen überflutet war, doch schon von den Sabinern so umfangreich entwässert und kultiviert wurde, daß dieses Völkchen im Altertum für seinen Wohlstand berühmt wurde.

Für den heutigen Reisenden wird das Bild des nordwestlichen Mittel-Italiens ferner durch die weiten ebenen Täler und Schwemmlandschaften der großen Flüsse Sérchio, Arno, Chiana, Ombrone, Velino und Tiber bestimmt. Für die RadlerInnen sind diese teils überraschend auftauchenden Landschaften zur Erhohlung der durch die vielen Hügel müden Beine eine willkommene Abwechslung. In früheren Jahrhunderten waren es hingegen für den Menschen sehr unwirtliche Gebiete, da infolge der Versumpfung in ihnen die Malaria wütete. Eine noch heute sichtbare Konsequenz aus dieser naturgegebenen Bürde sind die meist hoch oben auf den Hügeln errichteten Städte - für diese Lage sprachen aber selbstverständlich auch die strategischen Vorteile.

Bevölkerung

Zwar beweisen einige Funde, daß von ca. 1200-900 v.u.Z. die Indogermanen die sogenannte *Villanova*-Kultur im nördlichen Mittel-Italien etablieren konnten, doch fand die erste bedeutende Besitznahme dieser Region durch die Etrusker statt. Dieses vermutlich aus Kleinasien stammende Volk ist denn auch für den heutigen Namen dieses Gebietes verantwortlich - die lateinische Bezeichnung für sie war *tusci*. Die Etrusker wurden die Träger einer frühen Hochkultur Italiens, brachten griechisch-kleinasiatische Kunst, Technik und Verwaltung auf die Apennin-Halbinsel und entwickelten sich später zu den Lehrmeistern der Römer, so daß sie sich selbst ihren mächtigsten Gegner schufen, der sie wenig später mit leichter Hand "beiseiteschieben" sollte. Die Römer fügten den Etruskern in dem jahrhundertelangen Ringen um die Macht im mittleren Italien aber nicht nur vernichtende Schlachten zu, sondern löschten die Kultur des alten Volkes so radikal aus, daß sämtliches Wissen über die Etrusker verloren ging. So ist es selbst mit modernsten wissenschaftlichen Methoden noch nicht einmal möglich, den Sinn vereinzelt entdeckter Innschriften zu deuten. Ebensowenig ist über die Hintergründe der aufwendigen Gräberkultur oder z.B. die teils riesigen Stadtbefestigungen bzw. über Art und Weise des Lebens innerhalb dieser bekannt. Selbst die Herkunft des Volkes ist nicht eindeutig geklärt; der Theorie der Einwanderung aus Kleinasien steht eine andere der Kaste der Historiker gegenüber, nämlich daß sich die Etrusker direkt aus der Urbevölkerung der Apennin-Halbinsel entwickelten. Doch nicht genug, in einer dritten These wird davon ausgegangen, daß sich bestimmte Funde nur so erklären lassen, daß Gruppen der Villanova-Kultur in Auseinandersetzung mit seefahrenden Griechen die neue Hochkultur entwickelten.

Vollends ins Reich der Spekulationen begeben sich schließlich solche "Analytiker", die den typisch toskanischen Charakter auf die Etrusker zurückführen. Ihre These glauben sie damit begründen zu können, daß beispielsweise die Goten und Langobarden zwar große Teile Italiens eroberten, doch gerade in der Toskana nur wenige Siedlungen errichteten, so daß theoretisch(!) die seinerzeit ansässige Bevölkerung ihre Mentalität in Reinform wahren konnte.

Für den Gesamtstaat Italien ist die Toskana insofern von zentraler Bedeutung, daß die heutige italienische Hochsprache hier entstand. Im Verlaufe der Jahrhunderte entwickelten sich aber soviele speziell toskanische Dialekte dieser Hochsprache, daß es zu der Redewendung "lingua toscana in bocca romana" kam, die besagen soll, daß das reinste Italienisch das von einem Römer gesprochene Toskanisch sei.

Eines der Standardvorurteile der Nordlichter beruht auf der überall im Mittelmeerraum gepflegten Rhetorik - die lebhafte Sprache und Gestik der ItalienerInnen, die unabhängig von Ort und Zeit zu sein scheint, gilt als sprichwörtlich. Debatten werden nicht nur mit großer Leidenschaft, sondern ebenso Unmittelbarkeit und Offenheit geführt, so daß sich auch für den Fremden, entsprechende Sprachkenntnisse vorausgesetzt, häufig Gelegenheit zu einem Plausch ergibt. Besonders in der Toskana ist dies wie nirgend sonst in Italien möglich, da die Urheimat der italienischen Hochsprache die Hürden nicht zu hoch legt. Im tagtäglichen Umgang mit den Einheimischen wird der Reisende sich sehr bald an der Begeisterung der ItalienerInnen für alles Neue erfreuen dürfen - sie passen sich mit Wonnen geschickt und schnell neuen Situationen an, ein Effekt, welchen die RadlerInnen schon kurz nach der Ankunft schätzen lernen. Schon auf Ihren ersten Radelkilometern werden Sie die rasche Auffassungsgabe und Pfiffigkeit unserer südlichen Nachbarn kennenlernen, Charakterzüge, die sich in anderen Bereichen schnell als ein lustvolles "Spielchen mit dem Feuer" auswirken können. So sind die gelegentlichen "kleinen Aufschläge" z.B. auf den Wochen- oder Tagesmärkten nicht als böswillige Betrügereien aufzufassen, sondern stellen lediglich einen - wenn's gelingt - das Herz schneller schlagen lassenden Zeitvertreib dar. Sind die Forderungen unverständlich hoch, sollte mit ebensolchem Spaße das Spiel aufgenommen werden.

Am liebsten beschummeln die ItalienerInnen das Finanzamt, wohl auch, weil sie eine der höchsten Steuerlasten Europas zu tragen haben. Beide Seiten versuchen bei diesem "Steuer-Spiel" einander immer wieder zu übertrumpfen, wobei der Behörde aber gelegentlich die staatlichen Trümpfe große Vorteile sichern. So wurde den Bar- und Restaurantbesitzern durch die aufgezwungene Registrierkasse mittlerweile beinahe jede Möglichkeit zum Mogeln genommen - jedem Gast muß der Bon ausgehändigt werden, um den Steuerfahndern die Kontrolle zu erleichtern.

Sollten Auseinandersetzungen einmal nicht so eindeutig wie im obigen Fall gelöst werden können, kommt eine Berufsgruppe zum Zuge, die in Italien allerhöchstes Prestige genießt. Italien weist die weltweit höchste Rate von Juristen, dort Advokaten genannt, auf - eine anständige Familie hat neben drei Arbeitslosen mindestens einen Rechtsanwalt zu bieten. Dies kommt nicht von ungefähr, denn die ansonsten unorthodoxen Lösungen sehr aufgeschlossenen ItalienerInnen plustern sich gern durch die Bekanntgabe auf, daß sie über einen Advokaten verfügen, so daß allerkleinste Streitigkeiten mit Hingabe außergerichtlich aufgebläht werden. Mit einer Wortflut in Schrift und Rede wird versucht, die gegnerische Seite einzuschüchtern, um schließlich in den meisten Fällen bei einem Espresso in wenigen Minuten einen Kompromiß auszuhandeln. Denn vor Gericht ziehen die Advokaten nur ungern, da sie dort fast keinerlei Rechte haben - selbst wenn ihnen der Nachweis gelingen sollte, daß das Gericht nicht rechtmäßig zusammengesetzt ist, besteht nur wenig Aussicht, daß der Prozeß platzt oder revidiert wird. Entsprechendes gilt für ihre Versuche, Mandanten vor den Verfahren aus der Untersuchungshaft herauszubekommen; vor einem endgültigen Urteil ist dies fast unmöglich, so daß die meisten Juristen versuchen, durch endlose Verschleppung die gesetzlich festgelegten Höchstzeiten der U-Haft zu überschreiten, ihre Klienten also automatisch freikommen.

Dem aufmerksamen Besucher wird nicht entgehen, daß sich auch aus der großen Begeisterung für das Spielen mit Formen in der Welt des Designs ein schier nicht versiegen wollender Quell an neuen Ideen ergießt. Im Gestalten von Möbeln und Kleidung zählen ItalienerInnen zu den ganz Großen, und beim Erkunden der vielen engen Gäßchen - mancherorts recht groß dimensionierten Flanier-Boulevards, wie sie Perugia beispielsweise aufweist - finden Sie immer wieder auf faszinierende Art und Weise in die mittelalterliche Gebäudestruktur integrierte, moderne Boutiquen, Juweliere oder Friseure und "Szene"-Lokale.

Foto rechts: Geschlechtertürme in San Gimignano

Zeugen der Geschichte

In großer Zahl finden sich in der Toskana und dem nördlichen Latium, seltener in Umbrien, Reste einer der bedeutendsten vorchristlichen Zivilisationen, die der Etrusker. Sie errichteten ihre Siedlungen auf den sicheren Hügeln und Bergrücken, bauten die ersten meist schnurgeraden, befestigten Straßen und entwässerten einige Sumpfgebiete, um u.a. diese von der Malaria zu befreien. Diese umfangreichen Kenntnisse wurden von den ersten Verwaltungsbeamten der Apenninhalbinsel auch für die Trockenlegung des sumpfigen Unterlaufs des Tibers verwendet und so die "cloaca maxima" zwischen den beiden berühmtesten Hügeln des späteren Roms angelegt. Erst durch diesen Kanal konnte sich aus der Schilfhütten-Streusiedlung ein regionaler Marktplatz, das spätere Forum Romanum entwikkeln. Unter den ersten und einzigen Königen Roms: Lucius Tarquinius Priscus, Servius Tullius und Lucius Tarquinius Superbus, sämtlich Etrusker, entstand in der Folge der Grundstein des aufstrebenden Roms. Nachdem der tyrannische Superbus vom Volk gestürzt und die Rebublik ausgerufen worden war, übte sich die in räuberischen Überfällen erfahrene Bevölkerung in der Eroberung der Nachbarsiedlungen. So hatten sich die Etrusker durch die umfangreichen Bauprojekte und Reformen, wie z.B. das Schätzungswesen und damit ein ausgeglicheneres Steuerrecht, ihre späteren Totengräber selbst herangezüchtet. Die "Preußen Italiens" vernichteten ihre Lehrmeister in der Folge so gründlich, daß von deren Kultur heute nur noch so wenige Reste zu finden sind, daß sie mehr Fragen als Antworten aufwerfen.

Aus der kleinen Republik Rom entstand trotz zahlreicher Rückschläge, Krisen und innerer Zerrüttung ein Weltreich - wenn auch nicht der Welt insgesamt so doch *ihrer* Welt. Dabei erwies sich die politisch-militärische Begabung in Rom als anonyme Macht, die sich unabhängig von ihren Trägern immer wieder durchsetzte und die Personen als beinahe unwesentlich erscheinen ließ. Die Institutionalisierung der Befehlsgewalt, also der *geformte* Machtwille, bildete die Basis für den beinahe planlosen, selbstgewissen Aufstieg zum Mittelpunkt des Reiches. Die anonyme nüchterne Härte und der schwere zähe Wille ließen die Stadt, die wie viele andere gegründet wurde, aber nichts neben sich duldete, als Schauplatz der Generationen, Leidenschaften und jahrhundertelangen Konflikte ins scheinbar Unermeßliche wachsen.

Schon in der Mitte des 2. Jh. v.u.Z. umfaßte das Römische Reich die gesamte Apenninhalbinsel mit den Inseln Sizilien, Korsika und Sardinien, den größten Teil Spaniens und den Süden Frankreichs, die Küstenregionen des adriatischen Meeres, Griechenland und sogar die nordafrikanische Küste um Karthago. Selbst der nun folgende hundertjährige Bürgerkrieg (133-31 v.u.Z.) konnte das unersättliche Rom nicht an weiteren Eroberungen hindern, so daß z.B. unter Julius Caesar nebenher noch ganz Gallien - bis auf das berühmte kleine Dorf - besetzt werden konnte. Erst unter Octavian, später "Augustus" (der Erhabene), kamen die inneren Unruhen zum Ende und konnte eine neue republikanische Grundordnung etabliert werden. In den folgenden 200 Jahren politischer Stabilität konnte das Reich einmal mehr bedeutend erweitert werden, bis es schließlich im Jahre 395 in das Ost- und Weströmische Reich geteilt wurde. Der zunehmende Druck der einfallenden Germanen sorgte in der Folge binnen 100 Jahren für die Auflösung des einst so mächtigen Staates.

In den ersten 300 Jahren unserer Zeitrechnung bildete das Römische Reich auch das Zentrum der Auseinandersetzungen um den wahren Glauben. Im fließenden Wechsel, abhängig von der Gesinnung des jeweiligen Herrschers bzw. des Senats, wurden die Christen mal erbarmungslos verfolgt, zu deutsch also hingerichtet, mal die Religionsfreiheit gewährt. Erst unter Konstantin fanden die Christenverfolgungen ein Ende, wurde eine einheitliche Kirche geschaffen und er selbst im Jahre 337 christlich getauft. Es entstand parallel zum Niedergang des Römischen Reiches eine neue, gar staatsbildende, politische Kraft, die in den folgenden Jahrhunderten zu einem der wichtigsten Faktoren im Ringen um die Macht über Italien heranwachsen sollte.
Im Zuge der Wirren, die die Germanen im ehemaligen Reich entzündeten, erhielt 754 der Papst durch die Unterstützung der Franken die ehemaligen weströmischen Besitzungen in Ober- und Mittel-Italien und Rom, das in der Folge die Hauptstadt des Kirchenstaates wurde. Damit wurde der Grundstein für den sogenannten Dualismus, die Konkurrenz zwischen Kirche und Staat, gelegt, und in den folgenden Jahrhunderten stellten die Kaiser des "Heiligen Römischen Reiches Deutscher Nation" und der jeweilige Papst die erbittertsten Gegner in Italien dar. Die Toskana wurde zum beliebten Aufmarschgebiet der feindlichen Truppen, die sich teilweise um die Eroberung lächerlicher Landstriche stritten. Im Klima der permanenten Auseinandersetzung der beiden "Großen", die so seltsame Blüten trieb, wie die Schenkung der Markgrafschaft Tuszien an den Papst durch die Markgräfin Mathilde von Tuszien, obwohl die Region formaljuristisch den Franken unterstand und die Gräfin ihre Macht auch von diesen erhalten hatte, gediehen die toskanischen Städte vortrefflich. Zwar wirkte die große Politik auch in die eher bescheidenen Belange der Kommunen - je nach

Fasson bekannten sich die Städter zu der päpstlichen bzw. kaiserlichen Partei und trugen so die Titel der Guelfen bzw. Ghibellinen -, doch war diese Feindschaft oft vorgeblich und diente nur der Tarnung privater Geplänkel um die Vorherrschaft in der jeweiligen Stadt. Als Beleg hierfür mag die Spaltung der Guelfen in die "Schwarzen" und "Weißen" gelten, wobei die Weißen zu den kaiserlichen Truppen wechselten und die Schwarzen ihrem Papst treu blieben. Inwieweit hierin der geschichtliche Hintergrund für die etwas abfällige Titulierung der Katholiken als "Schwarze" liegt, sei dahingestellt.

Durch den stark angewachsenen Handel mit dem gesamten Mittelmeerraum waren die Städte wirtschaftlich autonom geworden, und ihre selbstbewußten und finanzkräftigen Bürger versuchten die Unabhängigkeit immer weiter auszubauen. Als entscheidender Vorteil erwies sich hierbei das angehäufte Kapital, das die weltlichen wie geistlichen Feudalherren nur neidisch beäugen konnten, da ihre Einkünfte aus dem Grundbesitz und damit aus der weit weniger florierenden landwirtschaftlichen Produktion stagnierten. Aus der sicheren, eben wohlhabenden Position heraus schufen sich die Städte eigene Verfassungen, Verwaltungen und gewählte Stadtoberhäupter. Besonders zügig verlief dieser Prozeß in Pisa und Lucca, ersteres ließ sich schon 1081 die freie Selbstverwaltung, die sogenannten "Pisaner Bräuche", vom Kaiser bestätigen, doch bereits zum Ende des 12. Jh. waren fast alle Städte der Region freie Kommunen geworden.

Je mächtiger die Städte wurden, je schneller die Reichtümer durch den einträglichen Handel wuchsen, je zügiger sich die Bevölkerung vermehrte, desto mehr wurden die Streitereien in den Städten als auch zwischen diesen. Eine ungeheuere Vielzahl von Städte- und Bürgerkriegen ist überliefert, wobei letztere zusehends die aufkommenden sozialen Spannungen widerspiegeln. Die Verarmung großer Teile der Bevölkerung wurde von den superreichen herrschenden Familien immer wieder in Kauf genommen und bot gleichzeitig den Anlaß zu religiösen Volksbewegungen, die besonders von den Franziskanern und Dominikanern angeführt wurden. Vom Erfolg dieser Christen zeugen noch heute die riesigen Kirchen, die zur Zeit ihrer Entstehung tatsächlich in ihren Dimensionen nicht nur notwendig waren, sondern dem Ansturm sogar nicht gerecht werden konnten. So wurden in der Folge die teils noch heute erhaltenen, großzügigen Vorplätze geschaffen, um noch mehr Menschen versammeln und indoktrinieren zu können. Denn besonders die Franziskaner und Dominikaner wendeten sich mit den Idealen von der asketischen Lebensführung und freiwilligen Armut gegen die Prunksucht der Reichen und boten den armen Schichten somit Identifikationsmöglichkeiten.

Einer der erbittertsten Verfechter dieser Ideale war der Florentiner Dominikanermönch Savonarola, der das Machtvakuum nach der Kapitulation Firenzes im Krieg mit den Heerscharen des französischen Karl VIII. nutzte und vom revolutionären Bußprediger zum Stadtoberhaupt aufstieg. Seine Stärke waren endzeitliche Prophezeiungen, die sich durch den Einmarsch der "Barbaren" zu erfüllen schienen; denn gegenüber der gewohnten Kriegführung eines weitgehend unblutigen Kräftemessens zwischen den Söldnertruppen der Städte trat mit der Eroberung und Brandschatzung durch die Franzosen eine Totalisierung des Krieges ein, die in der Blüte der italienischen Renaissance wie ein Schock wirkte. Savonarola rief eine theokratische Republik, einen demokratischen Gottesstaat aus, gewährte dem mittleren Bürgertum beträchtliche Mitspracherechte und schränkte den politischen Einfluß des Adels empfindlich ein. Doch schon nach vier Jahren schwand seine Popularität, und sein Reformeifer provozierte so bedeutende Machthaber wie den Papst, so daß er, nun wehrloses Opfer seiner Gegner, 1498 als Ketzer öffentlich gehängt und auf dem Scheiterhaufen verbrannt wurde.

Dem Untergang dieses Mannes verdankt ein anderer, weit bekannterer, seinen Aufstieg. Machiavelli begann mit 29 Jahren seine politische Laufbahn als Sekretär der sogenannten "Zweiten Kanzlei", einer Art Kriegs- und Außenministerium der florentinischen Stadtregierung. Die Republik Firenze stand zu dieser Zeit unmittelbar vor dem Untergang, da die europäischen Großmächte Frankreich, Spanien und das Deutsche Reich zusehends ihre Konflikte auf dem Boden Italiens austrugen und so die Klein- und Stadtstaaten mit in die Kriegswirren rissen. Dank des diplomatischen Geschicks Machiavellis, der als Sonderbotschafter der Stadtrepublik binnen 16 Jahren über 15000 km von einem Zentrum der Macht zum nächsten geritten sein soll, gelang es Firenze, sich über die kriegerische Zeit zu retten.

Heute ist Machiavelli aber weniger für diese Leistungen als für den ihm zugeschriebenen Ausspruch "Der Zweck heiligt die Mittel" bekannt. Allerdings hat Machiavelli diese Behauptung nie aufgestellt, sondern vielmehr in seinem Hauptwerk "Il Principe" (Der Fürst), das er Lorenzo de'Medici widmete, die Machtstrukturen der Stadtrepubliken und Möglichkeiten einer möglichst lang dauernden Herrschaft eines Stadtoberhaupts untersucht. Dabei nahm der frühe Politologe kein Blatt vor den Mund und schilderte unmoralische Methoden in aller Deutlichkeit; sein "Tip" an den verehrten Herrscher war, sich in einer unmoralischen Zeit nicht als Retter des

Anstands aufzuführen, sondern "...je nach dem Gebot der Notwendigkeit" moralisch oder eben auch amoralisch zu handeln.

Mit dem oben erwähnten Italienfeldzug Karl VIII. von Frankreich war 1494 für Florenz eine 60jährige Ära der Stabilität und höchster Blüte zu Ende gegangen. 1434 errang mit Cosimo Il Vecchio der erste Medici das Ruder der Stadtrepublik und lenkte mit großem Geschick für 30 Jahre wie ein souveräner Fürst die Geschicke der Kommune. Trotz seiner einem Fürsten nicht unwürdigen, herausragenden Stellung tastete er die republikanischen Traditionen der Stadt nicht an, und trotz einiger kleinerer Kriegsunternehmungen erlebte Florenz eine unvergleichliche Blüte. Sein Enkel Lorenzo, später als "Il Magnifico" (Der Prächtige) bezeichnet, setzte dieses Werk fort und stand seinem Großvater in der Förderung von Kunst, Wissenschaft und Literatur in nichts nach. Florenz entwickelte sich zu einem der wichtigsten Zentren der Renaissance, womit dem Gedankengut der griechischen Antike im Abendland die rechte Bedeutung eingeräumt wurde.
Diesen beiden Medici war es gelungen, trotz ihrer selbstherrlichen Regierungsmethoden das Wohlwollen des einfachen Volkes zu genießen, ein Geschick, an welchem es den späteren Medici mangelte. Zwar konnten sie dank der Unterstützung der Spanier ihren "Heimatthron" immer mal wieder besetzen, doch gewannen sie nie wieder das Vertrauen des Volkes. 1569 erlangten die Medici schließlich den ersehnten Titel des Großherzogs der Toskana, womit die in Bank- und Handelsgeschäften reich gewordene ehemalige einfache Kaufmannsfamilie endgültig zu den "Blaublütigen" aufgestiegen war.

Zwar gelang es den Medici, als Großherzöge die Toskana zu einigen - selbst Siena, einst mächtige Gegnerin Firenzes, wurde mit Hilfe der kaiserlichen spanischen Truppen eingegliedert - doch blieb das Land Spielball der Großmächte Europas. Mal gelang es den Österreichern durch ihre Heiratspolitik die Oberhand zu gewinnen, ein andermal den Franzosen mit ihrem kriegsgewandten Napoleon das Großherzogtum zu besetzen. Erst 1859 wird infolge des Sieges des Königreiches Piemont-Sardinien über Österreich unter tatkräftiger Hilfe der Franzosen im nun bald geeinigten Italien eine neue Stabilität erreicht. Ausnahmsweise durfte gar das Volk über die Integration in den Nationalstaat entscheiden, und für fünf Jahre wurde Firenze noch einmal die erste unter gleichen Städten in Italien.

Die Einigung des über Jahrhunderte in kleine und kleinste Machtbereiche zerstückelte Italien war zunächst ein "unmögliches" Programm, das beispielsweise an der Vielzahl der unterschiedlichen Sprachen krankte. Erst im Laufe des Einigungsprozesses wurde das Toskanische zur italienischen Hochsprache; zuvor hatten sich beispielsweise Neapolitanisch oder Venezianisch völlig selbständig entwickelt, und bei einem Treffen entsprechender Landsleute bedurfte es wahrhaftig eines Dolmetschers.

In der nur 13jährigen Besetzung Italiens wurde unter Napoleon ein erstes, geeintes Königreich Italien geschaffen, das mit modernen Methoden der Besteuerung, ausgiebigem Straßenbau, aber auch der allgemeinen Wehrpflicht der Halbinsel den Anschluß an die Entwicklungen in den nördlichen Nationalstaaten sicherte. In diesem Klima entstand das Risorgimento, etwas unelegant im Deutschen als "Wiederauferstehung" bezeichnet, das sich gegen die Fremdherrschaft und den Obrigkeitsstaat wehrte. Die Namen der bedeutendsten Vordenker der Bewegung - Giuseppe Mazzini und Giuseppe Garibaldi - zieren heute zahlreiche viali und piazze und erinnern damit gleichzeitig an zwei grundsätzlich verschiedene Richtungen innerhalb des Risorgimento. Während Mazzini als international denkender, kompromißloser Republikaner galt, stand Garibaldi, obwohl erklärter Sozialist, eher für die pragmatische Richtung, sich zuerst mit den Befürwortern einer konstitutionellen Monarchie zwecks der nationalen Einigung zu arrangieren, um in einem zweiten Schritt sein Ziel, die sozialistische Republik zu verwirklichen.

Doch zunächst sollte der Bewegung kein Erfolg beschieden sein; vielmehr unterdrückten die alten Machthaber die Nationalbewegung mit äußerster Härte. So wurden Literatur und Musik zu den wichtigsten Trägern der neuen Ideale und ganz besonders Verdis Opern wurden zu Demonstrationen für das vereinigte Italien umfunktioniert. Der Gefangenenchor aus Nabucco "Oh teure Heimat" entwickelte sich zur geheimen Nationalhymne, und der Applaus am Ende der Aufführungen mündete häufig in Schlachtrufen für die Einigungsbewegung. "Viva Verdi" feierte nicht nur den Komponisten, sondern auch den Hoffnungsträger der Bewegung von unten: *V*ittorio *E*mmanuele *R*e *d'I*talia, war der Sohn des Königs von Piemont-Sardinien. Dessen Popularität beruhte auf dem piemontesischen Staatsmann Camillo Cavour, der als gemäßigter Liberaler die Interessen der aufstrebenden Bourgeoisie mit denen des Großgrundbesitzes zu verbinden wußte. Dank der Unterstützung der von ihm hofierten Franzosen und Engländer gelang die Vertreibung der verhaßten Österreicher, womit die ersten Erfolge der Einigungsbewegung im Norden errungen wurden. Der Süden wurde zunächst den Freischärlern unter Garibaldi überlassen, der mit seinen berühmtgewordenen "mille" erst Sizilien und schließlich den gesamten Süden der Halbinsel eroberte. Nur der Vatikanstaat vermochte der Bewegung noch einige Jahre Widerstand entgegenzusetzen; doch infolge des Deutsch-Französichen Krieges 1870/1 wurden die Hüter des Statthalters Gottes auf Erden aus Rom abgezogen, so daß der Kirchenstaat eine leichte Beute des Risorgimento wurde. Der Papst schmollte, exkommunizierte die Anhänger der neuen Monarchie und zog sich als "Gefangener" in den Vatikan zurück.

So war nun durch die vielen Kämpfe der Einigungsbewegung der Nationalstaat Italien entstanden, doch ein wesentliches Merkmal fehlte nach wie vor: Italien war ein Staat ohne Volk, oder wie Cavour es ausdrückte, es waren noch nicht "die Italiener gemacht" worden. Besonders die süditalienische Landbevölkerung litt zunächst unter der drückenden Last der hohen Steuern, so daß es wiederholt zu Aufständen kam, die über viele Jahre nahezu die Hälfte der königlichen Armee banden. Offiziell wurde dieser Bürgerkrieg, der doppelt soviele Menschenleben gefordert haben soll wie die Einigungskriege, als Einsatz gegen Banditen deklariert, der aber tatsächlich eine gewaltsame Etablierung des Systems darstellte. Für die süditalienische Bevölkerung sollte dies aber keinerlei Verbesserung darstellen, denn viele der alten Großgrundbesitzer arrangierten sich mit der neuen Staatsregierung, so daß die abhängigen Bauern gleich zwei Herrscherschichten gegenüberstanden und nicht nur ihren "Lehnsherren" Tribut zollen mußten, sondern durch ihre Steuern auch noch den Aufbau des Zentralstaats zu finanzieren hatten.

Dieses Potential der ewig Benachteiligten wußte 50 Jahre später der Faschismus für sein Machtstreben zu nutzen. Die allgemeine Wirtschaftskrise nach dem Ersten Weltkrieg hatte besonders im Süden katastrophale Auswirkungen, so daß die ursprünglich unverkennbaren proletarischen Züge des italienischen Faschismus hier auf fruchtbaren Boden trafen. So sammelte Mussolini seine "Schwarzhemden" in Neapel und befahl am 28.10.1922 den "Marsch auf Rom". Kaum an der Macht besann sich die Partei aber auf die erzkonservativen, antisozialistischen und -kommunistischen Werte, womit in der Folge die sozialen Fragen wieder einmal hintanstanden. Stattdessen kam es zu einer neuen Welle brutaler Italianisierung, politische wie ethische Minderheiten wurden Repressalien unterworfen und ihre bekanntesten Vertreter in die Kerker geworfen. Zudem arrangierte sich zwecks Stabilisierung seiner Macht der Faschismus mit dem Katholizismus und der Aristokratie; die vordergründige Verherrlichung der Bauern blieb denn auch solange unglaubwürdig, wie die traditionellen Ausbeutungsverhältnisse nicht nur toleriert, sondern gar unterstützt wurden. Wie alle Diktatoren mußte Mussolini entsprechend Wege zur Ablenkung von diesen inneren Problemen finden und propagierte in der Folge "Großitalien". Selbst die Kirche wurde hierfür instrumentalisiert, dem Papst wieder ein eigenes Staatsgebiet mit dem für autonom erklärten Vatikan zugestanden und so dessen Begier nach Katholisierung der "Heiden" dem Faschismus dienlich gemacht. Folgerichtig wurde das Volk durch den Krieg gegen Abessinien (heute Äthopien) in einen Nationalismus-Rausch getrieben und der militante, imperialistische Geist des Imperium Romanum gepriesen.

1941 trat Italien in den Krieg ein, um so an der Seite des bisher erfolgreichen Angreifers Nazideutschland die Vorstellung von Großitalien realisieren zu können. Doch schon zwei Jahre später landeten die angloamerikanischen Alliierten in Sizilien und sprach der Faschistische Großrat Mussolini das Mißtrauen aus. Zwar wurde der Krieg noch fast zwei Monate fortgesetzt, doch konnten die Alliierten das italienische Militär am 3.9.1943 zum Waffenstillstand zwingen. Die angloamerikanischen Verbände kontrollierten allerdings nur Sizilien, so daß die bereits in Italien befindlichen deutschen Truppen noch fast die gesamte Halbinsel - bis südlich Neapels - besetzen, den zwischenzeitlich inhaftierten Mussolini befreien und mit ihm eine Gegenregierung etablieren konnten, die weiter an ihrer Seite kämpfte. Die offizielle italienische Regierung unter König Vittorio Emmanuele III hatte aber inzwischen den Deutschen den Krieg erklärt und sich zu den Alliierten geflüchtet. In diesem Vakuum konnten sich die antifaschistischen Parteien zum Nationalen Befreiungskomitee, dem Comitato Nazionale di Liberazione, zusammenschließen und unter Führung der PCI (zu deutsch: Kommunistische Partei Italien), die die diszipliniertеste und am besten organisierte Partei darstellte, die Resistenza stützen. Der Partisanenkampf gegen die Deutschen einigte Kommunisten, Konservative und sogar monarchistische Gruppen, womit die Basis für die italienische Demokratie nach Kriegsende geschaffen wurde. Denn die Parteien des CNL wurden in den letzten Monaten des Krieges von den Alliierten zusehends im Stich gelassen, da diese große Teile ihrer Truppen für die Invasion in der Normandie abgezogen hatten und selbst die Waffenlieferungen an die Partisanen zunehmend reduzierten. Am 25.4.1945 kam es zum vom CNL organisierten Generalaufstand, und Städte wie Mailand, Turin und Genua wurden noch vor dem Eintreffen alliierter Truppen von den Widerstandsgruppen eingenommen. So befreiten sich die Italiener aus eigener Kraft vom Faschismus und feiern dies alljährlich noch heute am 25. April.
Doch die Einheit im antifaschistischen Kampf wich alsbald den alten und neuen Streitereien, die in der 1946 ausgerufenen Republik zum typischen italienischen Regierungswirrwar führten (und die wir in Auszügen im Kapitel *Staat, Verwaltung, Wirtschaft* wiedergeben).

Sprache

Die Entwicklung zum Italienischen spiegelt die Geschichte der Apenninhalbinsel in den vergangenen 1500 Jahren wieder. Nachdem das römische Weltreich zusammengebrochen war - die Römer hatten mit ihren Eroberungen auf dem gesamten Stiefel das Lateinisch durchsetzen können - entwickelten sich neben der weiterhin lateinischen Schriftsprache regionale Mundarten, die unter dem Begriff "lingua vulgaris" zusammengefaßt werden. Diese Volkssprachen ähnelten zwar noch dem Lateinischen, können aber bereits als eigenständig bezeichnet werden. Zur Schriftsprache wurden die Regionalsprachen erstmalig durch den florentinischen Dichter Dante Alighieri erhoben; ihm schwebte die Schaffung einer einheitlichen italienischen Sprache vor, wozu er aus den - nach seiner Zählung 14 - Dialekten die jeweils schönsten und besten Wörter auswählen wollte. Er selbst realisierte dieses Ziel aber nicht, veröffentlichte seine Werke jedoch auch nicht mehr auf Lateinisch, sondern in der Sprache seiner Heimatstadt. Seine nicht minder berühmten Nachfolger Boccaccio und Petrarca waren ebenfalls Florentiner und veröffentlichten ihre Hauptwerke wie er in Florentinisch, womit die umfangreichsten Literaturen der Renaissance in einer neuen einheitlichen Sprache vorlagen. Doch noch war die Halbinsel politisch zu sehr zersplittert, als daß sich eine einheitliche Landessprache hätte durchsetzen können.

Erst durch das Risorgimento und dessen Hoffnung auf einen Nationalstaat Italien wurde das Sprachenproblem erneut angegangen; dabei erwiesen sich die Opern Verdis als für öffentliche Demonstrationen des Einigungswillens hervorragend geeignet. Er bediente sich für seine Werke der Vorarbeiten des Alessandro Manzoni, der die Sprache des Bildungsbürgertums Firenzes durch seine theoretischen Schriften und dichterischen Arbeiten zur nationalen Hochsprache entwickelt hatte. Nach und nach folgten alle bedeutenden Schriftsteller Verdis Beispiel, und das *Italienische* wurde als Schriftsprache geboren; denn noch blieb die Frage nach der einheitlichen Aussprache offen. Besonders die nicht ganz unbedeutenden Römer, die nach Dante den unblumigsten Dialekt gehabt haben sollen, wehrten sich heftig gegen eine solche Unterjochung und konnten in diesem Jahrhundert flankiert durch die faschistische Großmannssucht die römische Aussprache in ganz Italien zum "reinen" Italienisch erklären. Nach dem Zweiten Weltkrieg wurde einer Mischung aus der florentinischen und römischen Aussprache, wobei ersteren ein größeres Gewicht zufällt, in den Massenmedien der Vorzug gegeben, so daß die neue "lingua nazionale" in allen Regionen verstanden wird. Im Alltag aber leben die Mundarten weiter, und ein Mailänder ist wie vor Urzeiten auf die Gunst der Stunde angewiesen, will er auf sizilianischem Boden verstanden sein.

Übersichtskarte:
Regionen und Provinzen in Mittelitalien

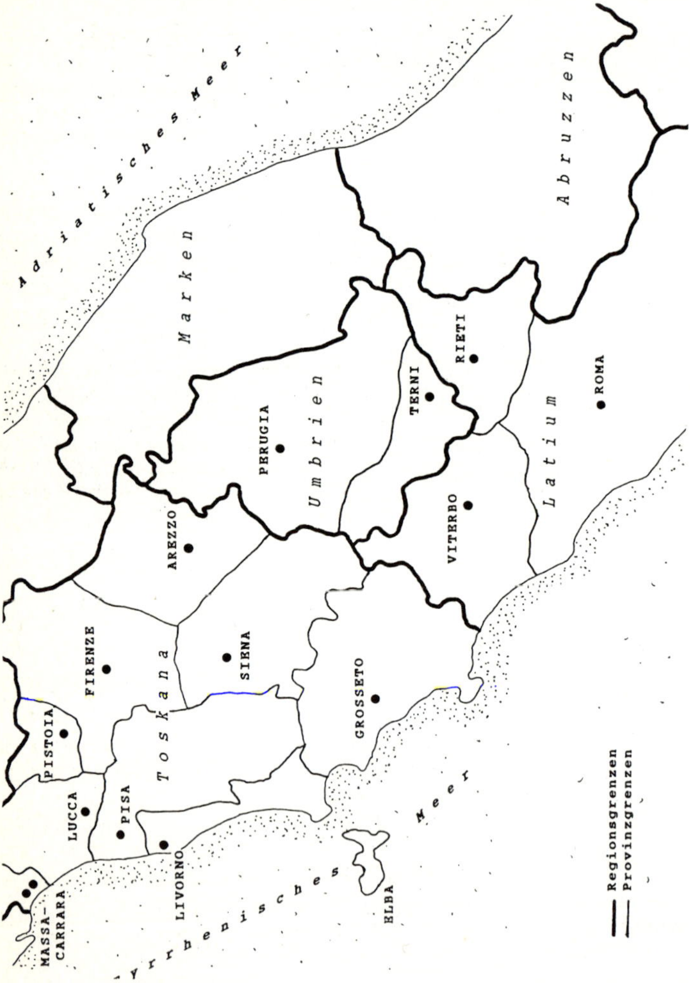

Staat, Verwaltung, Wirtschaft

Kaum hatte die Volksfront, das Bündnis von Kommunisten und Sozialisten, mit dem Referendum 1946 die Gründung der Republik erzielt, wurde sie durch die Parlamentswahlen zwei Jahre später in die Opposition verdammt. Der aufkommende Kalte Krieg und damit die antikommunistische Hetze führten wie überall in der westlichen Welt zu starken Wahlverlusten der Linken. Den ersten Tiefpunkt erreichte die Republik noch im gleichen Jahr, nachdem ein junger Faschist den PCI-Vorsitzenden Togliatti ermordet hatte und den größten Generalstreik der italienischen Geschichte provozierte. Der roten Fahnen auf den Fabriken Norditaliens erwehrte sich die christdemokratische Regierung mit äußerster Härte; nach nur zwei Streiktagen wurden 30 Tote und 800 Verletzte gezählt! Die Krise bewirkte zudem die Spaltung der bislang gemeinsamen Gewerkschaft CGIL, da die gemäßigteren sozialistischen und die katholischen Gewerkschafter den kommunistischen vorwarfen, die CGIL auf einen militanten Kurs einzuschwören; die christliche (CISL) und die sozialistische Gewerkschaft (UIL) wurden gegründet. Dennoch wurde zunächst das liberalste Streikrecht der Welt beibehalten, da nach den Streikverboten im Faschismus dieses Recht der Arbeiterschaft als Garant der Demokratie galt. Das sowohl tarifliche wie politische Streikrecht wurde 1988 erstmals unter der Regierung des Christdemokraten De Mita eingeschränkt; fortan sollen, zunächst nur im Öffentlichen Dienst, Streiks 10 Tage vorher angemeldet werden und jederzeit das volle Funktionieren der betreffenden Einrichtungen sichergestellt sein. Sollten die Beschäftigten dies womöglich nicht bewerkstelligen, so können Beamte und Angestellte auch ohne die ausdrückliche Feststellung eines Notstandes zur Arbeit verpflichtet werden.

Witzigerweise" haben die drei großen Gewerkschaften CGIL, CISL und UIL diesem neuen Gesetz keinen Widerstand entgegengesetzt, obwohl sie noch in den 70er Jahren Reglementierungen des Streikrechts nicht nur mit ihrer ganzen Macht entgegentraten, sondern Vorstößen der Politiker mit eigenen Statuten zur Selbstdisziplinierung entgegentraten. Nachdem in den 80er Jahren der Einfluß der großen Gewerkschaften infolge der Rationalisierungen und zahlreicher Geheimabsprachen auf ein Minimum gesunken war, hatten sich zahlreiche autonome Kleinstgewerkschaften etabliert, auf die das neue Gesetz denn auch zugeschnitten ist. Den Bossen der drei Großen ist dies nur recht, da die Kleinen ihnen nämlich in den vergangenen Jahren zahlreiche Mitglieder abspenstig gemacht hatten.

Die Koalitionsregierung unter De Mita widmete sich aber auch noch einer anderen vortrefflich eingespielten Regel der italienischen Politikszene. Aufgrund des Wahlrechts muß sich ein Kandidat des Parlaments in mehreren Wahlkreisen aufstellen lassen, womit er direkt vom Wohlwollen der Parteileitung abhängig ist. Auf solche Weise zum Buckeln verpflichtet, rächen sich die Parlamentarier gern mit Häme bei den für alle Gesetze vorgesehenen Geheimabstimmungen. Die als "Heckenschützen" bezeichneten Fraktionsabweichler gewinnen ihre Macht aus dem Umstand, daß die aufgrund der Wahlergebnisse zu Mehr-Parteien-Koalitionen gezwungenen politischen Gruppierungen oft mühsam in den Parteispitzen Kompromisse aushandeln müssen, die der Natur nach häufig einen Verzicht auf Grundfesten der jeweiligen Richtung bedeuten. Die so um ihre Glaubwürdigkeit gebrachten Parlamentarier schlagen denn folgerichtig aus der Sicherheit der Geheim-Abstimmung zurück. Der vorherige Regierungschef Bettino Craxi mußte beispielsweise binnen seiner dreieinhalbjährigen Amtszeit über 200 Niederlagen im Parlament einstecken; und nicht nur er, weshalb in der Vergangenheit häufig wichtige Gesetzesabstimmungen mit der Androhung des Rücktritts der Regierung bei Nichtannahme verbunden wurden, was denn tatsächlich nicht gerade selten geschah. Nicht umsonst steht das italienische parlamentarische System in dem Ruf zu den chaotischsten seiner Gattung zu zählen.

Das Gesetz, das die offenen Abstimmungen, wie in anderen demokratischen Staaten üblich, begründen sollte, wurde nun zwar beschlossen, da es aber noch unter die Regelung der geheimen Abstimmung fiel, natürlich heftigst "aus den Hecken beschossen". Volle sechs Mal mußte die Regierung den vorgelegten Gesetzestext verändern, bis die notwendige absolute Mehrheit gesichert war. Geheime Abstimmungen sind danach auch in Zukunft in allen Fragen des Personal-, Personen- und Freiheitsrechts sowie der Staatsorgane und der Einsetzung von Untersuchungsausschüssen zwingend vorgeschrieben. Damit bleiben den Fädenziehern der Parteien noch genügend Möglichkeiten, die jeweilige Regierung, wann immer es ihnen paßt, in eine Krise zu stürzen. Beispielsweise gab Außenminister Andreotti an, mit den neuen Regelungen einverstanden zu sein - kein Wunder, er selbst gilt als einer der wichtigsten Intriganten und seine Parteibrüder der Democrazia Cristiana als besonders treffsichere Heckenschützen.

Die **Wirtschaft** Italiens ist durch ein eklatantes Nord-Süd-Gefälle geprägt; dieses Gefälle besteht im Prinzip seit vielen Jahrhunderten - während sich die Städte im Norden zu regen internationalen Handelsplätzen entwickelten und deren bürgerliche Oberschicht entsprechende Vermögen anhäufte, verharrte der Süden in den durch die Feudalherrschaft bestimmten mittelalterlichen Strukturen. Auch die Süditalien-Politik in der jüngsten Vergangenheit vermochte diese Differenz nicht zu verringern, vielmehr entsteht bei genauerer Betrachtung der Eindruck, daß der Süden systematisch zu Gunsten des Nordens ausgebeutet wird. Selbstverständlich sind die Methoden zusehends subtiler geworden, vordergründig wird der Süden sogar gezielt gefördert. Hierzu wurde die staatliche Finanzbehörde Cassa Per Il Mezzogiorno gegründet, die die Ansiedlung neuer Industrien und damit moderner Arbeitsplätze fördern sollte. Während die Regierungsbank 1951 noch ca. 75 % ihrer Mittel für die Entwicklung der Landwirtschaft aufwendete, betrug der entsprechende Anteil schon Mitte der 60er Jahre nur noch ein Viertel. Damit wurde das oben geschilderte politische Ziel zwar zusehends verwirklicht, doch gleichzeitig die Strukturen der süditalienischen Landwirtschaft, nämlich die Dominanz der Großgrundbesitzer, nicht nur akzeptiert, sondern dauerhaft gefestigt. Die angesiedelten Unternehmen, die fast ausschließlich durch öffentliche Mittel finanziert wurden, bestehen vorwiegend aus Großbetrieben der Grundstoffindustrie, so daß in den hochtechnisierten Fabriken nur wenige Arbeitsplätze geschaffen wurden, die zudem Qualifizierungen der Arbeiterschaft voraussetzten, die gerade im Süden kaum gegeben waren. So existieren mittlerweile industrielle Großprojekte und allgemeine wirtschaftliche Unterentwicklung in wenig trauter Einheit nebeneinander. Der "Ausstoß" der Werke kann mangels weiterverarbeitender Industrie im Süden selbst nicht verwendet werden, so daß die Steuergelder in Wahrheit der Industrie des Nordens zu Gute kommen.

Dieser Teufelskreislauf wird durch den zentralen Aufbau der italienischen Staatsverwaltung in hohem Maße begünstigt, da die Lobby der "Nord-Industrie" so nur wenige Politiker und Beamte beeinflussen muß - Bestechungsskandale tragen zum alltäglichen Brot eines jeden Journalisten bei -, um gezielt spezielle Großprojekte durchzusetzen, deren Auswahl immer unter den Argusaugen der mächtigen Industriebosse Turins, Mailands, Genuas etc. steht.

Der Erfolg dieser "Wirtschaftslenkung" beruht vor allem auf der Konzentration der Wachstumsbranchen in den Händen einiger weniger "clans". Die Namhaftesten sind auch in unseren Breitengraden zur Genüge bekannt; die Agnellis, die mittlerweile fast die gesamte italienische Auto- und Waffenproduktion beherrschen, und De Benedetti, flapsig auch als Herr Olivetti zu bezeichnen und damit Herrscher über das wichtigste Elektrik- und Elektronikimperium Italiens.

Selbst die bei uns noch als streikfreudig geltenden italienischen Gewerkschaften gehen vor ihnen mittlerweile in die Knie. So wurde im Sommer 1988 bei FIAT der sogenannte "Jahrhundertvertrag" abgeschlossen, der den sich inzwischen als Elite-Werktätige verstehenden FIAT-Arbeitern Lohnzuschläge verspricht, die sich am jeweiligen Wohlergehen des Konzerns orientieren sollen. Um den Streikunwilligen - 1980 brach ein Generalstreik bei FIAT kläglich zusammen, und stattdessen demonstrierten 40000 Arbeitswillige in den Straßen Turins - den Vertrag schmackhaft zu machen, sollen für 1988 jedem Mitarbeiter 1 Mio Lire zusätzlich ausgezahlt werden. Die eh schon geschwächten Gewerkschaften vermochten die käuflichen Arbeiter nicht umzustimmen, selbst Gutachten, die eine baldige Absatzkrise für Autos und Waffen prognostizierten, wurden ignoriert. Dies wiegt um so schwerer, als das *Wohlergehen* der Firma im Vertrag nicht näher definiert ist und noch nicht einmal für eventuelle Gewinne ein fester Prozentsatz vereinbart wurde, der an die Arbeiterschaft auszuzahlen wäre. So argwöhnen Kritiker, daß bei schlecht gefüllten Auftragsbüchern die Firmenleitung mit Hinweis auf die *Misere* Lohnforderungen zurückweisen wird und sich damit der Supervertrag als Superpleite der Malocher erweist. Die um Zustimmung gebetenen Gewerkschaften vermochten die Arbeiter nicht umzustimmen, vielmehr war davon auszugehen, daß bei einem Streik wohl höchstens die Gewerkschaftszentrale leer bliebe, aber nicht eine einzige FIAT-Abteilung.

Die Region **Toskana** mit den neun Provinzen Massa-Carrara, Lucca, Pistoia, Firenze, Pisa, Livorno, Siena, Arezzo und Grosseto gehört zu den wohlhabenderen Italiens; setzt man das Pro-Kopf-Einkommen des Gesamtstaates gleich Hundert, so erreicht die Toskana einen Wert von 109; zum Vergleich: die Regionen Norditaliens 123 und die des Südens 69! Dabei wird das Bruttosozialprodukt im Gegensatz zum Norden weit überwiegend von kleinen Handwerks- und Industriebetrieben erwirtschaftet; als Beispiel hierfür mag die Textilindustrie in und um Prato in der Provinz Firenze gelten. Ca. 1500 Industriebetriebe mit durchschnittlich 30 Arbeitnehmern und ca. 8500 Handwerksbetriebe, die überwiegend in Heimarbeit mit Familienmitgliedern nähen, machen Prato zur unerklärten Welthauptstadt der Kammgarnwolle. Dreiviertel aller Spindeln der italienischen Textilindustrie verrichten hier ihren Dienst und bieten 70 % der erwerbstätigen Bevölkerung einen Job. Dabei hat sich eine extrem hohe Arbeitsteilung entwickelt - die überwiegende Zahl der Betriebe führt nur einen Arbeitsgang wie Zerreißen, Entfernen der Nähte etc. aus, Tätigkeiten, aus denen die Spezialität der hier ansässigen Betriebe ersichtlich wird: in Prato wird fast ausschließlich aufbereitete Wolle verwendet, wozu riesige Mengen getragener Wäsche, von feinsten Kleidern bis zu Lumpen, in der ganzen Welt aufgekauft werden. Die mit dem "neuen" Rohstoff belieferten Firmen erstehen diesen für knapp die Hälfte des Preises, der für "frische" Wolle gezahlt wird.

Hohen Stand der Handwerkskunst beweist auch das Keramikgewerbe; dank des "angeborenen" Ideenreichtums entwickelten sich dabei in den Provinzen jeweils eigene Stilrichtungen; besonders hervorgetan haben sich die Städte Firenze, Arezzo, Siena und Sesto Fiorentino. Volterra ist für Schalen, Vasen, Schmuck etc. aus weißem und farbigem Alabaster bekannt, der dort schon von den Etruskern zu das Leben bereichernden Gegenständen verarbeitet wurde. Die Besonderheit des Alabasters liegt in den Eigenschaften dieses "Steins", genauer Minerals; es kann einerseits wie Holz bearbeitet werden, ist andererseits aber oft so transparent und zerbrechlich wie Glas.

Neben den weltberühmten Marmorbrüchen Carraras und einigen Bergwerken (für Quecksilber am Monte Amiata, für Eisen auf Elba und für Mineralien in den Colline Metallifere) ist der wichtigste Wirtschaftszweig die Landwirtschaft. Zwar sind die Bodenverhältnisse für diese gar nicht mal so günstig, doch zählen sie zu den best kultiviertesten Italiens - wen wundert's, bei der langen Tradition. Hauptanbauprodukte sind Getreide, Gemüse, Oliven und natürlich die bei Weinkennern allerorts beliebten Weine; allen voran der Chianti. Die toskanischen Böden im gleichnamigen Gebiet sind so hervorragend für den Weinanbau geeignet, daß solch große Mengen des kostbaren Rebensaftes gekeltert werden, daß sie bis nach England exportiert werden und seit schon 300 Jahren das Inselvolk über Nebel und Regen hinwegtrösten.

Die Region **Umbrien** ist mit einer Fläche von ca. 8500 km^2 erheblich kleiner als die Toskana (23000 km^2) und darf sich entsprechend nur zweier Provinzen rühmen: Perugia und Terni.
Umbriens statistisches Datengut bescheinigt seinem Wirtschaftsleben einen ganz normal-typischen Verlauf. Diejenigen, die den Äckern entfliehen, versuchen ihr Glück in der Industrie und Dienstleistung. Doch wurden entsprechende Arbeitsplätze in größerer Zahl erst ab den 60er Jahren geschaffen, die sich an nur wenigen Stellen konzentrieren. Qualmende Schornsteine und ratternde Maschinenbänke sind für den Umbrien-Reisenden nahezu unmöglich zu bestaunen - hier wird noch ein geradezu ursprüngliches, von Ackerbau und Viehzucht bestimmtes Landschaftsbild geboten. Ausnahmen stellen die Industriegebiete um Foligno (Maschinenbau, Nahrungsmittelproduktion, Tabakverarbeitung, Lederwaren-, Schuh- und Textilindustrie) und vor allem bei und in Terni dar. In Terni entstand die erste Industrieanlage Umbriens, 1875 wurde die Königliche Waffenfa-

brik, die schon bald von Hochöfen und Stahlwerken gesäumt wurde, gegründet. Heute wird die Skyline Ternis von den Hallen und Schornsteinen der Staatskonzerne beherrscht, die Stahlwaren und chemische Produkte herstellen. Wenn auch an Höhe unterlegen, so doch an Zahl unübertroffen ist der Olivenbaum, aus dessen Früchten so erstklassige Öle gepreßt werden, daß noch immer in großer Zahl neue in seiner Gattung gepflanzt werden. Mit weit weniger Kraftaufwand kann der Saft den Reben entlockt werden, als Spitzenweine gelten die weißen aus der Vulkanlandschaft um Orvieto.

Latium, 17000 km^2 groß mit den Provinzen Rieti, Viterbo und Roma sowie Frosinone und Latina, wobei die beiden letzteren für diesen Reiseführer nicht von Belang sind, ist ebenso wie Umbrien noch sehr stark von der Landwirtschaft geprägt. Dies gilt selbstverständlich nicht für den Großraum Roms, der neben den Industriezentren des Nordens einen der bedeutendsten Standorte des produzierenden Gewerbes in Italien und entsprechend seiner Hauptstadtfunktion einen Kristallisationspunkt des Dienstleistungssektors darstellt. Trotz dieser nicht unbeträchtlichen gewerblichen Arbeitsplätze "genießen" die RömerInnen den Ruf der Nassauer; als bezeichnend hierfür mag die herausragende Stellung der schöngeistigen Gewerbe dienen, zu beachtlicher Größe haben es nämlich die Mode- und Filmindustrie sowie dazugehörendes Graphik & Design gebracht. Mit etwas objektivem Augenmaß muß man den heutigen RömerInnen aber Beileid aussprechen, denn gegenüber ihren VorgängerInnen zur Zeitenwende stehen ihnen keine 200 Arenen mehr zur Verfügung. Doch selbst dann stünde ihnen nicht soviel Zeit zum Besuch dieser zur Verfügung wie ihren Müttern und Vätern, die es im Römischen Reich in Hochzeiten auf mehr als 200(!) Festtage brachten. Damit es der damaligen Bevölkerung der Ewigen Stadt an diesen nicht zu langweilig wurde, wurden an 175 Tagen Spiele abgehalten, bei denen sich alle Formen der Todesmartern wiederholten.

Geld

Die nationale Währung Italiens ist die italienische Lira, abgekürzt Lit. Im Umlauf sind Münzen zu 5, 10, 20, 50, 100, 200 und 500 Lit sowie Banknoten zu 500, 1000, 2000, 5000, 10000, 20000, 50000 und 100000 Lit. (1000 Lire entsprechen etwa DM 1,33).

Schon seit längerem ist die Einführung der sogenannten "schweren" Lira geplant, die die bisherige in der Relation 1:1000 ersetzen soll; die Währungsreform wurde aber immer wieder verschoben, ein Termin ist auch jetzt noch nicht absehbar.

Die Einfuhr aller ausländischen Währungen ist unbeschränkt, bei der Ausfuhr gilt jedoch die Obergrenze vom Gegenwert 1 Mio Lit. Einschränkungen bestehen für die Einfuhr und Ausfuhr der Lira, pro Person höchstens 400000 Lit. Für Zahlungsmittel wie Euro- und Reiseschecks bestehen keinerlei Beschränkungen. Der Umtausch von Bargeld, Reise- und Euroschecks kann bei jeder Bank erfolgen.

Bei der Einlösung von Schecks wird ein günstigerer Kurs als beim Bargeldumtausch zugrunde gelegt, allerdings fallen bei Reiseschecks bei der Ausstellung 1 % Gebühren an. Euroschecks werden in Landeswährung ausgestellt; Gebühren werden erst bei der Abbuchung in Deutschland berechnet (1,75 %, mindestens DM 2,50 je Scheck).

Der gleiche günstige Scheckkurs wird berechnet, wenn von einem deutschen Postsparbuch in Italien Geld abgehoben wird. Hierzu benötigen die PostsparbuchinhaberInnen sogenannte Rückzahlungsscheine, die vor der Reise über ein beliebiges Postamt beim zuständigen Postsparkassenamt beantragt werden müssen. Diese werden in Einheiten von mindestens DM 100 oder einem Vielfachen hiervon, höchstens jedoch DM 2000 ausgegeben. Gegen Vorlage dieser Rückzahlungsscheine und des Personalausweises erhält der Sparer (und nur er!) den Gegenwert von pro Tag höchstens DM 1000 in Lit. ausbezahlt - gebührenfrei, also eindeutig der preisgünstigste Weg zu italienischem Bargeld. Die Abhebung ist bei allen italienischen Postämtern möglich. Die nicht eingelösten Beträge kann man sich nach der Rückkehr beim zuständigen Postsparkassenamt kostenfrei wieder gutschreiben lassen.

Briefpost

Die italienische Post arbeitet mit einem ihr eigenen Rhythmus. So ist es nicht von ausgesprochener Seltenheit, daß Urlaubsgrüße bei Freunden und Bekannten erst dann eintreffen, wenn die im sonnigen Süden gewonnene Urlaubsbräune - wieder daheim - schon erste Spuren von Blässe aufweist.

Die Portokosten betragen:

für Standardbriefe (bis 20 g) in alle deutschsprachigen Länder Lit. 550

für Postkarten in alle deutschsprachigen Länder Lit. 450.

Nach anderen Ländern gelten teils höhere Tarife.

In Italien existiert ein Postleitzahlensystem, das dem deutschen/schweizerischen/österreichischen entspricht, aber fünfstellig numerisch ist. Zur Vermeidung von Verwechslungen und Fehlleitungen ist es erforderlich, im Auslandsbriefverkehr das Nationalitäts-Kennzeichen des Bestimmungslandes der Postleitzahl mit einem Bindestrich voranzustellen, also:

- nach Österreich "A-"
- nach Deutschland "D-"
- in die Schweiz "CH-".

Vielleicht ist es auf den Nationalstolz der ItalienerInnen zurückzuführen, daß der im internationalen Postverkehr für postlagernde Sendungen übliche Begriff "poste restante" auf italienischen Postämtern in der Regel nur zu einem Stirnrunzeln führt - in Italien heißt es "fermo posta"!

Telefon

Das Telefonsystem Italiens ist voll auf Selbstwählverkehr ausgerichtet und entspricht größtenteils europäischen Normen. Den der Telefonotis verfallenen ItalienerInnen stehen öffentliche Telefonapparate in fast jeder Bar zur Verfügung - den Radreisenden natürlich auch. Ferner bietet sich die Gelegenheit zu einem Fernruf von fast allen Postämtern und den "Telefon-Läden" des Staatlichen Italienischen Telefonamtes (S.I.P.). Zum Telefonieren benötigt man in Italien in aller Regel die berühmten *Gettoni*, die dem Wert von Lit. 200 entsprechen und auch als Zahlungsmittel Verwendung finden. Bei Bedarf erhält man sie in den Bars, Tabak- und Zeitungsläden. Immer größere Verbreitung finden "normale" Münzapparate, die Münzen zu 50, 100, 200 und 500 Lit schlucken.

Die Gebühren für Auslandsgespräche richten sich nach Zielland und Tageszeit; bei "Gettoni-Gesprächen" sollten Sie eine große Menge bereitliegen haben. Für Ausländer stets eine Quelle der Überraschung ist der Umstand, daß schon bei Zustandekommen der Verbindung in den Zielort, also auch bei besetzten Leitungen oder bei Nichtantworten des Empfängers, die Münzen in den Telefonapparat rauschen.

Bei der Direktwahl gelten folgende Vorwahlnummern:
- nach Deutschland 0049
- nach Österreich 0043
- in die Schweiz 0041.

Im Anschluß an diese Ziffernfolge sind dann die Ortsnetzkennzahl des Zielortes - wie üblich bei Auslandsgesprächen ohne die Anfangs-Null - und die Rufnummer des Teilnehmers zu wählen.

Bei Gesprächen aus der Schweiz und der BRD nach Italien gilt die Vorwahl 0039, aus Österreich 040; auch hier ist die Null der Ortsnetz-Vorwahlrufnummer wegzulassen.

Die Zeit

Uhrzeit

Wer nach Italien reist, kann die Bedienungsanleitung für seinen Chronometer zu Hause lassen: es gilt sommers wie winters die gleiche Zeit wie in allen Ländern Mitteleuropas. Eine Umstellung der Uhr entfällt also.

Öffnungszeiten

Geschäfte

Die Kernöffnungszeiten sind in Italien einheitlich geregelt. Alle Geschäfte sind mo-sa von 9.00 bis 12.30 h und 16.00 bis 20.00 h geöffnet. Die "macellerie" (Metzger, Schlachter) und "alimentari" (Lebensmittelhändler) bekommen in Italien neben dem Samstagnachmittag und Sonntag noch einen weiteren freien Werktag-Nachmittag zugesprochen; sich selbstversorgende RadlerInnen müssen daher berücksichtigen, ob sie sich in einer "Mittwoch- oder Donnerstag-Nachmittag-frei-Handelszone" befinden. Nahezu alle Lebensmittelhandlungen werden noch als Familienbetriebe (Tante-Emma-Läden) geführt, ein Umstand, der den flexiblen Umgang mit den Öffnungszeiten begünstigt; die Kernöffnungszeiten werden zwar eingehalten, darüber hinaus wird der Reisende aber immer wieder auf zu ungewöhnlichen Zeiten geöffnete Läden treffen. Eine italienische Spezialität in dünnbesiedelten Landschaften ist die Kombination einer Bar mit einem *alimentari,* die infolge ihrer Ausschankgenehmigung solange geöffnet haben, wie die Sonne den Tag erhellt; sogar sonntags öffnet auf Nachfrage die Alimentari-Abteilung ihre Pforte. Eine weitere Auffälligkeit der italienischen Alltagsversorgung ist die im Vergleich zu den nördlichen Nachbarn sehr geringe Zahl von "Super-Mercati" auf der grünen Wiese - Unterentwicklung oder schon wieder ein Schritt voraus?

Tabakwaren aller Art gibt es lediglich in besonders gekennzeichneten Geschäften - den "Tabacchi"; nur gelegentlich in Bars.

Bar, Rosticceria, Osteria, Trattoria, Pizzeria, Ristorante

Die Bar stellt für ItalienerInnen die meist aufgesuchte Kommunikations-Stätte dar. Hier wird der Tag mit einem Espresso - eventuell noch einer kleinen "Süßigkeit" - begonnen, über den Tag immer mal eben wieder "reingeschaut" und etwas "genommen" und nicht selten zum Abschluß des nächtlichen Flanierens das Einstimmen auf die Bettruhe vorgenommen. Entsprechend öffnen sie schon in den frühesten Morgenstunden und schließen meist erst um die Geisterstunde.

Eine Rosticceria dient dem kleinen Imbiß zwischendurch und ist entsprechend mittags durchgehend geöffnet, hält sich ansonsten aber an die üblichen Öffnungszeiten des Einzelhandels.

Die ursprünglichen Unterschiede zwischen der Osteria, der Trattoria, der Pizzeria und dem Ristorante sind heutzutage nicht nur nicht mehr an ihrem Angebot erkennbar, sondern diese haben mittlerweile ihre Pforten zu nahezu einheitlichen Zeiten geöffnet (näheres siehe Kulinarisches). Sie bieten meist sowohl Mittags- (innerhalb der in Italien üblichen Mittagspause) als auch Abendtisch an (ItalienerInnen speisen gern bis spät in die Nacht, sind kaum vor 20 h genügend entspannt, um sich dem ausgiebigen Abendessen zu widmen).

Toristeninformationsbüros

Fast jeder Ort Italiens einiger Größe besitzt eine Touristeninformationsstelle. Die weithin bekannten Touristenmetropolen der Toskana bieten Informationsservice ganztägig; ansonsten orientieren sich die Öffnungszeiten an denen des Einzelhandels; allerdings sind die Informationsstellen kleinerer Ortschaften meist nur in der Hauptsaison (Juli/August) geöffnet.

Postämter

Standardöffnungszeit der Postämter ist mo-fr 8.15-14.00 h; Hauptpostämter der großen Ortschaften haben ganztägig geöffnet. Samstags haben nur die Hauptpostämter in den Großstädten geöffnet.

Banken

Die Banken sind im allgemeinen mo-fr 8.30-13.30 h geöffnet.

Kulturtempel

Die meisten Museen und ähnliche Stätten kultureller Erquickung sind in Italien an einem Tag der Woche, fast immer dem Montag, geschlossen. An den übrigen Tagen stehen die Stätten den Besuchern in aller Regel 9-13 h und 15-19 h offen. Entsprechend der jeweiligen Bedeutung der einzelnen Museen gibt es aber häufige Abweichungen von dieser Regel.

Feiertage

Außer den üblichen Feiertagen wie Ostern, 1. Mai, Pfingsten, Weihnachten und Neujahr werden in Italien bestimmte kirchliche Feste gefeiert, also die Arbeit niedergelegt. Um den Gläubigen die Huldigung zu ermöglichen, wurden zusätzlich die folgenden gesetzlichen Feiertage eingeführt: 6.1. (die Heiligen Drei Könige), Christi Himmelfahrt, Fronleichnam, 15.8. (Mariä Himmelfahrt), 1.11. (Allerheiligen) und 8.12. (Mariä Empfängnis). Aber auch der Staat bittet seine Bevölkerung um Applaus: 25.4. (Tag der Befreiung), 2.6. (Proklamation der Republik) und 4.11. (Tag der Nationalen Einheit).

Normen

In Italien gilt in allen Bereichen das metrische System, so daß eine Umorientierung nicht erforderlich ist.
Auf allen Waren liegt eine Mehrwertsteuer, die durch einen Wust von zusätzlichen Verbrauchssteuern ergänzt wird.
Als elektrische Spannung wird in Italien zwar meist schon 220 V Wechselstrom verwendet; all jenen, die unbedingt auf Strom angewiesen sind, sei aber die Mitnahme eines Adapters empfohlen, da trotz der laufenden Umstellungen auf die "Einheitsströme" häufig noch Spannungen von 110 bis 220 Volt geboten werden und die üblichen Schukostecker aufgrund ihrer dickeren Stifte nicht in die alten Steckdosen passen.

das REISEN

Etruskische Nekropole in der Gräberstadt bei Cervéteri

Informationsmaterial

Zuständig für allgemeine Informationen über Italien und touristisches Werbematerial sind folgende Stellen des Staatlichen Italienischen Fremdenverkehrsamtes (Ente Nazionale Italiano Per Il Tourismo [ENIT]):

Für Deutschland:
- ENIT, Berliner Allee 26, 4000 Düsseldorf, Tel. 0211/132231&32.
- ENIT, Kaiserstr. 65, 6000 Frankfurt/Main, Tel. 069/231213, 232648 & 233610.
- ENIT, Goethestr. 20, 8000 München 2, Tel. 089/530369 & 530360.

Für die Schweiz:
- ENIT, Uraniastr. 32, 8001 Zürich, Tel. 01/2113633 & 213634.
- ENIT, Rue du Marché, 1204 Genf, Tel. 022/282922&23.

Für Österreich:
- ENIT, Kärntner Ring 4, 1010 Wien, Tel. 0222/654374.

Bei diesen Auslandsbüros der ENIT sind aber außer dem Verzeichnis der Campingplätze nur einige allgemeine Broschüren erhältlich, detailliertere Informationen stellen die EPT-Büros (Enti Provinciali Per Il Tourismo) in den Provinzen bereit:
- Arezzo, piazza Risorgimento 116, 52100 Arezzo, Tel. 0575/23952 & 20839.
- Firenze, via Manzoni 16, 50121 Firenze, Tel. 055/2478141&2.
- Grosseto, via Monterosa 206a, 58100 Grosseto, Tel. 0564/22534.
- Livorno, piazza Cavour 6, 57100 Livorno, Tel. 0586/33111.
- Lucca, piazza Guidiccioni 2, 55100 Lucca, Tel. 0583/41205.
- Massa & Carrara, piazza 2.Giugno 14, 54033 Lucca, Tel. 0585/70668 & 70894.
- Pisa, Lungarno Mediceo 42, 56100 Pisa, Tel. 050/20351 & 47290.
- Pistoia, corso Gramsci 110, 51100 Pistoia, Tel. 0573/34326&7.
- Siena, via di Città 5, 53100 Siena, Tel. 0577/47051.
- Rieti, via Cintia 87, 02100 Rieti, Tel. 0746/41146.
- Viterbo, piazza dei Caduti 16, 01100 Viterbo, Tel. 0761/226161.
- Roma, via Parigi 11, 00185 Roma, Tel. 06/461851.
- Perugia (Azienda Autonoma), via Mazzini 21, 06100 Perugia, Tel. 075/25341.
- Terni (Azienda Autonoma), viale C. Battisti 5, 05100 Terni, Tel. 0744/43047.

Sommerfrische bei Marina di Pisa

Während der Reise in Italien erhält man Auskünfte zur jeweiligen Region am zuverlässigsten im örtlichen Touristeninformationsbüro. Deren Netz ist vor allem in der Hauptsaison sehr dicht; die Adressen finden sich in den Ortsbeschreibungen weiter hinten. Je nach Größe und Bedeutung der Ortschaft verfügen die Büros auch über Material benachbarter Regionen!

Die Fahrradtouristen werden von der italienischen Touristeninformation (noch) nicht umworben, zu Deutsch, es gibt keine speziellen Prospekte für eine Radreise.

Anreise

Auf dem Weg in den sonnigen Süden gilt es, zunächst die Höhenzüge der Alpen zu überwinden. Dies stellt aber nur dann eine Plage vor der Muße dar, wenn Sie beabsichtigen, die Apenninhalbinsel auf den eigenen zwei "Schläuchen" zu erradeln. Den weniger sportlich ambitionierten RadlerInnen bieten sich mit Bahn, Flieger und Auto weniger schweißtreibende Möglichkeiten an, vor allem wenn man bedenkt, daß mit der Überschreitung der Grenze das Gebiet dieses Reiseführers noch lange nicht erreicht ist.
Zu den allgemeinen Problemen des Fahrradtransports empfehlen wir das Kapitel "Anreise" in "Der Wind kommt immer von vorn" von Jürgen Rieck (s. Reiseführer und -Literatur).

Mit dem Fahrrad

Fahrradurlaub von Anfang an kann man machen, wenn man die Grenzen schon mit dem Rad überquert und die Anreise schon die ersten Etappen der Reise darstellen soll, denn es liegt noch ein beträchtliches Stück Weg (ca. 400 km) z.B. zwischen Brenner und Michelangelo.

Mit dem Auto

Nur für Rundreisen ist die Anreise mit dem Auto sinnvoll, da man dabei ja am Startort die Fahrradreise auch beenden muß. Einzige Ausnahme hiervon stellt ein gemieteter PKW dar; einen teueren Spaß bedeutet aber die Überschreitung der Grenze mit dem Miet-PKW, da in diesem Fall beachtliche Rückführungskosten entstehen. Gegenüber dem privaten Automobil bietet sich so aber die Möglichkeit, verschiedene Orte zur An- und Abreise anzusteuern. Eine weitere, preiswertere Lösung kann die Vermittlung über eine Mitfahrzentrale darstellen - vielleicht finden Sie ja auf diese Art eine Transportmöglichkeit für Mensch und Rad nach Italien.

Mit der Eisenbahn

Diese Anreiseform wird wahrscheinlich von vielen Italienreisenden gewählt werden, denn sie ist aus jeder Gegend möglich und dank des gerade noch ausreichenden italienischen Streckennetzes auch mit akzeptablem Zeit-

aufwand zu absolvieren. Grenzüberschreitende Zugverbindungen mit Kurswagen nach Firenze und Roma gibt es ab vielen großen deutschen, schweizerischen und österreichischen Städten. Darüber hinaus sind die Großstädte der Toskana, Latiums und Umbriens von den Eisenbahnen erschlossen, doch erfordert die An- oder Abreise fast immer ein Umsteigen in Firenze.
Wie auf allen internationalen Verbindungen ist es bei der Anreise per Bahn in der Regel nicht möglich, Fahrräder in durchgehenden Fernzügen mitzunehmen, da es üblicherweise keine grenzüberschreitenden Gepäckwagen und vor allem leider noch immer ungelöste Zollprobleme gibt. Das bedeutet, daß Fahrräder als Reisegepäck vorgeschickt werden müssen - eine sehr unsichere Angelegenheit, da sowohl die Transportzeiten (mindestens zwei Tage, aber abhängig von der Entfernung auch durchaus zwei volle Wochen) als auch die Häufigkeit von Transportschäden stark variieren.

Mit dem Flugzeug

Für alle Fahrradreisenden mit etwas weiterer Anreise eine durchaus erwägenswerte Anreisemöglichkeit, denn durch die Lüfte geht's natürlich schneller und je nach Abflugort manchmal kaum teurer.
Wenn es sich bei den Verbindungen um Linienmaschinen handelt, können prinzipiell Fahrräder mitgenommen werden. Empfehlenswert ist in der Regel die Anmeldung dieses "Sondergepäcks", da die Transportkapazität meist beschränkt ist. Theoretisch wird das normalerweise anfallende Übergepäck mit 1 % des Erste-Klasse-Flugpreises berechnet; in der Praxis entfällt das jedoch meist aus Bequemlichkeit, "Kulanz" genannt.
Sinnvoll ist in jedem Fall die Beschränkung auf nicht zu viele Gepäckstükke. Wer außer mit dem Fahrrad mit vier Packtaschen, Zelt, Isomatte und Schlafsack fliegt, darf sich nicht wundern, wenn das Abfertigungspersonal die Übergepäcktoleranz als etwas zu weit ausgereizt ansieht. Vorsichtshalber sollte man kleine, aber schwere Dinge (z.B. Werkzeug, Fotoapparat, Reiseführer etc.) ins Handgepäck nehmen, das meist nicht gewogen wird, obwohl es theoretisch zur Freigepäckgrenze zählt.
Die meisten Fluggesellschaften verlangen gewisse Veränderungen am Fahrrad für den Transport: meist Lenker in Längsrichtung verdrehen, Pedale ab- oder nach innen schrauben, Luft aus den Reifen lassen. Es empfiehlt sich somit, frühzeitig am Flughafen zu sein, um das Rad sicher mitzubekommen - und das ggf. notwendige Werkzeug bereitzuhalten. Üben Sie die notwendigen Handgriffe vorher zu Hause (das Linksgewinde des linken Pedals beachten!); lassen Sie die Luft nicht vollständig ab, damit der Reifen sich beim evtl. Schieben des Fahrrades zum Flugzeug nicht von der

Felge lösen kann. Falls gleichzeitig Tiere im Frachtraum transportiert werden, herrscht dort Druckausgleich, so daß ein Luftablassen aus den Reifen unnötig ist.
Da es auf fast allen Linienverbindungen günstige Vorbuchungstarife (APEX) gibt, die oft nur geringfügig über dem Preis einer Eisenbahnfahrkarte liegen, kann die Anreise per Flugzeug vor allem für Reisende empfohlen werden, die in der Nähe eines der unten genannten Abflughäfen wohnen und ansonsten eine besonders lange Anreise auf sich nehmen müßten.
Als Zielflüghäfen bieten sich in dem von diesem Reiseführer beschriebenen Gebiet nur Leonardo da Vinci (Roma) und Galileo Galilei (Pisa) an. Letzterer ist aber direkt nur von Frankfurt/Main erreichbar, zum ersteren bestehen Direktverbindungen von Düsseldorf, Frankfurt/Main, München und Stuttgart sowie Wien, Basel, Genf und Zürich. Über diese Liniendirektflüge hinaus werden in der Hauptreisezeit selbstverständlich diverse Charterflüge von verschiedenen Flughäfen gestartet, die teilweise die Mitnahme eines Fahrrades gestatten.

Mit dem Bus

Wem die Anreise mit der Bahn zu müßig bzw. gefährlich für sein Vehikel und die Flugreise zu teuer erscheint, sei auf die Möglichkeit hingewiesen, daß zunehmend - meist alternative - Busunternehmen die Mitnahme von Fahrrädern auf ihren Reisen nach Italien anbieten. Das Vorbild niederländischer Busunternehmer, spezielle Fahrradreisende-Transporte durchzuführen, findet allmählich Nachahmer in hiesigen Landen, so daß entsprechende Erkundigungen von Erfolg gekrönt sein können. Derzeit existieren zwar noch keine derartigen regulären Linienverbindungen von der BRD, Österreich bzw. der Schweiz nach Italien, doch dürfen die RadlerInnen hierauf gespannt sein, da so ihr Fahrrad in besonderen Anhängern sicher ans Ziel gelangen würde. Ein kleiner Hoffnungsschimmer tut sich aber bereits am Horizont auf - der ADFC will über seine Tochterfirma Velomobil 1989 erstmals einen solchen Fahrradbus einsetzen und beispielsweise nach Verona, Firenze und Livorno fahren lassen. Nähere Informationen standen aber bei Drucklegung dieses Buches noch nicht zur Verfügung, so daß Sie sich selbst bei der folgenden Anschrift um genauere Hinweise gegen Rückumschlag mit entsprechender Frankierung bemühen müssen:
Velomobil, ADFC-Radverkehr-Dienstleistungen-GmbH, Postfach 10 77 44, 2800 Bremen.

Einreise

Personen

Für in Österreich, der Schweiz und der BRD Beheimatete genügen Personalausweis oder Reisepaß zur Einreise nach Italien.
Wer länger als drei Monate bleiben will, muß eine Aufenthaltsgenehmigung beantragen.

Tiere

Wer seinen Goldhamster unbedingt mit auf die Fahrradreise nehmen möchte, hat in Italien keine Probleme. Haustiere, wie Hunde und Katzen, benötigen ein amtstierärztliches Gesundheitszeugnis, das nicht älter als ein Monat sein darf, sowie eine gültige Tollwut-Impfbescheinigung, die nicht jünger als 20 Tage und nicht älter als 11 Monate sein darf.

Zoll und Devisen

Die Einfuhr von Devisen ist unbegrenzt. Für die Einfuhr von Waren aus dem EG-Land BRD gelten folgende Beschränkungen (Angaben für die EFTA-Länder Schweiz und Österreich in Klammern):
300 (200) Zigaretten oder 75 (50) Zigarren oder 400 (250) g Tabak; 1,5 (1) Liter Spirituosen über 22 % Alkoholgehalt oder 3 (2) l unter 22 % und 4 Liter Wein; 75 (50) g Parfüm oder 0,375 (0,25) l Eau de Cologne; sonstige Waren im Wert von DM 460 (100).
Dinge des persönlichen Bedarfs (sprich Reisegepäck) sind immer zollfrei.
Die Mitnahme von Reiseproviant in normalen Mengen ist gestattet.

Hauptreisezeit

In der Hauptreisezeit wird das Land von Nordlichtern überflutet. Das umfangreiche Übernachtungsangebot stößt in dieser Zeit - am ehesten in den touristischen Hochburgen - an die Grenzen seiner Kapazität.
In der Nebensaison ist diese Lage naturgemäß günstiger, allerdings muß man damit rechnen, daß einige wenige Campingplätze geschlossenen haben; in den Ortsbeschreibungen sind daher die Öffnungszeiten angege-

Im Colle di Val d'Elsa

ben.

Vieles spricht für die Zeit von Mitte Mai bis Ende Juni sowie September bis Mitte Oktober, also die, vom Klima aus betrachtet, gemäßigten Wochen. Gerade in den ersten warmen Monaten eröffnet die blühende Flora ein unerschöpfliches Reservoir für die menschlichen Sinne. Wer mehr Wärme und mehr Trubel sucht, kommt im Juli und August eher an der Küste auf seine Kosten, da zahlreiche ItalienerInnen ihre schönsten Wochen des Jahres an den "eigenen" kühlen blauen Fluten verbringen. Zu einem wahren "Sturm" auf die Strände kommt es in den Augusttagen, da zu dieser Zeit zahlreiche Betriebe schließen, so daß ganz im Gegensatz zur Lebendigkeit am Wasser die Städte im Landsinnern in den Sommerschlaf verfallen (würden) - wenn nicht die Touristen aus aller Welt wären, die sich in den "Berühmtheiten der Toskana" gegenseitig die Füße flachtreten.

Verkehrsverbindungen in Italien

Fast jeder Fahrradreisende wird in die Lage kommen, während einer Italienreise ein Binnen-Verkehrsmittel zu nutzen, sei es im Zuge der An- oder Rückreise, sei es zur Querverbindung zwischen verschiedenen Landesteilen.

Busverkehr

Der Fernbus spielt im italienischen Verkehrssystem eine vergleichsweise große Rolle, weil das Eisenbahnnetz aufgrund der topographischen Gegebenheiten einige Lücken aufweist. Zahlreiche Überlandbusse ("pullman" bzw. "torpedone" genannt) sowie kürzere Strecken im regionalen Dorf-zu-Dorf-Verkehr ("corriera") sind zu nutzen; Fahrradtransport ist in der Regel aber dabei nicht möglich.
Vor allem in den dünnbesiedelten Gebieten sind die Autobuslinien von Bedeutung, da sich der Bau einer Eisenbahnlinie mangels entsprechender Nachfrage nicht rentiert hätte. Die Fahrpreise liegen in der Regel nur wenig höher als jene für die zweite Klasse der Eisenbahn. Die zahlreichen privaten Busunternehmen geben jeweils eigene Fahrpläne heraus, so daß es in der Regel der einfachste Weg zur Busreise ist, die örtliche Touristeninformation aufzusuchen und nach den "Pullmännern" zu fragen. Zentrale Omnibusbahnhöfe sind nur in wenigen Städten zu finden, die Fuhrunternehmen haben daher zahlreiche individuelle Stationen.

Eisenbahn

Das Netz der Italienischen Eisenbahnen (FS) ist entsprechend der Geschichte der Besiedlung und der damit verbundenen Entwicklung der Wirtschaft nicht flächendeckend ausgebaut. In Nord-Süd-Richtung existieren mehrere Trassen, relativ dünn ist aber das Netz in Ost-West-Richtung, u.a. weil der Gebirgsrücken des Apennin sich diesem entgegenstellt. Fast alle Strecken werden mehrmals täglich befahren.
Schon zum Normaltarif (Zweite Klasse) ist das Bahnfahren in Italien im Vergleich zu den nördlichen Nachbarn recht preiswert. Darüber hinaus gibt es spezielle Ermäßigungen wie die "Rundreisefahrkarte" (viaggi circolari), die aber auf Gesamtitalien und damit nicht auf die ReiseradlerInnen zugeschnitten ist; "Touristennetz-Karten" (biglietti turistici di libera circola-

Übersichtskarte: Bahnlinien in Mittelitalien

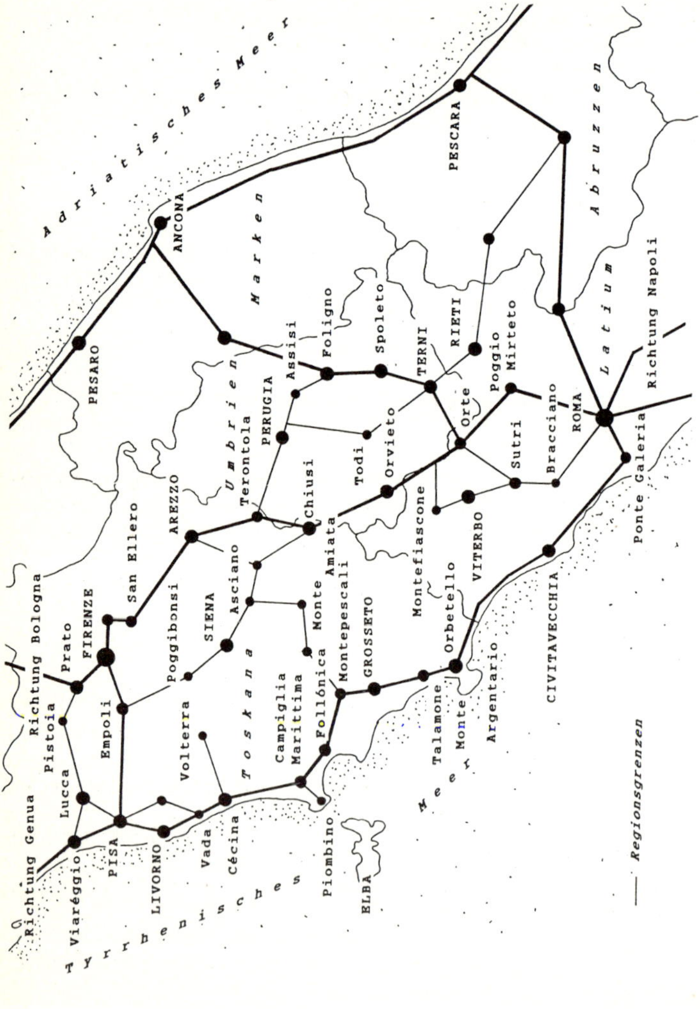

zione); "biglietti chilometrici", Fahrkarten, die auf eine feste Zahl von Gesamtkilometern ausgestellt werden; und schließlich "Familien-Fahrkarten" (biglietti per famiglie).
Der Fahrradtransport ist in Italien in der Regel problematisch. Erstens ist die begleitende Fahrradmitnahme (Selbstverladung) grundsätzlich nicht möglich; zweitens dauert der Transport der Fahrräder häufig wesentlich länger, als man selbst für die Strecke benötigt, und drittens ist die Aufgabe des Fahrrades vergleichsweise kostspielig (entfernungsabhängig).
Im Vergleich zur BRD sind die Gesamt-Bahnreise-Kosten für die Radreisenden aber immer noch günstiger, da das "Gepäck" Fahrrad das "Guthaben" der Personentarife nicht aufwiegt.

Für weitere Informationen bieten sich folgende Auslandsvertretungen der FS an:
- Mariahilferstr. 84, 1070 Wien, Tel. 0222/935311 & 934784.
- Effingerstr. 8, 3011 Bern, Tel. 254161.
- Goethestr. 17, 8000 München 2, Tel. 089/591597.

Flugzeug

Zwar gibt es auch mehrere Linienverbindungen innerhalb Italiens, doch sind diese für das in diesem Reiseführer beschriebene Gebiet nicht von Bedeutung. Einzige Ausnahme stellt die Strecke Roma-Firenze dar, doch dürfte sich der Aufwand für die vergleichsweise kurze Entfernung kaum lohnen.

Fähren

Neben den kleinen Personenfähren auf dem Lago di Trasimeno, die teilweise die Mitnahme des Fahrrades gestatten (s. dort), bestehen drei Linienfähren zur Insel Elba, die sämtlich Autos transportieren und somit die Mitnahme von Fahrrädern unproblematisch gestalten. Den weitesten Weg legt die Fähre Livorno-Portoferraio zurück (ca. 3 Std.), die beiden anderen nehmen sich fahr-zeitlich nichts, doch schifft die Fähre Piombino-Rio Marina-Porto Azzurro nur ein- bis dreimal täglich Mensch und Gut nach Elba, während die zweite Piombino-Portoferraio im Sommer bis zu 20 mal am Tag die beiden Orte einander näher bringt.

Fahrradverkehr in Italien

Dank der günstigen Straßenverhältnisse und der aufmerksamen italienischen AutofahrerInnen können Sie angenehmen "Reisekilometern" mit Ihrem Drahtesel entgegensehen. Das Vorurteil bzw. der Eindruck, daß die ItalienerInnen besonders hektisch und chaotisch autofahren und sich damit unfallträchtig verhalten, wird durch internationle vergleichende Statistiken bezüglich der "weichen" VerkehrsteilnehmerInnen wiederlegt. Demnach gebührt Italien die Auszeichnung für das "sicherste Pflaster" Westeuropas; bei annährend gleichem KFZ-Bestand (bezogen auf die Einwohnerzahl) werden auf deutschen Straßen doppelt soviele Kinder getötet und ca. dreimal soviele verletzt. In Österreich und der Schweiz stellt sich die Situation nur wenig günstiger als in der BRD für die "bambini" dar. Die Gründe für die Verhältnisse sind zahlreiche, doch dürften Mentalitätsunterschiede ausschlaggebend sein - denn zieht man zum weiteren Vergleich das kinderliebe Frankreich heran, so ist festzustellen, daß dort die Kinder mit einem ähnlich "niedrigen" Risiko wie auf einer piazza spielen können.
Sowohl die Verkehrsregelungen als auch die Beschilderung entsprechen dem europäischen Standard. Allerdings werden Sie in Italien - besonders an den Ortseinfahrten - häufig einem speziellen Verkehrsschild begegnen, dem Hupverbot (zona di silenzio), das die Reaktion auf die Verselbständigung des Hup-Wesens ist. Dieses gewährt einen Sicherheitsgewinn auf den kurvenreichen Landstraßen in der unübersichtlichen Hügellandschaft, geriet aber mit der Massenmotorisierung an die Grenze der Lärm-Erträglichkeit der Städter.

Radreisende sollten die "italienische Hupe" nicht als "Platz da, jetzt komm' ich" interpretieren, sondern als gutgemeinte Ankündigung eines Überholvorgangs, wobei *nur* um gesteigerte Aufmerksamkeit gebeten wird.
Die Nationalstraßen werden in den Kartenwerken in solche höherer und niedrigerer Ordnung unterschieden; unterwegs werden Sie aber einheitlich gestalteten Hinweisschildern begegnen. Zudem lassen diese Differenzierungen keine Rückschlüsse auf den Ausbauzustand zu, vermeintlich unbedeutendere Straßen sind gelegentlich stärker befahren als solche höherer Ordnung in der Nachbarschaft.

Foto links: der vermeintlich Schiefe Turm von Pisa

Spezielle Radwanderweg-Hinweise gibt es in der Toskana, Umbrien und Nordlatien bisher nicht. In den oft sehr engen "alten" Städten werden Sie häufig auf Einbahnstraßen (senso unico) treffen, worauf soweit erforderlich in den Etappenbeschreibungen eingegangen wird; in aller Regel wird der Verkehr durch die Einbahnstraßen aber so eindeutig in das centro storico bzw. wieder hinaus geführt, daß sich eine detaillierte Beschreibung erübrigt. Die auch heute noch immer per pedes am besten zu erkundenden alten Zentren würden auch aufgrund ihrer "Kleinheit" viele Worte zur Orientierung ad absurdum führen.

Kommunaler Fahrradverleih in Roma

Karten

Um sich einen ersten, sehr groben Überblick für die Italien-Radreise zu verschaffen, bietet sich die kostenlos bei den ENIT-Filialen erhältliche Touristenkarte "Italien 1:1500000, Italia no problems" an. Sie wird vom Automobilclub Italiens (ACI) in Zusammenarbeit mit der ENIT herausgegeben und gibt neben der kleinmaßstäbigen Karte eine Vielzahl von allgemeinen touristischen Hinweisen.
Für die detailliertere Vorbereitung und Durchführung einer Fahrradreise ist sie schlicht ungeeignet; das einzige brauchbare Kartenwerk hierfür stellt die **Offizielle Karte des Touring Club Italiano** im Maßstab 1:200000 dar, worauf die Etappenbeschreibungen dieses Reiseführers entsprechend beruhen. Die Karte ist ausreichend genau und aktuell, auf die seltenen Schnitzer wird, sofern für die beschriebenen Etappen von Relevanz, hingewiesen. Die in der Karte wiedergegebene Numerierung der Nationalstraßen wird für die Routenhinweise genutzt, in der Realität auf der Straße werden Sie aber fast nie Hinweisschilder mit den entsprechenden Angaben finden. Etwas problematisch sind die Aussagen der Karte bezüglich des Ausbauzustandes des Straßennetzes; durch die verschiedene Strichstärke sollen kleinere von größeren unterschieden werden, doch decken sich die Angaben häufig nicht mit der Wirklichkeit und lassen vor allem keine Rückschlüsse auf die Verkehrsbelastung zu. So kommt es, daß zu bestimmten Tageszeiten in der Karte als kleine Nebenstraßen vermerkte Trassen zu pulsierenden Verkehrshauptadern werden, während in der Karte rot markierte "strade di grande comunicazione" - allerdings seltener - sich als idyllische Radrouten erweisen. Im Gegensatz zu zahlreichen anderen Kartenwerken gleichen Maßstabs verzichtet die Straßenkarte des Touring Club Italiano weitgehend auf touristische Hinweise, wie beispielsweise Campingplätze. Die Ausgabe für den deutschsprachigen Markt gibt der Verlag **Kümmerly + Frey** heraus, sie ist in allen gut sortierten Buchhandlungen erhältlich. Für den Gesamtbereich des in diesem Fahrradreiseführers beschriebenen Teil Mittel-Italiens werden bei dem Kartenwerk die Blätter 7, 8 & 9 benötigt.
Wie schon im Abschnitt *Informationsmaterial* erwähnt, sind bei den Fremdenverkehrsämtern Broschüren und Karten aus einzelnen Regionen erhältlich, die in ihrer Qualität aber sehr unterschiedlich sind. Darüber hinaus sind sie für die Radreisenden keine geeignete Planungsgrundlage; von Interesse können aber die von den örtlichen Touristeninformationsbüros herausgegebenen Stadtpläne sein, um die Orientierung in den centri storichi zu erleichtern.

Reiseführer und -Literatur

Hier stellen wir eine kleine Auswahl aus dem nahezu unüberschaubaren Angebot an Italienreiseführern vor. Außer Büchern über ganz Italien gibt es eine große Zahl von Regionalführern sehr unterschiedlicher Qualität.

Zum Thema Fahrradreise

Jürgen Rieck: Der Wind kommt immer von vorn. Mit dem Fahrrad auf Reisen. 4., bearbeitete Auflage, Verlag Wolfgang Kettler, Berlin 1986.

Allgemeine Reiseführer für Italien

Toni Kienlechner: 12 mal Italien. R. Piper & Co. München 1980. Aus der Sicht einer politischen Korrespondentin und literarischen Essayistin stellt die Autorin in zwölf Kapiteln entweder anhand einer Region oder einer Stadt exemplarisch Grundphänomene des Landes dar. Sie vermittelt in lebendigem Stil sowohl große geschichtliche Ereignisse als auch noch nicht oft mit Beachtung bedachte Episoden und regt somit zum weiteren Kennenlernen des südlichen Nachbarn an.
Doris Maurer, A.E. Maurer: Literarischer Führer durch Italien. insel taschenbuch. Band 1071. Gegliedert nach den Regionen und diese wiederum alphabetisch nach den Städten werden im Lexikon-Aufbau Literaten italienischer Städte mit Einzeldaten zur ihrer Kurzbiographie und ihren Werken, sowie ihren Geburts- oder Wirkungsstätten vorgestellt. Somit wird ein Literatur-Bild der aufgenommenen Städte entworfen, das neben den Autorenporträts auch die Bibliotheken, Archive, Theater, Kulturpreise etc. der jeweiligen Stadt enthält.
Baedeckers Reiseführer: Italien. Baedecker. Stuttgart, Freiburg
Anders Reisen: Italien. rororo 7515. Reinbeck 1983.

Spezielle Reiseführer für die Toskana, Latium und Umbrien

Grieben: Mittel-Italien. Band 250. München 1984.
Grieben: Toskana und Ligurien. Band 79. München 1986. Beide Reiseführer zeichnet eine bürgerliche und hausbackene Schreibweise sowie detaillierte, aber gelegentlich etwas veraltete Informationen aus.

Die noble, italienische Variante der Moderne

Kümmerly + Frey: Toskana, Umbrien und Marken. Band 3. Bern 1985. Stellt einen Nachdruck der 1979(!) erschienenen italienischen Originalausgabe des Touring Club Italiano dar; die Hotel- und Restaurantangaben sind auf dem Stand von 1984.

Baedeckers Taschenbücher: Toskana. Stuttgart 1987, in gewohnter, brauchbarer Qualität.

H.-J. Sing: Toskana und Elba. Verlag Martin Velbinger. München 1987. Ein sogenannter alternativer Reiseführer mit zahlreichen Angaben zu den toskanischen Städten, wobei das "Alternative" kaum mehr auffällt. Es bezieht sich eher auf den legeren Umgang mit der Geschichte der altehrwürdigen Kommunen.

H. Hemmie / C. Peter: Rom und Latium. Verlag Michael Müller. Ebermannstadt 1985. Ein ebenfalls dem Alternativspektrum zugehöriger Reiseführer, der sich auf über 200 Seiten speziell Rom zuwendet und jede Menge geschichtlichen Hintergrundes vermittelt. Latium wird Ort für Ort mit diversen allgemeinen Hinweisen abgehandelt.

Ein Dach überm Kopf

Alle Übernachtungsarten haben in Italien gemeinsam, daß sie besonders in der Hauptsaison stark ausgelastet sind. Dies gilt in besonderem Maße für die beliebten Ferienregionen an der endlos langen Küste. Angefangen bei Campingplätzen bis zum Luxushotel können mancherorts die Betten voll belegt sein. Wer nicht generell vorbuchen möchte, sollte deshalb einplanen, im Juli und August gelegentlich flexibel bei der Auswahl der Unterkunft sein zu müssen.

Hotel, Pension (Albergo)

Die Hotels sind in Italien in fünf offizielle Kategorien (L [für Luxus] und 1-4, wobei letzteres der einfachsten Stufe entspricht) eingeteilt, diese Klassifizierung gilt sowohl für die Qualität als auch den Preis. Eine ähnliche Einteilung in drei Klassen ist für die Pensionen üblich. Bei allen örtlichen Touristeninformationsbüros sind detaillierte Listen der Hotels und Pensionen erhältlich.

Privatzimmer (Camere)

Diese Form der Touristenbeherbergung ist in Italien weit weniger verbreitet als in den deutschsprachigen Ländern - Ausnahmen stellen einige Zentren der Reiselust an den Küsten dar. Entsprechend kann eine Radreise durch die Toskana, Latium und Umbrien nicht auf der Basis dieser vergleichsweise noch preiswerten Übernachtungsart durchgeführt werden.

Jugendherbergen (Ostello per la Gioventù)

Die italienischen Jugendherbergen entsprechen im Standard und den Preisen den aus der BRD, Austria und der Schweiz bekannten Niveau. Üblicherweise ist der Aufenthalt pro Jugendherberge für Einzelreisende auf drei Übernachtungen begrenzt; Verlängerungen sind aber unproblematisch möglich, wenn Plätze frei sind. Personen unter 30 Jahren haben Vorrang. In der Hochsaison ist die telefonische Voranmeldung dringend zu empfehlen, da Sie sonst leicht vor "verschlossener" Tür stehen können. Für die Anmeldung genügt der Jugendherbergsausweis des Heimatlan-

des. Jugendherbergen werden in Italien teilweise privat, teilweise von den Kommunen betrieben, auf das Serviceniveau hat dies aber keinen Einfluß. Bisher gibt es in Italien nur sehr wenige Jugendherbergen, die wenigen neueren scheinen gar besonders auf die jugendlichen Gäste aus dem Ausland zugeschnitten zu sein; zumindest stellt es fast ein Kunststück dar, ItalienerInnen in einem Ostello als Gäste anzutreffen.
Auskünfte erteilt der Zentralverband:

Assoziazone Italiana Alberghi Per La Gioventù
Palazzo della Civiltà del Lavoro
Quadrato della Concordia
00144 Roma-EUR
Tel. 06/5913702 & 5913758

Jugendherbergen in der Toskana, Umbrien und Latium:
Die Städte *Arezzo, Cortona, Firenze (2), Foligno, Lucca, Marina di Massa, Pisa, Perugia, Roma, San Gimignano, Siena, Tavarnelle Val di Pesa und Volterra* stellen diese Möglichkeit der preiswerten Übernachtung bereit.

Camping

Wie in den meisten Ländern Europas ist auch in Italien das Wildcampen verboten. Die einladenden Plätzchen müssen Ihnen aber dennoch nicht versperrt bleiben, da selbstverständlich die Einwilligung des jeweiligen Bauern (padrone) genügt.
Die Preise für die Übernachtung sind unterschiedlich und richten sich weniger nach dem Standard des Platzes als nach der Gegend. In den hochgezüchteten Tourismusgebieten scheuen sich die Besitzer nicht, die Preise um einiges höher anzusetzen.
Ein detailliertes Verzeichnis wird für Italien vom nationalen Campingverband, der *Federazione Italiana del Campeggio, via Vittorio Emanuele 11, 50041 Calencano/Firenze, Tel. 055/882391*, herausgegeben und ist bei den ENIT-Büros kostenlos erhältlich. Diese Liste enthält auch die Telefonnummern der Plätze, so daß eine Voranmeldung in der Hauptsaison in den beliebten Ferienregionen naheliegt.

Italien selbst entdecken

Bei der Auswahl von Übernachtungsmöglichkeiten und Restaurants stoßen Reiseführer an die Grenzen ihrer Möglichkeiten. Die Überprüfung vieler hundert Quartiere und Lokale würde Jahre dauern und notwendigerweise am Schluß ein größtenteils veraltetes Ergebnis bieten - ein Punkt, an dem die entsprechenden Führer auch stets kranken. Das "Selbst-Entdekken" von Stätten italienischer Gastlichkeit soll daher dem Reisenden nicht abgenommen werden. Dieses Buch bietet lediglich Hilfestellung.

Niedrigpreisunterkünfte wie Jugendherbergen o.ä. und Campingplätze sind stets aufgeführt, zu Hotels und anderen Quartieren höherer Preisstufen finden sich Hinweise jedoch nur in Ausnahmefällen.

Aus dem gleichen Grund sind auch Restaurants nur in äußerst seltenen Fällen aufgeführt. Während des obligaten Orientierungsspaziergangs am Übernachtungsort ist das vergleichende Studium von Speisekarten und Erscheinungsbild ein selbstverständlicher Nebeneffekt, der zum Einleben gehört wie der Einkauf im Laden oder ein Kaffee zwischendurch.

Es liegt nicht in der Absicht dieses Buches, Restaurants und Gaststätten mit dem Prädikat "touristisch interessant" zu versehen - zum einen sind die Geschmäcker zu verschieden, zum anderen wechseln Personal, Publikum und Flair zu schnell und zu unüberschaubar, um halbwegs verläßliche Angaben ermöglichen zu können.

Ausnahmen von dieser Regel erfolgen nur dort, wo die Gefahr besteht, daß der Reisende an vielleicht etwas abgelegenen kulinarischen oder anderen kulturellen Sehenswürdigkeiten vorbeifährt. Solche Ausnahmen haben stets den Charakter einer Empfehlung.

Kulinarisches

Die traditionelle italienische Küche unterscheidet zwischen einer kleinen Vorspeise (antipasto), den beiden Hauptgängen (primo und secondo) sowie den Nachspeisen, den als krönender Abschluß der espresso folgt. Eklatante Differenz zur Küche der nördlichen Nachbarländer sind der Primo und Secondo; während die Nordlichter die kompakte Nahrungsaufnahme in einem umfangreichen Hauptgang bevorzugen, genießen die ItalienerInnen lieber die Speisen Gang für Gang. Die kohlehydrathaltigen Mehlspeisen (paste) - die bekannteste ist wohl die Spaghetti - reichen von der einfachsten Ausführung, in Butter gewälzte Nudeln, bis zu ausgefeilten Versionen gefüllter Teigtaschen verschiedenster Form und Größe sowie Füllung. Diesem Primo folgen mit dem Secondo die Proteine, mal sind es die Reichtümer des Meeres, mal die sterblichen Überreste der Landtiere oder Herrscher der Lüfte. Die Nachspeisen stellen das Geschmacksspektrum mit herzhaften, pikanten Käsesorten (formaggio) und süßem Obst oder Kuchen (frutta oder dolce) zufrieden.

Diese italienische Küche ist eingebettet in eine jahrtausendealte Eßkultur, deren Reichtum sich nur mit Zeit und Muße erschmecken läßt und die in den Hochzeiten des Römischen Reiches in kaiserlichen Orgien über mehrere Tage gipfelte. Besondere Verdienste erwarb sich zu diesen Zeiten der römische Feldherr Lucullus, in dessen Gärten ausgeklügelte Speisen für große Gesellschaften in solch üppigen Mengen dargeboten wurden, daß sein Ruf unsterblich wurde. So sitzen denn auch heute noch die ItalienerInnen in großer Runde gern beisammen und nutzen das abendliche Speisen für eine intensive Kommunikation über Gott und die Welt. Ein solches Abend-Beisammensein zieht sich denn auch häufig bis in die Nacht hinein und stellt somit den krönenden Abschluß des Tages dar. Früher stand, in den Arbeitsformen und dem Klima wohlbegründet, diesem ein ebenso ausgiebiges Mittagessen zuvor, das im modernen Italien aber nach und nach an Stellenwert einbüßt. In den klimatisierten Büros der Dienstleistungsunternehmen bzw. den Werkshallen der Industriebetriebe wird die Mittagshitze im Hochsommer ausgesperrt, so daß die ehemalige siesta (das Mittagsschläfchen) rapide an Bedeutung verloren hat. In den nunmehr arg verkürzten Mittagspausen versuchen diejenigen, die über den entsprechenden Geldbeutel verfügen, dem Sittenverfall durch zügigere Nahrungsaufnahme Paroli zu bieten, während die anderen, weniger Vermögenden, die von zu Hause mitgebrachten Speisen im Mikrowellenherd erwärmen lassen - denn *warm* soll es schon sein. So konnte denn auch in der von ausländischen Einflüssen bisher unabhängigen italienischen Küche das "fast food" schließlich doch noch Tritt fassen. Die Currywurst mit Fritten ist den ItalienerInnen zwar nach wie vor ein Graus, doch wird zusehends mehr für den kleinen Zwischendurch-Hunger geboten und steigt die Zahl der Schnell-Pizzerien mit der Pizza für die Faust allmählich an. Die Jugendlichen gehen gar noch einen Schritt weiter und stoßen ihren Altvorderen vor den Kopf, indem sie internationalistisch denkend und fühlend mehr die Hamburger-Stätten frequentieren.

Mit der modernen Lebensweise harmoniert aber noch der Beginn des Tages. Um zügig auf Touren zu kommen, steuern die ItalienerInnen die nächstgelegene Bar an, bestellen ihren die Lebensgeister weckenden "espresso" und genießen hierzu - wenn überhaupt - eine kleine Süßigkeit (cornetto oder brioche). Allerdings sind die Bars nicht einzig zum "frühstücken" da, sondern werden im Laufe des Tages immer mal wieder für eine kurze Pause und einen flüchtigen Plausch aufgesucht. Betagtere Herren "übersitzen" die "stehende Eile" der Jungen auf dem Bar-Straßenmobiliar.

Auf der Suche nach einer Lokalität sieht sich der Tourist mehreren klingenden Titeln gegenüber:
Das *Ristorante* stand bisher in dem Ruf eines Etablissements der gehobeneren Kategorie, das mit edlem weißen Tischtuch und vornehm gekleideten Kellnern zu traditioneller italienischer Küche einlud. Hier sind häufig noch die Buffets mit den in Öl eingelegten Gemüsen (antipasti) sowie die stilvoll gedeckten Tische mit dem zum jeweiligen Wein gehörenden Glas anzutreffen.

Die *Trattoria* steht in der Tradition der Familien-Gasthäuser auf dem Lande und bot entsprechend meist eine regional-typische Küche. Entsprechend dem saisonalen lokalen Angebot war die Karte - wenn es überhaupt eine gab - weniger umfangreich als im Ristorante.

Die *Pizzeria* - zahlreich vertreten auch bei den nördlichen Nachbarn - bot ursprünglich einmal einzig den "belegten Rund-Hefeteig" im Steinofen gebacken als Nebenmahlzeit an.

Die *Osteria* war traditionell das "einfachste" Gasthaus, üblicherweise wurden nur kleine Speisen als Häppchen zum Wein gereicht.

Schon im Zuge der Verstädterung verwuschen diese einstigen scharfen Trennungen; Trattorien etablierten sich in den Städten und wurden zu weniger aufwendigen Küchen für die nicht so prallen Geldbeutel, Osterien schließlich wuchsen von der "Wein-Kneipe" zu Örtlichkeiten mit Tages-Tisch, wo man ißt, was auf den Tisch kommt. Was die großen Töpfe in der Küche am jeweiligen Tage zu bieten haben, wird den Gästen am Tische mündlich gepriesen.

Um die Verwirrung zu komplettieren, verlief die Entwicklung des Gaststättenwesens in jüngster Zeit zu einer endgültigen Aufhebung der ehemals so eindeutigen Kategorien. Osterien geben sich gelegentlich als piekfeine Lokale mit entsprechendem Preisniveau und Gehabe der KellnerInnen aus, Trattorien entdeckten die Vorzüge des à la carte-Speisens und Ristorante bieten manchesmal schon etwas für das nicht gerade berstende Portemonnaie. Die Pizza aus dem Steinofen ist heute eine Rarität, das Speisenangebot stellt sich in dem Ihnen gewohnten Angebot dar. Auch ItalienerInnen nehmen gern ein kühles erfrischendes birra (mindestens 1½ Jahre haltbar!) zum "pikanten Kuchen".

Apropos Geld, auf die Aufforderung "il conto, per favore" erhalten Sie die Rechnung, die immer für den Tisch ausgestellt wird, da getrenntes Bezahlen vollkommen unüblich ist. Will nicht einer den großen Gönner spielen, so teilen ItalienerInnen die Summe schlicht durch die Anzahl der EsserInnen oder legen nach Gutdünken ihren Teil in die Mitte. Also lassen Sie den Taschenrechner daheim und üben Sie sich in italienischer Weltläufigkeit.

Italien ist eine der Urheimaten des den Geist beflügelnden Weines und führt bezüglich der Gesamtmenge des produzierten Rebensaftes weltweit die Weinnationen an. Zum Synonym italienischen Weins wurde der *Chianti*, genauer der Chianti Classico, der diesen Namen nach einer Bergkette erhielt und sich so nur titulieren darf, wenn er aus einem bestimmten, exakt vermessenen Gebiet - südlich Firenzes - stammt. Aus der gleichen Rebe wird andernorts der Chianti Putto (Engelchen) gekeltert, der seinem berühmten Bruder an Qualität kaum nachsteht. Um es den Weinunkundigen so schwierig wie möglich zu machen, unterteilt sich der Chianti Putto in sieben verschiedene Weine, deren Bezeichnung sich wieder nach den Anbaugebieten richtet - also tunlichst keinen "Putto" verlangen. Doch hilft der Staat den Weinliebhabern durch von ihm vergebene Gütesiegel, mit D.O.C. (Denominazione Di Origine Controllata) ausgezeichnete Rebensäfte stammen wirklich aus dem auf dem Etikett angegebenen Anbaugebiet, was man ja eigentlich auch erwarten dürfte, und mit D.O.C.G. (Denominazione Di Origine Controllata E Garantita) angepriesene Weine werden darüber hinaus gar von einem speziellen Ausschuß als besonders hochwertig - daher die Garantie - empfunden. Doch auch diese Gütesiegel vermögen nicht die allgemeinen wirtschaftlichen Rahmenbedingungen aus der Welt zu schaffen; zunehmend werden in den klassischen Anbaugebieten nach modernsten Methoden der Agrartechnologie "Massenweine" produziert, die für feinere Gaumen einen Verlust darstellen, da die ehemalige, beinahe unendliche Vielfalt unwiederbringlich verloren geht. Das Keltern in den kleinen Familienhöfen ist aufgrund von Nachwuchsmangel - das Leben eines Weinbauers erscheint den Söhnen nicht lebenswert - dem "Aussterben" geweiht, so daß die Trauben in den vergangenen Jahren in zunehmendem Maße von den "Höfen" zu den *Cantine Sociale* (Genossenschaften der Weinkelterrei) transportiert werden, wo sie in großen Tanks und unter künstlichen Klimabedingungen in ihrem Geschmack vereinheitlicht werden. Das soll jedoch nicht bedeuten, daß die Qualität der italienischen Weine nachläßt, hat aber zur Folge, daß der leichte Tafelwein immer mehr zum einzigen Angebot wird und schwere, volle Rotweine Raritäten darstellen. In diese sich hiermit auftuende "Qualitäts-Nische" streben in jüngster Vergangenheit - im Zuge des Erkenntnisgewinnes über die Folgen chemischer Schädlingsbekämpfungs- und Düngemittel sowie der Suche nach wirklichen Werten - einige wenige "Außenseiter", die dem Traditionellen mit dem modernen Gütesiegel "aus ökologischem Anbau" Ausdruck verleihen.

Den Nichtalkoholikern bieten sich die häufig vorzüglichen Mineralwasser an, die, für nördliche Verhältnisse ungewöhnlich, in zwei Varianten gereicht werden - nämlich mit und ohne Kohlensäure (mit heißt "acqua minerale con gassato"). Wer weder das eine noch das andere missen mag, trifft in Italien auf eine tolerante Umwelt, und darf ruhig - auch im Restaurant - Wein und Mineralwasser mischen.

Service

Krankenversicherung

Deutsche Krankenkassenmitglieder sollten sich vor der Abreise unbedingt die Anspruchsbescheinigung (Vordruck E111) für Italien besorgen. Damit kann man in Italien im Krankheitsfall kostenlose ärztliche Behandlung und Medikamente bekommen. Welche Formalitäten man dabei beachten muß, steht in dem Informationsblatt der Krankenkasse, das man zusammen mit der Anspruchsbescheinigung erhält.
Gegen Vorlage des Formulars werden Sie in italienischen Krankenhäusern ohne weitere Formalitäten und unentgeltlich behandelt.

Zur kostenlosen Behandlung bei praktizierenden Vertragsärzten benötigt man einen italienischen Krankenschein, der bei den Filialen der "Unità Sanitaria Locale" erhältlich ist. Dies bedeutet umständliche Formular-Ausfüllerei und ist zudem nur in den jeweiligen Provinzhauptstädten möglich. Wer andernorts krank wird und aus der BRD stammt, muß über ausreichende Reisefinanzen verfügen, da mit der 1989 in Kraft getretenen Gesundheitsreform die Übernahme der Kosten privater Krankenversorgung im Ausland von den Krankenkassen verweigert werden darf und natürlich wird.

Privatversicherte aus Deutschland sowie Reisende aus anderen Staaten können bei ihrer jeweiligen Versicherung erfragen, welche Leistungen in Italien gegebenenfalls gewährt bzw. erstattet werden. Die Heimführung (Flug o.ä.) im Fall schwerster Erkrankungen wird von den Krankenkassen in der Regel nicht ersetzt. Auch dafür kann man sich ggf. (evtl. im Rahmen der Reisegepäckversicherung) zusätzlich reisekrankenversichern.

Preisermäßigungen

Für Auszubildende, Schüler und Studenten gibt es in Italien vereinzelt Preisnachlässe. Um in den Genuß zu kommen, braucht man meist den standardisierten Ausweis der International Student Travel Conference (ISTC), Weinbergstr. 31, CH-8006 Zürich, den es in Jugendreisebüros gibt; nächstgelegene Ausweisausgabestelle ggf. bei der ISTC erfragen.
Der gleiche Ausweis ist auch erhältlich bei der Zentrale des Deutschen Jugendherbergswerks in Detmold (Auskunft bei jeder Jugendherberge).

Hilferufe

Wenn man sich finanziell verkalkuliert hat oder völlig ausgeraubt wurde, wird man in die Zwangslage kommen, um Hilfe betteln zu müssen.
Die einfachste und auch billigste Art ist immer noch, von Freunden oder Verwandten Geld nachschicken zu lassen.

Da die italienische Post gerade noch ausreichend zuverlässig ist - mit langen Laufzeiten muß im Einzelfall durchaus gerechnet werden -, kann man die Zusendung einer Internationalen Postanweisung riskieren. Wichtig: der Empfänger muß sich bei Entgegennahme der Barschaft ausweisen können. Bei Verlust des Personalausweises oder Passes also lieber einen Ersatzempfänger suchen (z.B. Leiter der Unterkunft, in der man auf's Geld wartet).

Mit Hilfe der Internationalen Postanweisung können Sie sich die benötigten Gelder überweisen lassen; Höchstbetrag ist Lit. 2,4 Mio. Falls man sich ausweisen kann, ist die schnellste Empfangsadresse immer das jeweilige Hauptpostamt, postlagernd. Telegrafische Anweisungen sind theoretisch innerhalb von 24 Stunden am Zielort; Ausnahmen bestätigen die Regel.
Wenn alle Stricke reißen, ist die jeweilige Botschaft zur Hilfe verpflichtet. Da man hinterher aber alles mit Zinsen und Gebühren zurückzahlen muß, sollte man dort wirklich nur im äußersten Notfall anklopfen.

Die Anschriften:

Bundesrepublik Deutschland
via Po 25c
00198 Roma
Tel. 06/860341-43

Schweizerische Eidgenossenschaft
via Barnaba Oriani 61
00197 Roma
Tel. 06/803641-45

Republik Österreich
via Pergolesi 3
00198 Roma
Tel. 06/868241-44

Die Anschriften der General- und Honorarkonsulate:
Bundesrepublik Deutschland

Borgo SS Apostoli 22
50123 Firenze
Tel. 055/294722

via San Francesco 17
57100 Livorno
Tel. 0586/38008

Strandpromenade von Viaréggio

Schweizerische Eidgenossenschaft
via Tornabuoni 1
50123 Firenze
Tel. 055/216142

Österreich
via Dei Servi 9
50122 Firenze
Tel. 055/215352.

Rundfunknachrichten

Der staatliche italieninsche Rundfunk RAI sendet in den Sommermonaten täglich um 10.00 & 23.20 h deutschsprachige Nachrichten auf UKW 99,4 / 99,8 / 102,5 MHz.

Das Fahrrad

Die Streckenbeschreibungen in diesem Buch gehen davon aus, daß zum Erfahren Italiens ein tourentaugliches Fahrrad benutzt wird. *
Obwohl sich die vorgeschlagenen Etappen nicht an die Gipfelstürmer wenden, kann angesichts der Steigungen der italienischen Hügel nur von dem Versuch abgeraten werden, mit einem behäbigen Hollandrad ohne Gangschaltung aufzubrechen. Auch eine Dreigangschaltung ist den verschiedenen Anforderungen nicht gewachsen.
Denn gerade die "mittelalterlichen Stadtbefestigungen" sind nahezu ausnahmslos nur in Verbindung mit vielen Höhenmetern zu erleben, und zudem sind sie manchesmal nicht über elegant geführte Serpentinen, sondern auch geradewegs zu erradeln, wobei die Bandbreite von langen, schwach ansteigenden bis zu kurzen, steilsten Passagen reicht. Um längere Fußmärsche neben dem schwer bepackten Drahtesel zu vermeiden, empfiehlt sich die Nutzung eines wie weiter unten beschriebenen Fahrrades, mit dem die sanfte Hügelwelt der Toskana, Umbriens und Latiums "glattgebügelt" wird.
Die Streckenbeschreibungen erfordern keine "geländegängige" Ausrüstung, so daß die Verwendung eines Mountain-Bikes nicht erforderlich ist.
Wer die Absicht hat, für die Reise ein Fahrrad neu anzuschaffen oder ein vorhandenes umzurüsten, sollte den folgenden Empfehlungen folgen:

Fahrradtyp:	sogenanntes Leicht- oder Rennsportrad richtiger Rahmenhöhe
Reifengröße:	28-622/630, 32-622/630 oder 37-622/630 Keine schmaleren Reifen verwenden, da sie für die Belastung mit Gepäck und vor allem für die manchmal etwas rauhen Straßenbeläge nicht geeignet sind.
Gangschaltung:	Mindestens 5-6, besser 10 oder 12 Gänge mit Kettenblättern (vorn) 52/42 Zähne, besser weniger, Freewheel (Mehrfachfreilaufzahnkranz hinten) mit 14-28 Zähnen (aber auch größere Ritzel bis 32 Zähne sind durchaus sinnvoll einsetzbar).

* Die Kriterien für ein tourentaugliches Fahrrad sind ausführlich dargestellt in dem Buch "Der Wind kommt immer von vorn" von J. Rieck.
(s. "Literatur")

	Diese Übersetzung ist unbedingt erforderlich, da sonst die Steigungen nicht mehr erradelt werden können. Um selbst die steilsten Abschnitte bewältigen zu können, empfiehlt sich die Verwendung einer Gangschaltung bis hinunter zum Übersetzungsverhältnis 1:1 als leichtesten Gang, d.h. gleiche Zähnezahl am vorderen Kettenblatt und hinterem Freewheel. Hingegen können die Schnellgänge wegen des Straßenbelags und der Gepäckbelastung ohnehin meist nicht genutzt werden, so daß kleinere Zahnkränze als 14 Zähne in jedem Fall überflüssig sind.
Ausstattung:	Schutzbleche und solide Gepäckträger sind das Wichtigste. Zum Schutz der Kette und der Füße am vorderen Schutzblech ggf. Schmutzfänger anbringen.
Bremsen:	Wegen des teils langen und steilen Gefälles sind zwei gut funktionierende Bremsen unverzichtbar. Keine Stempelbremsen am Vorderrad (funktionsunfähig).

Mitnehmen, mieten, kaufen?

Das Mitnehmen des eigenen, tourentauglichen Fahrrades ist stets die beste Lösung. Zwar ist es prinzipiell auch in Italien möglich, Fahrräder zu mieten, doch werden fast nie solche angeboten, die das Prädikat "reisetauglich" verdienen. Zudem ist das Netz der Fahrradvermieter äußerst dünn, so daß auf dieser Basis keine Fahrradreise durch Mittel-Italien möglich ist.

Reparaturausstattung

So dicht das Servicenetz für Radfahrer in Italien auch ist, so ist nichts lästiger als ein Defekt auf weiter Flur. Damit Sie Ihr Rad nicht kilometerweit tragen müssen, ist es ratsam, gewisse Werkzeuge und Ersatzteile mitzunehmen. Folgende Dinge gehören deshalb ins Gepäck:

Luftpumpe
Flickzeug, Reifenheber, Ersatzschlauch
Maul- oder Ringschlüssel
Schraubendreher
Inbusschlüssel
Ersatzspeichen, Nippel, Nippelspanner
Abzieher für den Mehrfachfreilaufkranz bei Kettenschaltungen
Nähmaschinenöl oder Kettenfließfett
Putzlappen
Taschenmesser
Brems- und Schaltzüge
Bremsschuhe mit Bremsgummis

Zwar darf Italien zu den besonders fahrradbegeisterten Nationen gezählt werden, doch weist das Angebot des dichten Fahrradhändlernetzes trotzdem eine Lücke auf; es mangelt an Reifen der empfohlenen Größe. Schmalere Drahtreifen können in Italien fast nur in der Größe 622 käuflich erworben werden - zudem in kleineren Fahrradgeschäften auf dem Lande meist nur bis zu einer Breite von 25 mm, so daß die Mitnahme eines Reifens bei Verwendung eines anderen Formats durchaus sinnvoll ist. Empfehlenswerter ist aber - den Besitz von "622er-Felgen" vorausgesetzt, vor Reisebeginn neue Mäntel der Breiten 28 oder 32 mm aufzuziehen und im Falle eines Falles am Vorderrad einen "nur" 25 mm breiten Reifen zu montieren, da Sie sich so die Last des Ersatzmantels sparen können.

Mehr zum Thema Wartung vor der Reise und Reparatur offenbart das in der Literaturliste aufgeführte Buch von Jürgen Rieck "Der Wind kommt immer von vorn".

Fahrradteile-Vokabular

Im Falle eines Falles werden Sie in keinem normalen Wörterbuch die Übersetzungen für die wichtigsten Fahrradteile finden. Damit Sie sich gegenüber Fahrradhändlern und -werkstätten verständlich machen können, ist hier eine Liste der entsprechenden Vokabeln zusammengestellt.

Rahmen	**telaio**
Oberrohr	tubo orizzontale
Unterrohr	tubo obliquo
Sattelrohr	tubo verticale
Steuerkopfrohr	tubo sterzo
Gabel	forcella
Ausfallende (hinten, vorne)	forcellino, punta forcella
Hinterrohre	tubo posteriore orizzontale
Hinterstreben	tubo posteriore verticale

Fortezza Vecchia in Livorno

Laufrad	ruota
Mantel	copertone
Schlauch	camera d'aria
Felge	cerchio
Speiche	raggio
Nabe	mozzo

Antrieb

Tretlager	serie movimento
Kettenblätter	ruota dentata
Pedal	pedale
Kette	catena
Schaltung	cambio
Schaltzug	cavo per il cambio
Schalthebel	leva del cambio
Freilauf	ruota libera
Zahnkranz	corona dentata

Ausstattung

Lenker	manubrio
Bremsgriffe	leva freni
Bremszug, -hülle	cavo del freno, guaína
Felgenbremse (vorne, hinten)	freno (anteriore, posteriore)
Sattelstütze	reggisella
Sattel	sella
Schutzblech	copricatena
Gepäckträger	portabagagli
Packtasche	borsa
Luftpumpe	pompa d'aria
Fahrradklingel	campanello

Werkzeuge

Schraubendreher	cacciavite
Schraubenschlüssel	chiave inglese
Zange	tenaglia
Hammer	martello

UNTERWEGS

Etruskische Grabstätte bei Populónia

Unterwegs

Mittel-Italien ist flächendeckend, in 62 Etappen unterteilt, ausführlich behandelt. Die Etappenbeschreibungen nennen die benutzten Straßen (mit Numerierung, soweit vorhanden), schildern die durchradelten Ortschaften und am Wege liegende Sehenswürdigkeiten, verweisen auf interessante Abstecher. Orte und Stätten, die einer ausführlichen Darstellung gewürdigt werden, sind in umrandeten "Kästen" hervorgehoben. Dort finden Sie auch Details wie Adressen von Touristeninformationsbüros, Niedrigpreisunterkünfte aller Art, Fahrradservice (Reparatur).
Alle Angaben entsprechen dem Stand von 1988/89.

Den Etappenbeschreibungen sind Kartenskizzen im Maßstab 1:400000 zugeordnet, die den Streckenverlauf markieren. Die Skizzen enthalten alle befahrenen Straßen, alle Hauptstraßen der entsprechenden Region (d.h. alle auf Landkarten farblich gekennzeichneten Strecken) und - ansatzweise gezeichnet - alle Abzweigungen von der befahrenen Straße. Das ermöglicht Ihnen die Umsetzung der Kartenskizzen auf die während der Reise benutzten Landkarten; die Skizzen sind hingegen nicht dazu gedacht oder geeignet, als Landkartenersatz zu dienen.
In die Kartenskizzen sind Ortschaften, Niedrigpreisunterkünfte wie Jugendherbergen und Campingplätze eingezeichnet. Dabei werden folgende Zeichen und Symbole verwendet:

✱ Anfangs- oder Endpunkt einer Etappe
ⓜ im Text beschriebene Ortschaft
♂ im Text beschriebene Sehenswürdigkeit
♜ historische Bauten (Burgen, Schlösser, Klöster etc.)
▲ Campingplatz
✈ Flughafen

Die Symbole für Campingplätze etc. sind den jeweiligen Orten - nach Möglichkeit lagerichtig - zugeordnet; bei unmittelbar nebeneinanderliegenden gleichartigen Punkten, z.B. zwei Campingplätzen, ist das betreffende Symbol nur einmal enthalten. Näheres ist dem Text zu entnehmen.
Die genaue Lage von Ortschaften, Übernachtungsstätten usw. kann nur präzisen Landkarten entnommen werden. Für die Umsetzung der Lageskizzen ist mindestens die empfohlene Karte im Maßstab 1:200000 erforderlich.

Etruskische Nekropole bei Populónia

Die Skizzen sind nicht dazu gedacht oder geeignet, als Landkartenersatz zu dienen; eine derart präzise Darstellung würde ein eigenes Kartenwerk in entsprechendem Maßstab und vielfarbigem Druck erfordern. Eine Umsetzung der Skizzen auf die während der Reise benutzten Landkarten ist unbedingt erforderlich!

Eine Etappen-Übersichtskarte befindet sich am Schluß des Buches (ausklappbar).

Die Landschaften Mittel-Italiens

Die Topographie Mittel-Italiens offeriert den RadlerInnen sehr abwechslungsreiche Landschaften. Die im folgenden beschriebenen Etappen führen sowohl durch "topfebene" Schwemmlandschaften der großen Flüsse als auch in die Hügelwelt der Toskana, Umbriens und Latiums.
Ausgehend von den beiden wichtigsten Anreisezielen Firenze und Roma lassen sich drei Hauptachsen durch das nordwestliche Mittel-Italien beschreiben.

Die Küste oder Bade-Sonnen-Achse

Ein Teil der Etappen verläuft von dem ganz im Norden gelegenen Carrara immer an bzw. nahe der Küste bis nach Roma. Die durch den Marmor weltbekannte Stadt bildet die nördlichste einer Vielzahl kleinerer und mittlerer Badestädte, die die toskanische Küste über 30 km (an einem Stück!) säumen; denn die Apuanische Riviera und die Versilia schlugen sich im internationalen Wettbewerb um die Badegäste äußerst erfolgreich. Südlich Viaréggios, dem traditionsreichsten Badeort der Versilia, beginnt das flache Schwemmland von Sércchio und Arno, das zu großen Teilen durch Forst- und Landwirtschaft geprägt ist.

Ab dem von den Florentinern zur mächtigen Hafenstadt ausgebauten Livorno reichen die toskanischen Hügel bis unmittelbar ans Meer, und die RadlerInnen müssen sich für einige wenige Kilometer mit den automobilen Mitmenschen eine der ältesten Straßen der italienischen Halbinsel teilen. Die Via Aurelia wurde von den Römern immer nahe der Küste erbaut und stellte auch in den folgenden Jahrhunderten einen der wichtigsten Verkehrswege in Nord-Süd-Richtung dar. Auf dem weiteren Weg Richtung Süden schließt sich die Pisaner Maremma an, die wie ihre Namensmutter, die eigentliche (große) *Maremma*, ursprünglich weitestgehend versumpft war und erst unter Zuhilfenahme modernster Technik in den letzten beiden Jahrhunderten vollständig entwässert und damit von der Malaria befreit weden konnte.

Piombino dient nicht nur als Fährhafen zur Insel Elba, die durch die Verbannung Napoleons in die "große" Politik verwickelt wurde, sondern auch als Standbein moderner Großbetriebe, die nicht nur den Blick auf den Strand verstellen, sondern auch noch den Himmel schwärzen.

Basilica San Michele in Lucca

Doch im weiteren Verlauf der Küste wird von Behördenseite der Versuch unternommen, der Natur wieder zu ihrem Recht zu verhelfen; der Parco Naturale di Maremma hält die Störenfriede der Küste fern.

Die verbleibenden Kilometer bis zur Hauptstadt führen durch Latium, das Hauptsiedlungsgebiet der Etrusker, die ihre Städte sämtlich in den sicheren Hügeln errichteten und sich nur zum Handeln an die Küste begaben. Auch heute ist die Küste Latiums einer der dichter besiedelten Landstriche Italiens, so daß, je näher die Hauptstadt rückt, das "fahrende Blech" in zusehends größerer Zahl anzutreffen ist. Den zahlreichen Badeorten gereicht dies aber nicht zum Schaden, denn wohl kein Italiener mag sich seinen Sommerurlaub an einer einsamen Küste vorstellen.

Das Innere oder die Achse der Kultur und Seen

Das Kernland der Toskana ist eine durch und durch vom Menschen geprägte Kulturlandschaft. Die keine zusammenhängenden Ketten bildenden Anhöhen bieten meist fruchtbare Böden, so daß der Ackerbau in Jahrtausenden die ursprünglich weitestgehend mit dichtem mediterranem Buschwald bewachsene Region zu dem richtungslosen Gewoge der teils sehr steilen, aber nie wirklich gebirgsartigen, typischen toskanischen Hügellandschaft führte. Die Mischkultur mit Olivenbäumen, Wein und Getreide bestimmt das Landschaftsbild, das gelegentlich durch schlanke säulenartig gewachsene Zypressen dunkle Akzente erhält - doch zum alles umlagernden optischen Reiz spielt sich in den späten Frühjahrs- und ersten Sommermonaten der kräftig rot leuchtende Mohn empor.

Typisches Merkmal der toskanischen Landwirtschaft ist die in Jahrhunderten entwickelte "Mezzadria", die Halbpacht, bei der der Gutsherr nicht nur das Land, sondern auch die Gebäude, Geräte und Tiere den bewirtschaftenden Bauern stellt. Dieses System führte unter anderem zur Herausbildung der zwei grundsätzlich verschiedenen Siedlungsweisen; während die Bauern meist inmitten ihrer Äcker in weit verstreuten Gehöften leben, forcierten die Großgrundbesitzer die Entwicklung der weithin sichtbaren Bergstädte.
So führt denn ein Teil der beschriebenen Etappen durch das toskanische Hügelland in viele Herzen altehrwürdiger Kommunen. Allen voran natürlich nach Siena, doch Städte wie San Gimignano, Volterra und Chiusi müssen sich nicht hinter der großen Schwester verstecken.

Der südliche Teil dieser "Achse" wird von den ehemals riesigen Vulkanen, deren Krater heute bis zu 160 Meter tiefe Seen füllen, bestimmt. Doch weniger ihre Tiefe ist auf der Straße zu "erfahren" als vielmehr die die umgebende Landschaft überragenden Kraterränder. Der kleinste, der Lago di Vico, stellt in mehrfacher Hinsicht das Juwel der mittelitalienischen Seen dar. Nicht nur, daß er zu seinem Erreichen wohl die meisten Schweißtropfen fordert, ist doch an seinem Ufer das meiste an Ruhe zu finden und wird die Vegetation von einer nur kümmerlichen Ausstattung touristischer Infrastruktur gestört - die steilen bewaldeten Hänge waren wohl in früheren Jahren zu unbequem zu bebauen und zu kultivieren. Heute wird dem See aber vor allem durch die Gesetze des Landschaftsschutzes die nötige Unterstützung beim Sieg über den Störenfried Mensch gewährt, so daß er derzeit für diejenigen, die Unverbrauchtheit zu würdigen wissen, "angelegte" Sonnen-Bade-Möglichkeiten bereitstellt, die abhängig von der Jahreszeit der Reise von unschätzbarem Wert sein können. Gerade in der Hauptsaison aber bieten die großen Brüder im Norden und Süden, Lago di Bolsena und Lago di Bracciano, einfach mehr Quadratmeter Ufer-Fläche, um ein Plätzchen zur Entspannung zu finden, und verschaffen somit - hoffentlich auch in Zukunft "dem Kleinen in ihrer Mitte" die nötige Ruhe.

Der Osten oder die Aussichten Umbriens

Gleich einem gespannten Bogen verbindet diese dritte Hauptachse das ganz im Norden gelegene Firenze mit dem südlichen Wendepunkt, der Hauptstadt Roma, und führt damit auch durch alle drei Regionen, die in diesem Radreiseführer für Mittel-Italien beschrieben werden. Von Süden betrachtet, Roma als Startpunkt wählend, führen die ersten Etappen, nachdem die Metropole geschafft ist, im Tal des sich majestätisch schlängelnden Tibers gen Norden. Noch ruhiger und aussichts-reicher sind die Etappen, die aus dem Tal des Tibers über die einsamen Monti Sabini zur Provinzhauptstadt Rieti führen. Der Talkessel, an dessen südöstlichem Rand Rieti liegt, stellt sich für den aus den Monti Sabini Kommenden wie eine andere Welt dar. Fruchtbare Äcker füllen ihn bis an die bewaldeten Hänge und lassen die Herzen der Zivilisationshungrigen höher schlagen.

Durch waldreiche Landschaft geht es in die größte Versorgungs-Hochebene Umbriens, die von dem am Südrand gelegenen Spoleto bis zur Hauptstadt Perugia im Norden reicht. Die Besuche der meist viele Höhenmeter über dem Talboden gelegenen Städte mit den in ihrem Kern noch erhaltenen mittelalterlichen Requisiten geben Gelegenheit, die Dimensionen des zu Füßen liegenden "bestellten Grundes" aus immer neuer Perspektive abzuschätzen. Der Lago di Trasimeno und seine olivenbaumbewachsenen Hänge erwärmt sich in den Sommermonaten um einige Grade mehr als die südlicheren Kraterseen, da er nicht selben Ursprungs ist und damit nicht in vergleichbare Tiefe reicht. Also sei denjenigen, die nicht gerade auf erschreckende Frische aus sind, empfohlen, ihre Badefreuden an die schilfgesäumten Ufer dieses nördlichsten Sees zu legen. Umgeben von Landwirtschaft leitet das zunächst weite, sich nach Norden zu verjüngende Tal der Chiana bis Arezzo. Die Etappen des oberen Bogenendes führen auf den das Valdarno (Tal des Arnos) östlich begrenzenden Hügeln in unzähligen Schlängeln, die auf die erodierende Arbeit vieler Wasserläufe zurückzuführen sind - jedoch immer auf einer Höhe bleibend -, regelmäßig kleine Bauerndörfer streifend in das turbulente Firenze.

Etappenübersicht

Etappe 1:	Firenze - Fiesole (8 km)
Etappe 2:	Firenze - Sesto Fiorentino - Prato - Montemurlo - Pistoia (40 km)
Etappe 3:	Pistoia - Montecatini Terme - Montecarlo - Lucca (40 km)
Etappe 4:	Lucca - Grotta del Vento (90 km)
Etappe 5:	Lucca - Filéttole - Lago di Massaciuccoli - Viareggio (25 km)
Etappe 6:	Viaréggio - Forte dei Marmi - Marina di Massa - Marina di Carrara - Carrara (65 km)
Etappe 7:	Carrara - Massa - Montignoso - Pietrasanta - Vallecchia - Camaiore - Lucca (55 km)
Etappe 8:	Lucca - Vecchiano - Pisa (20 km)
Etappe 9:	Viareggio - Pisa (20 km)
Etappe 10:	Pisa - Marina di Pisa - Livorno (27 km)
Etappe 11:	Livorno - Castiglioncello - Cécina (35 km)
Etappe 12:	Cécina - San Vincenzo (25 km)
Etappe 13:	San Vicenzo - Piombino (22 km)
Etappe 14:	Giro d'Elba (98 km)
Etappe 15:	Piombino - Follónica (25 km)
Etappe 16:	Follónica - Castiglione della Pescaia - Marina di Grosseto - Grosseto (43 km)
Etappe 17:	Grosseto - Talamone (28 km)
Etappe 18:	Talamone - Orbetello (30 km)
Etappe 19:	Giro di Monte Argentario (37 km)
Etappe 20:	Orbetello - Ansedónia - Montalto - Tarquínia (60 km)
Etappe 21:	Tarquinia - Civitavecchia (20 km)
Etappe 22:	Civitavecchia - Ladispoli (35 km)
Etappe 23:	Ladispoli - Roma (50 km)
Etappe 24:	Roma - Via Tiberina - Fiano Romano - Torrita Tiberina (50 km)
Etappe 25:	Torrita Tiberina - Poggio Mirteto - Montenero - Contigliano - Rieti (55 km)
Etappe 26:	Rieti - Terni (35 km)
Etappe 27:	Terni - Narni (12 km)
Etappe 28:	Terni - Crocemaroggia - Spoleto (35 km)
Etappe 29:	Spoleto - Bruna - Trevi - Foligno (30 km)
Etappe 30:	Foligno - Spello - Assisi (15 km)
Etappe 31:	Assisi - Pertignano - S. Egidio - Lidarno - Perugia (25 km)
Etappe 32:	Perugia - Monte Melino - Magione - Torricella (30 km)

Etappe 33: Torricella - Monte del Lago - Savino - Castiglione del Lago (31 km)
Etappe 34: Torricella - Passignano sul Trasimeno - Borghetto - Castiglione del Lago (30 km)
Etappe 35: Castiglione del Lago - Terόntola - Ossáia - Cortona - Fratta S. Caterina - Le Capanacce - Castroncello - Manciano - Frassineto - Olmo - Arezzo (45 km)
Etappe 36: Arezzo - Castiglion Fibocchi - Loro Ciuffenna - Castelfranco di Sopra - Pián di Scó - Reggello - Donnini - S. Éllero - Pontassieve - Rosano - Firenze (85 km)
Etappe 37: Firenze - San Casciano - Tavarnelle - Poggibonsi (40 km)
Etappe 38: Poggibonsi - Monteriggioni - Siena (27 km)
Etappe 39: Siena - Asciano (25 km)
Etappe 40: Asciano - S. Giovanni d'Asso - Trequanda - Montepulciano (35 km)
Etappe 41: Montepulciano - Chianciano - Chiusi (22 km)
Etappe 42: Chiusi - Ficulle - Allerona - Orvieto (55 km)
Etappe 43: Orvieto - Torre San Severo - Bolsena (25 km)
Etappe 44: Bolsena - Capodimonte (25 km)
Etappe 45: Capodimonte - Montefiascone (13 km)
Etappe 46: Capodimonte - Viterbo (25 km)
Etappe 47: Viterbo - San Martino al Cimino - Lago di Vico - Ronciglione (25 km)
Etappe 48: Ronciglione - Sutri - Trevignano Romano - Bracciano (35 km)
Etappe 49: Bracciano - La Storta - Roma (45 km)
Etappe 50: Bracciano - Cervéteri - Ladispoli (25 km)
Etappe 51: Bracciano - Trevignano Romano - Mazzano - Rignano - Nazzano - Torrita Tiberina (65 km)
Etappe 52: Capodimonte - Marta - Tuscánia - Tarquínia (42 km)
Etappe 53: Orvieto - Todi (38 km)
Etappe 54: Todi - Terni (42 km)
Etappe 55: Grosseto - Pagánico - San Angelo in Colle - Montalcino (83 km)
Etappe 56: Montalcino - Torrenieri - San Giovanni d'Asso - Asciano (30 km)
Etappe 57: Pisa - Cascina - Pontedera (22 km)
Etappe 58: Pontedera - Forcoli - Castelfalfi - San Gimignano - Poggibonsi (63 km)
Etappe 59: Poggibonsi - Colle di Val d'Elsa - Volterra (45 km)
Etappe 60: Volterra - Capánnoli - Ponsacco - Pontedera (55 km)
Etappe 61: Volterra - Cécina (40 km)
Etappe 62: Chiusi - Castiglione del Lago (20 km)

Etappenbeschreibungen

Firenze

Firenze (dt.: Florenz) übt eine magische Anziehungskraft auf Touristen aus aller Welt in solcher Stärke aus, daß in der Hauptreisezeit deren Verkehrsmittel - immer noch meistens Omnibusse - regelmäßig die engen Straßen der Stadt verstopfen. In den heißen Sommermonaten sind um den Dom und in den umgebenden engen Gassen mehr Besucher - meist mit buntem Rücken-Gepäck - unterwegs als Bürger der Stadt. Rund zehnmal soviele Touristen, wie die Stadt Einwohner zählt, treten sich alljährlich vor den berühmten Bauwerken der Perle der Toskana die Füße platt.

In der Antike war Firenze mit relativer Bedeutungslosigkeit gesegnet; zwar siedelten schon die Etrusker auf dem nahegelegenen Hügel, wo später die Siedlung Fiesole entstand und heute noch existiert, und errichteten die Römer ein kleines Nest mit dem typischen quadratischen Grundriß und üblichen Einrichtungen wie Thermalbädern, doch erlangte der Ort politisch wie wirtschaftlich keine überlebensfähige Selbständigkeit. Allerdings lag die Siedlung im weiten fruchtbaren Tal des Arno immerhin so günstig, daß sie nie ganz aufgegeben wurde. Nach den Wirren der Völkerwanderung, während derer das Örtchen mehrfach verwüstet und beinahe gänzlich entvölkert wurde, setzte ganz allmählich ein zaghafter Aufschwung ein. Unter verschiedenen großen, weit entfernt residierenden Herrschern, den Langobarden und den Franken, etablierte sich Firenze zu einer festen, langsam erweiterten Stadtgemeinde mit regionaler Bedeutung. Die von den Franken eingesetzten Markgrafen verhalfen den Florentinern zu einem beachtenswerten wirtschaftlichen Aufschwung und schufen sich somit ohne Not ihre späteren erbitterten Feinde. Denn die zusehends selbstbewußteren Bürger schlugen sich in den langandauernden Machtkämpfen zwischen den deutschen Kaisern und den Päpsten auf die Seite der letzteren, weniger aus Begeisterung für die Geistlichen als aus Streben nach Unabhängigkeit von den Feudalherren, deren Macht sich auf die Kaiser stützte. Durch geschicktes Taktieren gelang es den Kaufleuten, sich nicht nur an der Herrschaft über die Stadt zu beteiligen, sondern trotz Parteinahme für den Kirchenstaat die Freiheit der Kommune im Zusammenspiel mit dem städtischen Adel zu sichern. Gemeinsam mit diesem kämpften die Bürger gegen den Landadel der Umgebung und zerstörten beispielsweise 1125 die als Konkurrenz empfundene, bis dahin als besonders sicher geltende Nachbarstadt Fiesole - nur allein macht das Herrschen so richtig Spaß.

Doch anstatt die gewachsene Bedeutung und den gestiegenen Einfluß in trauter Eintracht "zu genießen" und gerecht zu teilen, neideten die einen den anderen Wohlstand und Macht. So brachen in der Stadt heftige Kämpfe um die Vorherrschaft aus, und wie immer in solchen Fällen diente eine Lapalie als Kristallisationspunkt für die Entstehung zweier einander erbittert befehdenden Gruppen - die Ghibellinen und Guelfen stritten über ein nicht eingelöstes Heiratsversprechen und wählten, vielleicht mangels Fantasie, die Namen der widerstreitenden Parteien in der Auseinandersetzung zwischen Papst und Kaiser. Tatsächlich erwiesen sich weder die Ghibellinen als Kaisertreue noch die Guelfen als Parteigänger des Papstes, sondern stritten einzig um die Macht über die wohlhabende, prosperierende Stadt.

Die "Kampfhähne" begnügten sich nicht mit erregenden Debatten, sondern trachteten nach der Vernichtung ihrer gegnerischen Partei; beispielsweise ließen die Guelfen sämtliche Geschlechtertürme der Ghibellinen 1260 niederreißen, wofür sich die letzteren an den ersteren wenig später - nach dem Sieg in der Schlacht von Montaperti - rächten: sie ließen ca. 100 palazzi, 600 Häuser und 80 Geschlechtertürme abbrechen (wie muß wohl die damalige Skyline Firenzes vom heutigen Michelangelo-Platz gewirkt haben!). Die Bürger der Stadt versuchten - mehr recht als schlecht -, sich aus dem Kampf der beiden Adelsparteien herauszuhalten bzw. die Gunst der Stunden für eigene Aufstände und die Etablierung einer Volksherrschaft zu nutzen. Die republikanisch gesinnten Bewohner mußten aber bis zum Ende des 13. Jh. immer wieder politische Rückschläge einstecken, ein Umstand, der der Entwicklung einer demokratischen Struktur sehr förderlich war. Ein vorläufiges Ergebnis dieser bewegten Zeiten war die rigorose Einschränkung der Herrschaftsgelüste des Stadtadels und die Festigung der Macht der Zünfte in den 1293 erlassenen "Ordinamenti di Giustizia". Die seit 1244 in Zünften organisierten Bürger stellten die sechs "priori" und damit die gewählten Exekutiv-Amtsträger der Stadt und bildeten zusammen mit den "Gonfaloniere" (Bannerherren) die Regierung von Firenze; letztere, zwanzig an der Zahl, wurden vom Volk (sofern wahlberechtigt) direkt gewählt, wozu die Stadt in zwanzig Wahlkreise, die sogenannten Bannerschaften, aufgeteilt war. Diesem bürgerlichen Block stand der durch die neue Verfassung stark geschwächte, tatsächlich aber immer noch sehr mächtige "podestà" gegenüber, dem seit der Unabhängigkeit der Stadt eingesetzten Richter. Die häufigen Fehden innerhalb der städtischen Gemeinschaft hatten schon früh dafür gesorgt, daß der podestà Bürger einer anderen Stadt sein mußte, da man sich bei einem Einheimischen niemals auf dessen Unparteilichkeit verlassen konnte.

Er residierte im *Bargello*, anfänglich entsprechend seinem Nutzer "palazzo della podestà" genannt, d.h. er arbeitete nicht nur dort, sondern wohnte auch in diesem ab 1255 neben dem schlanken mit Zinnen versehenen Turm "La Volongnana" erbauten wehrhaften Palast (in der sich südlich des Doms anschließenden via del Proconsolo). Heute beherbergt der Bau das örtliche Nationalmuseum mit Werken u.a. von Michelangelo, und in seinem Hof wird die Mitte nur noch vom Brunnen geziert, wo einst die Urteile des podestà direkt vollstreckt wurden, denn neben dem Wasserspiel stand der Galgen.

Die signoria, also die die Geschicke der Stadt lenkenden priori, waren im *Palazzo Vecchio*, ehemals palazzo della signoria, untergebracht. Somit hielt man sich auch in Firenze an die in allen italienischen Stadtrepubliken entwickelte Tradition, nämlich als priore an einem Orte zu leben und zu arbeiten; doch werden *die* Gebäude der Bürger der Stadt gewöhnlich "Palazzi Publici" genannt - im Gegensatz zu der Titulierung "Rathaus" im Norden. Der palazzo della signoria (heute an der gleichnamigen piazza gelegen) verdeutlicht noch immer die permanente Bedrohung der Republik durch seinen burgartigen Charakter - seine gewaltigen Mauern galten aber weniger äußeren Feinden als der eigenen Bürgerschaft und dem Stadtadel; denn bei einer jeden Wahl der priori kam es zu Zwistigkeiten zwischen den Kandidaten bzw. ihren Anhängern. Außerdem hatten die Regierenden allen Grund, ständig mit Aufständen ihrer eigenen Bevölkerung zu rechnen, da sie sich häufig nicht als Vertreter aller Bürger, sondern partikularer Interessen verstanden. Dies ist einerseits auf den Wahlmodus der priori zurückzuführen - sie waren Repräsentanten der gutgestellten, wohlhabenden Zünfte - und andererseits auf ihre Expansionsgelüste, die sie mit dem Stadtadel teilten. So versuchten beispielsweise einige priori Mitte des 14. Jh. nach zwei Pestwellen, die mehr als die Hälfte der Bevölkerung hinrafften, die Schwäche des Systems auszunutzen und die in den Rang eines "Heiligtums" beförderten Ordinamenti aufzuheben, um der von ihnen geliebten Aristokratie die Macht zu übertragen. Doch längst hatte sich in den einfachen Schichten der Florentiner ein demokratisches Bewußtsein breitgemacht und beflügelte so die Bürger zur erfolgreichen Verteidigung der Republik. Diese Zünfte der kleinen Leute, "popolo minuto" genannt, setzten gar soviel Energien frei, daß die katastrophale Wirtschaftslage der Stadt überwunden wurde und in all der Euphorie gleich noch Prato und Pistoia erobert werden konnten. Selbst das mächtige Pisa wurde in die Knie gezwungen und zu einem für Firenze vorteilhaften Frieden "überredet".

Selbstverständlich wehrte sich der "popolo grasso", die "Fetten", also reichen Zünfte, mit aller Kraft gegen die Herrschaft der Masse und vermochte schließlich am Ende des 14. Jh., die Macht wieder an sich zu reißen. Trotz dieses Erfolges spaltete sich der popolo grasso in die Konservativen, die die althergebrachte Herrschaft auf Dauer sichern wollten, und die wahren Republikaner wie die frühen Medici. Trotz ihres Reichtums sympathisierten sie mit dem niedrigen Volk, das sie in der Folge zu ihren Führern erhob. Die amtierenden Konservativen verbannten entsprechend 1433 Cosimo de'Medici, doch waren die Stunden der Verkalkten längst gezählt. Schon ein Jahr später vertrieb das Volk seine Peiniger und rief Cosimo aus seinem Exil in Padua zurück, womit eine 30jährige Phase politischer Stabilität eingeleitet wurde.

Für die folgenden 300 Jahre war das Schicksal der Stadt eng mit dem dieser Familie verbunden; in dieser ungeheuer langen Zeit der Herrschaft eines Geschlechts mag der Grund liegen, daß der Wohlstand und die Bedeutung von Firenze mit den Medici förmlich gleichgesetzt wird. Tatsächlich hatten aber die entscheidenden Wachstumsphasen schon vor der Übernahme der Regierung durch Cosimo den Älteren stattgefunden.
Trotz der politischen Wirren, des beinahe permanenten Kampfes um die Macht, wuchs nicht nur die Bevölkerungszahl ab ca. 1200 in für damalige Verhältnisse atemberaubendem Tempo an, sondern entfaltete Firenze auch eine international bedeutende wirtschaftliche Kraft. Beispielsweise nahm das Bankwesen ab Mitte des 13. Jh. einen so radikalen Aufschwung, daß die ab 1252 geprägten Golddukaten, "fiorino" bzw. "florinus" getauft, zum weithin anerkannten Zahlungsmittel wurden, selbst die Briten ließen sich von florentinischen Bankhäusern ihre Schlachten mit diesen Goldtalern finanzieren. Internationalen Rang erwarb sich die Stadt ebenso im Textilhandel; aus England wurde Wolle importiert, in Flandern, natürlich besonders auf dem seinerzeit weltgrößten Tuchmarkt des Städtchens Brügge, der in Firenze zu kunstvollen Stoffen verarbeitete "Pelz" der Inselschafe verkauft. So bot die aufstrebende Gemeinde eine riesige Zahl an neuen Arbeitsplätzen und sog, wie ein trockener Schwamm das Wasser, die in der Umgebung wohnende Landbevölkerung auf. Zählte Firenze um 1200 ca. 40000 Bürger, so waren es 100 Jahre später schon über 100000 Seelen. Entsprechend wuchs der Markt für die Seelsorger und wurden von den angelockten Orden die großen Kirchenprojekte in Angriff genommen.

Das großartigste Bauprojekt der Gläubigen wurde 1296 unter der Leitung von Arnolfo di Cambio in Angriff genommen und erst fast 140 Jahre später unter den Händen Brunelleschis vollendet. Letzterer Architekt zeichnet für die riesige achtseitige Kuppel des Florentiner *Duomo* und damit für den renaissancehaften Abschluß des gotischen Gebäudes verantwortlich. Damit schuf Brunelleschi nicht nur ein auch für moderne Betrachter noch imposantes Bauwerk, sondern lieferte Michelangelo für die allerdings noch einmal fast 50 m höhere Kuppel der Peterskirche in Rom das nötige Knowhow - das übrigens den Baumeistern der Antike schon einmal zur Verfügung gestanden hatte!

Doch die von der Wirtschaftskraft der Metropole herbeigelockten Orden brauchten sich nicht hinter dem imposanten Duomo zu verstecken, denn sie nahmen allesamt große Kirchenbauten in Angriff, um ihre Auffassung vom wahren Glauben in Firenze verbreiten zu können. Die Dominikaner ließen ab 1278 im Stile der Gotik ihr Gotteshaus *Santa Maria Novella*, am gleichnamigen Platz, errichten; die Franziskaner begannen mit den Arbeiten für *Santa Croce* (der Platz vor ihr trägt den Namen der Kirche) ein Jahr vor jenem des Duomo; die Serviten legten 1248 den Grundstein für ihre Kirche *Santissima Annunziata* - dreimal darf geraten werden, wie die piazza zu ihren Füßen wohl heißen mag; die Augustiner verschlug es auf das südliche Ufer des Arno, wo sie ab 1269 für ihre Schäfchen ein würdiges Gebäude mit Namen *Santo Spirito* (nicht zu verwechseln mit der weiter östlich befindlichen Spirito Santo) entstehen ließen; ihnen taten es die Karmeliten gleich, sie errichteten ihre Basis ebenfalls in der "Südstadt" und tauften sie *Santa Maria del Carmine*, deren Vorplatz ausnahmsweise nicht nach dem Gotteshaus, sondern nach dem Orden benannt ist. Diesen fünf Orden gelang es tatsächlich, ihre kirchlichen Großbauten allsonntäglich bis auf den letzten Platz zu füllen, ja gar an besonderen Festtagen die Vorplätze zu Predigt-Räumen umfunktionieren zu müssen, da die herbeiströmenden Massen ansonsten nicht mit der "rechten Botschaft" hätten beglückt werden können. Doch allzuviele Bürger müssen so oft einen miserablen Stehplatz abbekommen haben, daß sie gern zur sich neu ansiedelnden Konkurrenz abwanderten; die Zisterzienser, die Umiliaten, die Vallombrosaner und die Silvestriner (salute!) zog es wie die großen Glaubensgemeinschaften nach Firenze.

Das rasche Bevölkerungswachstum bedurfte aber auch neuer Formen der Lebensmittelversorgung. Beispielsweise wurde zunächst der Kornmarkt zum Ende des 13. Jh. mitten im Zentrum der Stadt, an der heutigen via de'Calzaiuoli, unter offenen hölzernen Arkaden abgehalten. Nachdem diese "gedeckten Bürgersteige", den gehandelten Getreidemassen kaum gewachsen, einem Feuer zum Opfer gefallen waren, wurde 1336 mit dem steinernen Neubau begonnen. Dieser wies wiederum zu den Gassen offene Arkaden auf und beherbergte gar einen Altar - sollte hier womöglich heidnischen Futter-Göttern gehuldigt werden? Doch der Bau sollte seiner Funktion nur wenige Jahre dienen, da sich seine Größe als Folge des

Schwarzen Todes und damit der Halbierung der Florentiner Bevölkerung als unnötig erwies. Die Getreidehändler sahen sich außerstande, das prunkvolle Gebäude zu halten, und übergaben es an die Kirche, die es Anfang des 15. Jh. zum Gotteshaus *Orsanmichele* umbaute.

Das Wachstum der Stadt veranschaulichen ferner die Brücken über den Arno. Während es seit den Römertagen bis 1281 nur einen einzigen festen Übergang gab, entstanden bis zur Mitte des 13. Jh. gleich drei neue, womit dem städtischen Mobilitätsbedürfnis bis zum Anfang des 19. Jh. genügt wurde! Die älteste Brücke trägt den entsprechenden Namen und darf getrost als berühmt bezeichnet werden, die *Ponte Vecchio* war wie entsprechende Konstruktionen in Venedig, London und Paris mit kleinen Häusern bebaut, die ausnahmslos Läden beherbergten und von der zentralen Lage in der Stadt profitierten. Diese Gunst wurde selbstverständlich von den Eignern der den Fluß überspannenden Anlage erkannt und führte zu extrem hohen Mietforderungen, die zu erfüllen nur Goldschmiede und Geldwechsler in der Lage waren.

Doch damit nicht genug - die Großbaustelle Firenze des 13.-14. Jh. bedurfte einer der mächtigsten Wallanlagen des Abendlandes und ließ diese binnen 50 Jahren ab 1284 errichten. Die neue *Stadtmauer* umschloß ca. 650 ha, womit sie ihre Vorgängerin um das Sechsfache übertraf. Voller Stolz rühmten die Florentiner ihre Länge von 8,5 km, ihre 73 Türme und die Stärke der 15 Torburgen. Vergleichbare Schutzanlagen wiesen zu dieser Zeit nur Köln und Paris auf, so daß das Bauwerk dem Darstellungsbedürfnis des aufstrebenden Bürgertums in Firenze voll gerecht werden konnte. Denn daß das Imponiergehabe das auslösende Moment gewesen sein muß, verdeutlichen die Dimensionen - erst in den letzten Jahren des 19. Jh. wucherte das Gemeinwesen über die Ummantelung hinaus. Reste der mittelalterlichen Stadtbefestigung befinden sich am Hang der "Südstadt" rechts und links der *Forte del Belvedere*, die selbst aber ein Werk späterer Generationen (Ende des 16. Jh.) ist.

Doch zurück zu den Medici; wie viele andere Familien waren sie in dieser den Florentinern zugeneigten Zeit - die beiden Pestwellen natürlich nicht eingeschlossen - zu einem beachtlichen Vermögen durch Handel und Wandel gelangt. Reichtum allein aber macht nicht glücklich, politische Macht gehört nun einmal dazu. So etablierte Cosimo unter dem Banner der Republik ein städtisches Fürstentum, indem er innere Gegner mit wirtschaftlichen Maßnahmen, also Steuern, ausschaltete und alle wichtigen Positionen mit ihm Wohlgesonnenen besetzte.

Rein äußerlich ließ er die Organe der Republik bestehen und den Zünften so zumindest die Vorstellung, an den wichtigen Entscheidungen teilhaben zu dürfen. Dem Mangel an politischer Macht der Bürger stand der zunehmende Wohlstand gegenüber, unter Cosimo dem Älteren blühte die Wirtschaft nochmals auf, gediehen Handel und Wandel, besonders die Woll- und Seidenmanufakturen, in denen zeitweise bis zu einem Drittel der Bevölkerung Beschäftigung fanden. Das liberale Image und der Reichtum der Stadt lockten zahlreiche Künstler herbei; seien es Leonardo da Vinci, Michelangelo, Raffael oder sonstwer, alle verbrachten mindestens ein paar Jahre in der mächtigen Stadtrepublik. Cosimo der Ältere hatte hierfür mit der Gründung der "Platonischen Akademie" (1459) einen wichtigen Grundstein gelegt; die "Hochschule" sollte einen Ausgleich zwischen dem Geist der Antike und dem des Christentums herstellen und diente sowohl der Entwicklung neuer Herrschaftsideologien als auch der Förderung der Künste.

Sein Enkel Lorenzo il Magnifico setzte von 1469-92 die Tradition Cosimos fort, doch kam es zu ersten Krisen in dem selbstherrlichen, fürstenähnlichen Stadtregiment. Lorenzo entging zwar 1478 mit knapper Not einem Mordanschlag und durfte 1492 eines natürlichen Todes erliegen, doch sein Sohn Piero II. wurde nur zwei Jahre später samt seiner Familie der Stadt verwiesen, da er sich ohne das Wissen der Anführer der Zünfte dem in Italien einfallenden Karl VIII. von Frankreich unterworfen hatte. Diese Schmach stand den Florentinern nicht gut zu Gesicht, so daß sie sich voller Inbrunst erhoben und auf der Suche nach einem Anführer an den Dominikaner Savonarola gerieten. Seine theokratische Republik bestand aber nur vier Jahre, da er sich in seiner Selbstherrlichkeit mit zu vielen Mächtigen auf einmal anlegte. Als sein erbitterster Gegner erwies sich der Papst, zu Recht, denn dieser hatte allen Grund, die basisdemokratisch-theokratischen Ideen Savonarolas zu fürchten. Es wäre ja auch noch schöner gewesen, wenn fortan die Gläubigen ihre Priester gewählt hätten.

Die Medici konnten dank der Hilfe der spanischen Truppen 1512 nach Firenze zurückkehren und erneut die Macht an sich reißen. Doch noch waren die Bürger rebellisch und konnten die mittlerweile verhaßten Medici ab 1527 noch einmal für drei Jahre ins Exil treiben. Aber die Bündnisse der Familie mit den Spaniern hielten, und die Heerscharen Karls V. setzten wiederum die Vorherrschaft der Medici in Firenze durch. Hierfür benötigten sie aber fast drei Jahre, denn dank der Baukünste Michelangelos verfügten die Florentiner über vorzügliche Festungen, so daß die Belagerung durch die Spanier zwar schmerzte, aber eben doch weit länger als vermutet ertragen werden konnte. Karl V. erhob die Medici zu Fürsten und setzte

Alessandro 1530 als erblichen Herzog ein; seinem Nachfolger wurde fast 40 Jahre später gar der Titel Großherzog verliehen. Unter diesen nun Adligen konnte zwar das Staatsgebiet beträchtlich erweitert und der Erzfeind Siena erobert werden, hingegen führten die jahrzehntelangen Kriege zu einer schweren wirtschaftlichen Krise, und Firenze verlor sogar die fast monopolartige Stellung in der Woll- und Seidenfabrikation.

Mit der 'von oben' durchgesetzten Änderung der Staatsordnung ging ein neues Darstellungsbedürfnis der Macht einher. Schon Alessandro veranlaßte 1532 den Bau des ersten Kastells, der *Fortezza da Basso*, einer Wohnburg für die Ehe mit der Tochter des Kaisers Karl V., der sich im rebellischen Firenze um das Leben seiner weiblichen Nachkommenschaft sorgte und die trotzige Burganlage zur Bedingung seiner Einwilligung in die Heirat machte. Fortan war den Medici auch ihr eigener Palazzo, unter Cosimo dem Älteren errichtet und heute Familienmuseum, nicht mehr repräsentativ genug und zog es Cosimo I. 1540 in eines der "Heiligtümer" der bürgerlichen Stadtrepublik, den Palazzo Vecchio. Dieser wurde der Position seines Hausherrn gemäß mit allergrößtem Aufwand um- und ausgebaut, um sich schließlich wenig später als nicht ausreichend zu erweisen. Kaum zum ersten Großherzog ernannt, machte sich Cosimo I. an den Ausbau seiner Residenz. Der käuflich erworbene *Palazzo Pitti*, südlich des Arno, wurde um eine überdimensionierte Hofanlage erweitert, die Boboli-Hänge zum Hofgarten umgestaltet und ein sehr dicht besiedelter Stadtteil abgerissen, um mit den *Uffizien* einen gemeinsamen Raum für alle Staatsbehörden und ein neues fürstliches Forum zu schaffen (beide Bauten sind heute gute Adressen für kunsthistorisch Interessierte). Dem Prachtbedürfnis mochten aber auch diese Anlagen nocht nicht genügen, und so wurde der Palazzo Vecchio entlang der Galerien der Uffizien über die Ponte Vecchio mit dem Palazzo Pitti mit einem gedeckten Gang verbunden. Entsprechend ergab sich eine Kombination der Schutz- und Kunstbedürfnisse der Fürsten und entstand mit dem sogenannten Vasari-Korridor eine der bedeutendsten Sammlungen der Selbstbildnisse von über 700 jüngeren und älteren Meistern. Die Medici wußten um den Haß in der Bevölkerung, und stellten der Fortezza da Basso die *Forte del Belvedere* - am Ostrand des herzöglichen Hofgartens Gardino di Boboli - gegenüber. Von hier konnte nicht nur der Palazzo Pitti bewacht werden, sondern für den Fall des Falles die Stadt beschossen werden. Noch 1720 wußte ein englischer Reisender zu berichten, daß die Kanonen des Kastells auf die Stadt gerichtet und für den Fall eines Volksaufstandes bereit und geladen waren.

Allmählich war aus der einstigen blühenden Handelsstadt mit internationalen Beziehungen unter den Medici eine "langweilige" Residenzstadt mit nur noch regionaler Ausstrahlung entstanden, die sich infolge diverser Kriege zum Mittelpunkt und zur Hauptstadt der Toskana entwickelte. Sie blieb es auch nach dem Aussterben der Medici (1737) unter deren Nachfolgern aus dem Hause Lothringen und gelangte zu besonderer Bedeutung, als sie 1865 für sechs Jahre Hauptstadt des jungen Königreiches Italien wurde.

So ziehen zwar die gut instandgehaltenen monumentalen Repräsentationsbauten vergangener Generationen alljährlich Millionen von Besuchern an, doch können sie nicht darüber hinwegtäuschen, daß die Medici das Kapital der wohlhabenden, expandierenden mittelalterlichen Handelsstadt verspielt haben. Aus der ehemaligen Finanzmetropole wurde "nur" eine Großstadt wie viele andere, deren Weltläufigkeit sich besonders in den geschlossenen Ladentoren zur Hauptzeit des Besucherstroms ausdrückt.

Information: via Manzioni 16, 50121 Firenze, Tel. 2478141/2/3/4/5; Büros in der via di Nuovoli 26, 50127 Firenze und via de'Tornabuoni 15, Tel. 216544, 50100 Firenze.

Telefonvorwahl: 055.

Jugendherberge: "Villa Camerata", viale A. Righi 2-4, Tel. 610300 & 601451, (der gleichnamige Campingplatz befindet sich nebenan, beide liegen in einem ruhigen und grünen Tal am Siedlungsrand).

Camping: "Parco Comunale", viale Michelangelo 80, Tel. 6811977, Mitte März-Okt.; "Villa di Camerata", via le Righi 2, Tel. 610300, April-Okt.

Foto rechts: Hier gibt es den die Lebensgeister weckenden Espresso...

BAGNO BALENA
BAR
Bar Tabacchi

Etappe 1:
Firenze - Fiesole (8 km)

Von der Ostseite der Stazione S.M. Novella, des Florentiner Hauptbahnhofs, führt der Weg über die folgenden Straßen zur piazza Edison, wo Sie der Beschilderung ins ca. 200 m oberhalb Firenzes gelegene Fiesole folgen: via Val Fonda, viale Filippo Strozzi, viale Spartaco Lavagnini, piazza della Liberta, viale Don Giovanni Minzoni, piazza delle Cure und schließlich die viale Alessandro Volta.

Information: piazza Mino da Fiesole 45, 50014 Fiesole, Tel. 598720.
Telefonvorwahl: 055.
Camping: "Panoramico", via Peramonda, Tel. 599069, ganzjährig.

Kartenskizze Etappen 1 & 2

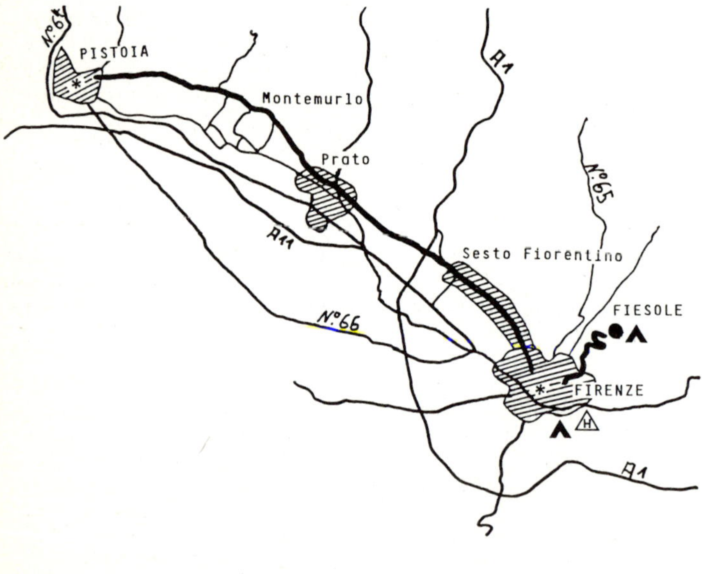

Etappe 2:
Firenze - Sesto Fiorentino - Prato - Montemurlo - Pistoia (40 km)

Ausgangspunkt ist der Hauptbahnhof Firenzes, die Stazione S.M.Novella, ab dem Ihnen die "weißen" Hinweisschilder - solange Sie sich innerhalb der Stadtgrenzen befinden - den Weg nach Careggi weisen. Die "Weißen" werden von den "Blauen" nach Sesto Fiorentino und Prato abgelöst, und bis Castello verläuft die Route noch parallel zur in der Karte gelb ausgewiesenen Hauptstraße. Auf dieser erreichen Sie das sich heute noch weitestgehend in seinem alten Kern darstellende Sesto - umgeben von modernen 6-10-stöckigen Bauten.

Sesto Fiorentino, 35 m ü.N.N., 45000 Einw., Provinz Firenze, ist eine Industriestadt, die sich vorwiegend der Porzellanherstellung verschrieben hat. Die Erzeugnisse der Porzellanmanufaktur Doccia sind in dem modernen Gebäude des Museo Delle Prozellane Di Doccia ausgestellt. Das Museum liegt etwas außerhalb der Stadt an der Straße nach Prato, via Patrese 31, inmitten eines weitläufigen Parks und ist di-sa 9.30-13.00 & 15.30-18.30 h geöffnet.
In der Umgebung: 2 km östlich befindet sich in der kleinen Ortschaft Quinto ein monumentales etruskisches Hügelgrab aus dem 7. Jh. v.u.Z. Die Grabkammer Tomba della Montagnola hat die Form eines Rundtempels und kann sa & so 10.00-13.00 h besichtigt werden.
Telefonvorwahl: 055.
Unterkunft: "Centro Studi Villa Corsi Salviati", via Gramsci 460, 50019 Sesto, 45 Betten.
Fahrradservice: auf der Durchgangsstraße.

Von der mit reichlich Blumenkübeln geschmückten Stadtmitte Sestos radeln Sie weiter auf der breit ausgebauten Hauptstraße, die den zahlreichen Benutzern genügend Raum bietet, gleich bis ins Zentrum Pratos mit seinen zahlreichen engen Gassen, dem verkehrsplanerischen Erbe vergangener Zeiten.

Prato, 60 m ü.N.N., 160000 Einw., Provinz Firenze, wird häufig als das italienische Manchester bezeichnet, da Prato schon im Mittelalter für die Wolle- und Baumwollewebereien bekannt war. Die ehemalige Stadtrepublik unterhielt Handelsbeziehungen bis nach Brügge und London und verdankte ihrer Webereikunst beachtlichen Wohlstand. Francesco Datini, ein Sohn der Stadt, erfand schon Anfang des 15. Jh. die doppelte Buchführung und bemühte sich zwecks Erleichterung des internationalen Handels um die Einführung des bargeldlosen Zahlungsverkehrs. Die Kunst der Stoffverarbeitung ist im Museo del Tessuto, im Istituto Tecnico Industriale in der Viale Della Repubblica 9 am südlichen Stadtrand, mo-sa 9.00-12.00 h zu bewundern.

Entsprechend dem ehemaligen Wohlstand der Stadt finden sich einige bedeutende Bau- und Kunstwerke innerhalb ihrer Mauern. Erwähnt seien hier das Castello Dell'Imperatore, die alte Burganlage; die Kirche Santa Maria Delle Carceri; der Palazzo Pretorio, an der piazza del Comune, das ehemalige Rathaus, das heute die Galeria Comunale (Gemäldesammlung aus dem 14.-16. Jh.) beherbergt. Geöffnet di-sa 9.00-13.00 h & so 9.00-12.00 h.

Einen touristischen Blick verdient ebenso der Palazzo Datini, Wohnsitz des superreichen Kaufmanns und Bankiers in der via Rinaldesca inmitten des Zentrums.

Den Freunden sakraler Kunst bietet sich der Besuch San Domenicos an, ein Kirchenbau am gleichnamigen Platz mit dem Museo di Pittura Murale in einem Nachbargebäude, das Wandmalereien und eine Dokumentation der Frescotechnik zeigt (geöffnet so 9.30-12.30 h). Entsprechendes gilt für San Stefano, dem Duomo Pratos am gleichnamigen Platze, mit einer bedeutenden Außenkanzel. Angeschlossen ist im ehemaligen romanischen Kreuzgang aus dem 12. Jh. das Museo Dell'Opera del Duomo (mit sakralen Exponaten und wertvollen Goldschmiedearbeiten).

In der Umgebung: 8 km südlich an den Hängen des Monte Albano liegt der kleine Ort *Póggio a Caiáno,* der für die prächtige Medici-Villa bekannt ist. Der im 15. Jh. errichtete Landsitz ist der Öffentlichkeit (tägl. außer mo 10.00-12.30 & 13.30-17.30 h) zugänglich, und ein Ausflug lohnt sich schon wegen der schönen Parkanlage, die tägl. 9.00-17.30 h geöffnet ist.

Information: via Luigi Muzzi 51, 50047 Prato, Tel. 35141; via Cairoli 48-54 & piazza S. Maria delle Carceri 15, Tel. 24112.

Telefonvorwahl: 0574.

Unterkunft: "S. Caterina Dé Ricci", via S. Vicenzo 11, Tel. 23626, 27 Betten.

In Prato umrunden Sie die Fortezza nahezu um deren gesamten Umfang und folgen dem Verlauf der Vorfahrtstraße in weitem Bogen durch die enge Altstadt. Sie erreichen einen rechteckigen Stadtplatz, der zu drei Vierteln umrundet wird. Das Hinweisschild "Montale Algiana" weist die neue Richtung; links bis ans Ende der Straße, die geradewegs auf die Seitenfront einer Fabrik führt. Hier führt die Etappe links und gleich wieder an der nächsten Kreuzung rechts in Richtung Westen weiter.

(*In Gegenrichtung:* Der rechteckige Stadtplatz wird gleich auf der Hauptstraße erreicht, die hier als Einbahnstraße [Senso Unico] ausgewiesen ist.)

Über Montemurlo - links und rechts begleitet von zahlreichen Weinreben - erreichen Sie Pistoia. Eine schon etliche Jahre zählende Lindenallee führt Sie geradewegs auf die Stadtmauer zu, an der Sie noch einmal rechts abzweigen, um ins Zentrum zu gelangen.
(*In Gegenrichtung:* Sie folgen solange der Stadtmauer, bis Sie den Hinweis nach Montale erblicken.)

Pistoia, 65 m ü.N.N., 90000 Einw., Hauptstadt der gleichnamigen Provinz, wurde im 2. Jh. v.u.Z. als römischer Stützpunkt an der via Cassia gegründet und schon Anfang des 12. Jh. eine unabhängige Stadtrepublik. Die Stadt erlangte beachtlichen Wohlstand und konnte sich beispielsweise eine Befestigung mit 60 Türmen leisten (um 1250). Reste dieser Anlage finden sich beispielsweise in der via della Mura Urbane und am südlichen Rand des Parco Pubblico mit der Fortezza S. Barbara, die trotz ihres recht ordentlichen Zustandes derzeit einer umfangreichen Renovierung unterzogen wird. Ob - im Sinne der "reinen Lehre" - der Wassergraben wieder gefüllt werden wird, ist noch nicht entschieden; denn so ginge zwangsläufig der günstige Nährboden der recht ansehnlichen Bäume verloren.
Da sich die Bürger auf die Seite der Ghibellinen schlugen, befanden sie sich in ständigen Auseinandersetzungen mit den guelfisch gesinnten Nachbarstädten Lucca, Firenze und Prato. Im 14. Jh. mußte sich Pistoia schließlich der Übermacht beugen und verlor im 16. Jh. auch seine Selbständigkeit an das Herzogtum Toscana.
Der Duomo San Zeno, am gleichnamigen Platz, zeichnet sich durch einen prunkvollen Silberaltar aus und beeindruckt ebenso wie das Baptisterium gleich vis à vis des Doms aus dem 14. Jh. durch den schönen Wechsel von weißem und grünem Marmor. In unmittelbarer Nachbarschaft befindet sich der Palazzo del Podestà, der im 14. Jh. für den florentinischen Stadtvogt errichtet wurde. Später wurde das Gebäude für die Rechtsprechung genutzt, woran der steinerne Richterstuhl mit dem Tisch der Rechtsprechung und der Bank der Angeklagten erinnert. Die Örtlichkeit ziert eine lateinische Inschrift mit dem sinnigen Inhalt: "Dieser Ort haßt die Bosheit, liebt die Gesetze, bestraft die Verbrechen, bewahrt die Rechte, ehrt die Rechtschaffenen."
Neben den zahlreichen anderen Tempeln der Christen sei noch die Kirche Sant'Andrea, in der nach ihr benannten Straße, hervorgeho-

ben, da sie mit einer bemerkenswerten Kanzel aufwarten kann. Im Museo della Carthedrale di San Zeno kann der Spaziergang durch die sakralen Monumente Pistoias schließlich seinen Abschluß finden; das Museum zeigt entsprechende Kunstwerke und liegt direkt an der piazza del Duomo im gleichen Hause wie die Touristeninformation.

Der Palazzo del Comune, an der piazza del Duomo, besticht mit einer strengen, glattflächigen, abweisenden Fassade. Der Bau wurde 1385 nach fast 100jähriger Bauzeit fertiggestellt und beherbergt heute in den Obergeschossen das städtische Museum mit diversen Kirchenschätzen, Porträts bedeutender Bürger der Stadt etc. (geöffnet mo-sa 9.00-13.00 & 15.00-18.00 h, so 9.00-12.30 h).

Das älteste Stadtviertel, rund um den Domplatz, konnte sein mittelalterliches Gepräge bewahren und beeindruckt durch die teils extrem engen Gassen und dem schönen, aber auch lebendigen Markt auf der piazza della Sala (südwestlich des Doms).

Den Besuchern der Stadt werden zur Befriedigung ihrer körperlichen Bedürfnisse nur wenige, teils versteckt liegende Restaurants geboten. Self Service Restaurants scheinen gänzlich verpönt zu sein, stattdessen versüßt sich die Bevölkerung die Abende in den zahlreichen Kinos. Touristen sind kaum zu erblicken, ein Zustand, der im krassen Gegensatz zu den reichen Überlieferungen aus dem Mittelalter steht. So stellt sich die Frage, ob hier seitens des städtischen Parlaments eine bewußte Strategie verfolgt wird, sich nur am Rande der touristischen Hauptpfade anzusiedeln.

In der Umgebung: 4 km westlich der Stadt liegt in einem weitläufigen, hügeligen und waldreichen Gebiet, nahe dem Örtchen la Vérgine (Richtung Montagnana), der zoologische Garten "Città di Pistoia" mit zahlreichen exotischen Tieren; via Pieve a Celle 160, Tel. 0573/571280, tägl. geöffnet 9-19 h.

Information: E.P.T., Corso Gramsci 110, 51100 Pistoia, Tel. 34326/7/8.; piazza Duomo, Tel. 21622.

Telefonvorwahl: 0573

Camping: "Valdinievole", via Castellina 20, Serravalle Pistoiese, Tel. 51061, April-Okt., ca. 9 km westlich.

Fahrradservice: via Palestro 19.

Etappe 3:
Pistoia - Montecatini Terme - Montecarlo - Lucca (40 km)

Von der die Altstadt Pistoias umgebenden Ringstraße geben Ihnen die blauen Verkehrsschilder die Orientierung nach Lucca und Montecatini. Bis Barile, einem Vorort Pistoias, radeln Sie parallel der Hauptstraße, doch lassen sich ab hier die zahlreichen Blechrösser nicht mehr vermeiden.

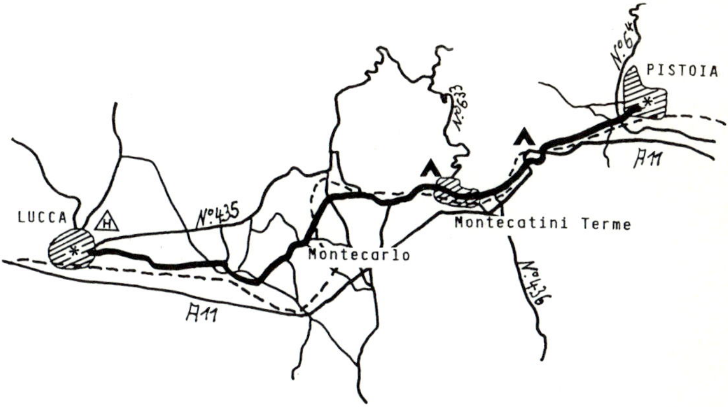

Montecatini Terme, 27 m ü.N.N., 22000 Einw., Provinz Pistoia, darf getrost als eines der bedeutendsten und bekanntesten italienischen Heilbäder bezeichnet werden. Schon die Römer dürften hier Körper und Seele gepflegt haben, denn in der Leopoldina-Quelle wurden römische Plastiken gefunden. Während in der Renaissance der Ort viel besucht war - schon 1417 bestanden drei Badehäuser -, verlor er unter den Medici, den Montecatini seit dem Ende des 16. Jh. gehörte, an Bedeutung. Im 19. Jh. wurde der Ort unter Leopold I. modernisiert und bis heute zum größten Thermalbad Italiens ausgebaut. Aus den Quellen sprudeln täglich ca. 2500 Kubikmeter 19-25 °C warmes Wasser, das vor allem Gallen-, Leber-, Magen- und Darmleiden lindern soll. Wie es sich für einen Kurort gehört, umrahmen den prächtigen Kurpark monumentale Kuranstalten. Wohlhabende Kurgäste können sich die Langeweile auf der Pferderennbahn vertreiben, das Museo dell'Accademia d'Arte mit Werken moderner zeitgenössischer Künstler steht allen Gästen offen (geöffnet di-so 16.00-

19.30 h).
In der Umgebung: Weithin sichtbar liegt nordwestlich der Stadt in luftiger Höhe (290 m ü.N.N.) das kleine Örtchen *Montecatini Val di Nievole,* häufig zu Montecatini Alto verkürzt. Die Radler können sich den steilen Anstieg über die 5 km lange Straße sparen, da auch eine Seilbahn existiert. Der malerische Ort bietet eine weite Aussicht über die toskanischen Wellen, die schon vor Jahrhunderten die Menschen begeistert haben muß, denn an der höchsten Stelle des Hauptplatzes sind die Reste des mittelalterlichen Kastells zu finden. Sollten Sie den Rückweg per pedes über die Straße antreten, kommen Sie am Eingang der im 19. Jh. entdeckten Tropfsteinhöhle "Grotta Maona" vorbei (geöffnet di-sa 8-12 & 14-19 h).
5 km südöstlich liegt bei der Ortschaft *Monsummano Terme* der Eingang der "Grotta Giusti", deren Stollen 300 m tief in den Berg hineinführen. Die tiefst gelegenen Höhlenabschnitte werden wegen des reichlich vorhandenen Wasserdampfes und ihrer unterschiedlichen Temperaturen "Paradies, Fegefeuer und Hölle" genannt. Die radioaktiven Schwefelwasserdämpfe sind bis zu 34 °C warm und lindern rheumatische Erkrankungen.
Information: viale Verdi 46, 51016 Montecatini Terme, Tel. 70109.
Telefonvorwahl: 0572
Camping: "Belsito", via delle Vigne, Tel. 67396, April-Okt.

An Montecatinis Hauptgeschäftsstraße wird der rollende Verkehr vorbeigeleitet, und schon bald nach Verlassen des Ortes entkommen Sie den PKWs. Denn bevor die Hauptstraße in einer Rechtskurve die Eisenbahn unterquert, verlassen Sie diese, indem Sie geradeaus nach *Montecarlo* radeln, das hoch oben gelegen weite Sicht über das dicht besiedelte Umland gewährt.

(*In Gegenrichtung:* In Montecarlo auf den Hinweis nach Pescia achten.)
Über Porcari - im bald folgenden Kreisverkehr halten Sie sich geradeaus - und das Bauerndörfchen Capánnori erreichen Sie Lucca.

Foto rechts: Torre Guinigi in Lucca

Lines
ORO
Lines
ORO
HA LA MOVIOLA
CHE NON PERDONA
HA LA MOVIOLA
CHE NON PERDONA
HA LA MOVIOLA
CHE NON PERDONA
HA LA MOVIOLA
CHE NON PERDONA

Lucca, 17 m ü.N.N., 90000 Einw., Hauptstadt der gleichnamigen Provinz, verdankt ihren Namen den Etruskern, "Luk" bedeutete Sumpf, der früher zwischen den Armen des Serchio lag. Die Römer gründeten im 1. Jh. v.u.Z. eine befestigte Kolonie und übernahmen den etruskischen Namen. Die Bedeutung der Stadt zu dieser Zeit mag folgendes Ereignis belegen: im Jahre 56 v.u.Z. trafen sich hier Cäsar, Pompeius und Crassus, um ihr Triumvirat zu gründen. Nach den Völkerwanderungen entwickelte sich die Stadt noch vor Firenze und Pisa zur bedeutendsten Ortschaft der Toskana, und schon um 1100 erkämpften die Bürger die Unabhängigkeit. Dank des erfolgreichen Handwerks, Handels und Bankwesens wuchs nicht nur der Ort, sondern auch der Wohlstand, dem viele der Baudenkmäler zu verdanken sind. Den Lucchesen erwuchsen aber in den Bürgern Pisas und Firenzes machtvolle Gegner, die der Stadt immer wieder empfindliche Niederlagen zufügen konnten. Im 17. Jh. begann man deshalb mit dem Bau der umfangreichen Verteidigungsanlagen, die heute als mondäne Promenade dienen. Das im Mittel 12 m hohe Festungswerk ist vollständig erhalten und bietet aus allen Richtungen einen schönen Blick auf die Altstadt. Es lädt zu einer netten Rundfahrt um den mittelalterlichen Kern ein und vermittelt durch die zahlreichen Einblicke in die "Hinterhöfe" einen guten Eindruck von der italienischen Baukultur. Die Radler können das Bollwerk - insgesamt über 4 km lang - komplett abfahren, auch wenn ein Stück von den "ragazzi" als Rennstrecke für ihre Autos und Motorräder genutzt wird. Damit die Anlage auch in vielen Jahrzehnten noch bestaunt werden kann, wurden und werden umfangreiche Restaurierungsarbeiten durchgeführt; zwei "Überbauten" der ehemaligen Stadttore sind in Arbeit, eines bereits komplett rekonstruiert. Ein viertes dient heute als Restaurant.

Auch innerhalb der Schale des Kerns stellt sich Lucca dem heutigen Besucher in wohlbehaltenem Kleide dar. Am Hauptplatz der Stadt, der piazza Napoleone - Napoleon nahm der Stadt 1799 die Selbständigkeit und vermachte sie als Fürstentum seiner Schwester - steht der Palazzo della Provincia. Sein Innenhof wurde nach den von den Lucchesen "geleasten" Söldnern der Schweizer Garde benannt ("Cortile degli Svizzeri"). Heute residiert dort die Provinzialregierung, und in seinem südlichen Teil sind Werke bedeutender italienischer Maler in der Pinacoteca Nationale ausgestellt (geöffnet tägl. außer mo 9-14 h).

Die Case dei Guinigi, in der gleichnamigen Straße, zieren eine prachtvolle Backsteinfassade und werden vom mit zwei Bäumchen bewachsenen Torre Guinigi bewacht. Der Turm kann gegen Entgelt bestiegen werden. Das Amphitheater, an der piazza del mercato, ist in seiner Grundform noch gut erkennbar und besticht heute durch das nette Ambiente. Die vom örtlichen Touristenbüro vertretene Ansicht, daß das historische Original gewahrt wurde, ist aber wohl unter dem Kapitel Schönfärberei anzusiedeln - heute dient die Örtlichkeit wechselnd als Park- und Marktplatz, wo neben den üblichen Bars schon eine Touristenkneipe existiert (Charlie Brown Pub!). Bei schlechtem Wetter bietet sich ein Besuch des Museo Nazionale di Villa Guinigi an, das sich der Kunst- und Stadtgeschichte widmet (via della Quarquonia, geöffnet 9-19 h, so 9-13 h, mo geschl). Ein beeindruckendes Beispiel der Stadtbaukunst ist die Piazza San Michele mit der gleichnamigen Basilica im Baustile Pisas mit einem schönen Wechsel von weißem Marmor - teilweise etwas gelblich bis bräunlich angelaufen - und roten Backsteinen im Dachgeschoß. Alles überragend thront ein Engel mit grünen Flügeln über dem turmabgewandten Giebel. Die Kirche San Frediano, an der piazza S. Frediano, liegt mit ihrem mächtigen Turm direkt an der Stadtbefestigung und verdeutlicht mit ihrem getarnten Felsmauerwerk die Geltungssucht der Lucchesen; durch mehrfache Bearbeitung des Fels wird edler Marmor vorgetäuscht.

In der Umgebung: Über welch umfangreiche finanzielle Mittel einige der Luccheser Patriziergeschlechter verfügen konnten, ist noch heute an dem prunkvollen Landsitz 10 km nördlich der Stadt zu bestaunen. Das Geschlecht der Mansi ließ sich in einem weitläufigen Park eine Villa mit barocker Prägung erstellen (Segromigno Monte), die tägl. 9.30-12.30 & 17.00-19.30 h zu besichtigen ist.

Information: via Vittorio Veneto 40, 55100 Lucca, Tel. 43639.
Telefonvorwahl: 0583
Jugendherberge: Ostello per la Gioventù, viale M. Civitali (nördlich der Altstadt über piazza Martiri della Liberta und via Batoni).

Etappe 4:
Lucca - Grotta del Vento (90 km)
Skizze s. Seite 105

Vom nördlichen Stadttor führen Sie die Hinweisschilder *Castelnuovos di Garfagnana* in das Tal des Sérchio. Immer entlang dieses sich aus den Apuanischen Alpen in die Tyrrhenische See ergießenden Flusses erreichen Sie bei *Gallicano* den Abzweig zu den "Grotten des Windes" bei der Ortschaft Fornovolasco.

Die **Grotta del Vento** verdeutlicht in eindrucksvoller Weise den Prozeß der Verkarstung einer Gebirgslandschaft. Auf verschiedenen Rundgängen können je nach Interesse Teile oder gar die gesamten weit verzweigten Höhlen mit ihren Stalaktiten (Tropfsteine an der Decke) und ihrem Gegenpart, den Stalagmiten (Tropfsteine am Boden) bewundert werden. Die unterirdischen Flüsse, Wasserfälle und Seen können von April bis Oktober täglich ab 10 h besichtigt werden. Die Führungen werden je nach Länge jeweils zur vollen Stunde oder seltener angeboten (Information: 0583/763084 & 763068).

Camping: "La Piella", Castelnuovo di Garfagnana, Tel. 0583/62916, ganzjährig, im Tal des Sérchio ca. 12 km nördlich des Abzweigs ins Tal zu den Windhöhlen.

Etappe 5:

Lucca - Filéttole - Lago di Massaciuccoli - Viareggio (25 km)

Skizze s. Seite 105

Diese Etappe führt Sie durch abwechslungsreiche Landschaft zum tyrrhenischen Meer.

Lucca westlich durch die Porta L.Boccherini verlassend radeln Sie auf der SS 439 zunächst Richtung **Viaréggio**. Schnurgerade geht es auf den Sérchio zu, durch das über die mittelalterliche Stadtmauer hinaus ausufernde Lucca. Wenn Sie den Sérchio über die Ponte S. Pietro - bei Erreichen der gleichnamigen Häuseransammlung - überquert haben, zweigt die Etappe scharf links ab, in das grüne Tal des Flusses auf verkehrsarme Strecke, dem blauen Hinweis nach *Nozzano* folgend. Zur Linken die durch Menschenhand aufgeschüttete grasbewachsene Eindämmung des Sérchio und zur Rechten das bestellte Land erreichen Sie das sich über alles erhebende Castello Nozzanos. Wenn Sie - selbiges halb umrundet - an die piazza des Ortes gelangen, knickt die Etappe links ab Richtung Pisa. Auch an der folgenden Kreuzung richten Sie sich nach Pisa und Vecchiano. Im Tal des Sérchio grüßen Sie Zeugen der Geschichte von den grün bewaldeten Hügelspitzen. In *Filéttole* folgen Sie dem Verlauf der Hauptstraße - biegen nicht links ab nach Pisa - und halten sich immer rechts der Autostrada. Wenn sich Autostrada und unsere, diese begleitende, "Kleinere" durch zwei sich links und rechts aufbäumende Hügel gepreßt haben, biegen Sie rechts ab, dem blauen Hinweis nach Massarosa folgend.

Schon an der nächsten Einmündung verlassen Sie die Straße nach Massarosa (links ab) und radeln geradewegs vorbei an einer allein auf weiter Flur stehenden Palme - zunächst auf noch asphaltierter Straßendecke, bei der folgenden Linkskurve auf schottrig feste, auch mit schmaler Bereifung gut berollbare, wechselnd - auf ein Landgut zu. Vorbei an diesem zweigen Sie an der folgenden T-Gabelung (Hinweis Via Aurelia) links ab. Ab hier geht's immer geradeaus über teils asphaltierte, teils fein-schottrige Fahrunterlage. Auch wenn die Karte von Kümmerly + Frey dergleichen nicht ausweist, erreichen Sie auf diesem ursprünglich zum Nutzen der Landwirtschaft angelegten Weg die bedeutende Nord-Süd-Verbindung an der Westküste, die Via Aurelia. Heute wird dieser Weg eher von Freunden des Angelsports - der Lago Massaciuccoli und die diesen umgebenden Gräben lassen deren Herzen höher schlagen - sowie Freunden des Striches - Frauen dunklen Hauttyps bestimmen die Szenerie - frequentiert. An der Via Aurelia angekommen, folgen Sie dieser rechts, also in nördlicher Richtung bis zum Abzweig nach *Torre del Lago*.

(*In Gegenrichtung:* Der Abzweig von der Via Aurelia Richtung Filéttole ist die erste schottrige Möglichlichkeit nach links in den Parco Naturale. Schon von der Via Aurelia aus ist die Brücke über die Autostrada zu sehen.)

Marina di Torre del Lago wird durch eine ca. 1 km lange vierspurige Betonpiste entlang der Küste erschlossen. Diese säumen rechts und links "leichte Bretterkonstruktionen" (es mögen auch einige wenige steinerne Gemäuer zu finden sein), in den die Früchte des Meeres und Geröstetes geboten werden, sowie Strandbars und geschäftstüchtige Eisverkäufer ihren Platz gefunden haben. Nördlich und südlich der Marina erstreckt sich weithin feinkörniger Strand, an den sich in südlicher Richtung ein breiter Streifen gewaltiger Pinien landeinwärts anschmiegt (schon auf den letzten Metern vor Erreichen der Marina weisen große Tafeln in allen gängigen Sprachen auf das Verbot des Wildcampens hin).

In Torre del Lago geht's links ab zum Meer, und Sie radeln immer geradeaus darauf zu, bis zahlreiche Campingplatzhinweisschilder nach rechts weisen. Diesen folgend erreichen Sie durch die hier urwaldig wirkende Pineta **Viaréggio**.

Viaréggio, 2 m ü.N.N., 60000 Einw., Provinz Lucca, liegt in einem ursprünglich recht unwirtlichen Gebiet. In den salzigen Sümpfen wütete die Malaria und verhinderte weitgehend menschliches Siedeln. Dank der Rivalität der Stadtrepubliken Lucca, Pisa, Genua und Firenze erlangte die Ortschaft aber allmählich an Bedeutung, da die Lucchesen in den zahlreichen Kämpfen fast alle Besitzungen an der Küste verloren hatten. Der verbleibende Stützpunkt "Torre del Ma-

re", das heutige Viaréggio, wurde folgerichtig ausgebaut, die Sümpfe wurden durch die Anlage des Burlamacca-Kanals trockengelegt und die Malaria ausgerottet. Bis zum Beginn des 19. Jh. entwickelte sich der Ort mit seinem Fischereihafen und seinen Werften langsam weiter, erhielt aber erst den entscheidenden Schub durch die Entwicklung des Tourismus. Der feine und lange Sandstrand lockte Badelustige aus den italienischen Großstädten hierher, und schon zu Beginn des 18. Jh. wurden die ersten großen Hotels und Badeanlagen errichtet. Die Beliebtheit Viaréggios hält bis heute an, und auf streng geometrischem Stadtgrundriß entstand einer der bedeutendsten italienischen Badeorte der Westküste. Die ca. 3 km lange Strandpromenade, landseitig von renommierten Hotels gesäumt, seeseitig mit diversen Bars und Cafés zum Verbleib einladend, führt über die gesamte Länge der Stadt und stellt eine günstige Verbindung zu den sehenswerten Parkanlagen her. Die nördlich gelegene Pineta di Ponente hat eher den Charakter eines Stadtparks, die südliche Pineta di Levante mit ihrem üppigen Pflanzenwuchs und der prächtigen Lindenallee entlang der viale dei Tigli stellt die Überleitung in die wenig besiedelte Macchia Lucchese dar.
Seit dem Ende des vergangenen Jahrhunderts pflegen die Bürger Viareggios alljährlich einen Karnevalsumzug zu veranstalten. Mittlerweile hat sich dieser zu einem der größten Italiens entwickelt, und Tausende maskierter Personen nehmen an dem farbenprächtigen Umzug teil. Die Verkleidungen und Festwagen beziehen sich hauptsächlich auf politische Themen und glänzen häufig durch bissige Satire. Wie die aufwendig gestalteten Festwagen entstehen, können die Besucher Viareggios schon im Sommer in den Hallen am Ende des viale Marco Polo beobachten.

Information: viale G. Carducci 10, Tel. 48881 & 42233, und im Büro am Bahnhof.

Telefonvorwahl: 0584

Camping: südlich der Stadt. "Paradiso", viale dei Tigli, Tel. 392005, April-Sept.; "Pineta del Cordone", viale Kennedy, Tel. 341362, Mai-Sept.; "Europa", Tel. 341524, April-Sept.; "Del Lago e Porticciolo", via Puccini 273, Tel. 341513, ganzjährig; "Viareggio", viale dei Tigli, Tel. 391012, April-Mitte Sept.; "Tigli", viale dei Tigli, Tel. 341278, April-Sept.; "Pineta", via dei Lecci, Tel. 393397, Mai-Sept.; "Burlamacco", viale Marconi, Tel. 340797, April-Sept.; "Italia", viale dei Tigli, Tel. 343114, April-Mitte Sept.

Kartenskizze Etappen 4 - 9

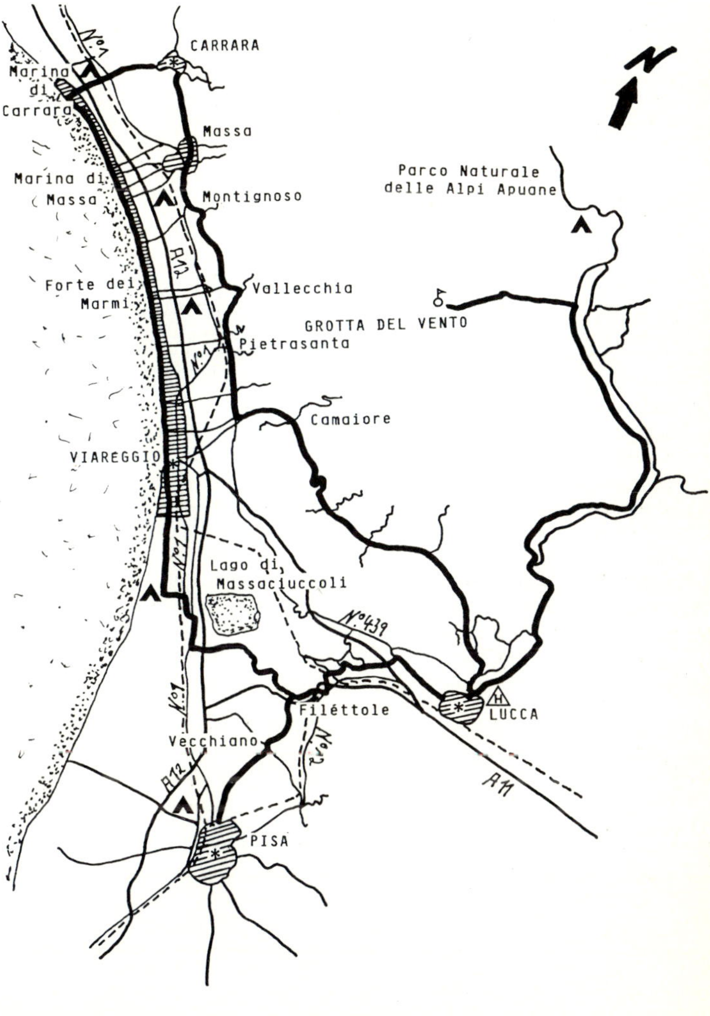

Etappe 6:
Viaréggio - Forte dei Marmi - Marina di Massa - Marina di Carrara - Carrara (65 km)

Unmittelbar am Ufer verläuft die Etappe bis *Marina di Carrara,* um dort in die hochgelegene Stadt der luxuriösen Boden- und Wandbeläge abzuzweigen. Sie radeln durch ein schier endloses Band von Hotels, Bars und Restaurants. Während diese zusammen mit den zahlreichen Boutiquen in Viaréggio noch einen recht mondänen Eindruck zu vermitteln mögen, sinkt mit zunehmender Entfernung von diesem ältesten Seebad des Küstenabschnittes die Pracht. Den Bade- und Sonnenhungrigen werden auf 27 km Länge teilweise bis zu 200 Meter breite feinste Sandstrände geboten.

Forte dei Marmi kann auf eine bedeutend längere Geschichte als die Nachbarorte verweisen, denn schon Ende des 17. Jh. ließ Leopold I. von der Toskana hier eine Festung errichten, die heute die Silhouette des Hauptplatzes bestimmt. Wo heute die seefahrenden Urlauber ihre Boote festmachen, wurde im 18. Jh. noch Schwerstarbeit geleistet; hier wurde der Marmor aus den Bergen von Seravezza verladen.
Information: piazza Marconi, Tel. 80901.
Camping: diverse entlang der Küste, Anschriften s.u. Massa, Etappe 7.

Auf dem weiteren Weg entlang der Küste überqueren Sie den kleinen Fluß Cinquale, der nördlichen Grenze der Versilia, die ihre südliche Grenze beim Lago di Massaciuccoli hat und sich dank des milden Klimas mit durchschnittlich über 270 Sonnentagen im Jahr und bis zu 30 °C Wassertemperatur zu einer riesigen Badelandschaft entwickelte. Nördlich des Cinquales beginnt die apuanische Riviera, deren Küste Sie bis nach *Marina di Carrara* folgen, sich aber dank der endlosen Hotelketten äußerlich nicht von der der Versilia unterscheidet.
Information: Piazza G. Menconi 6b, Tel. 0585/632218.
Camping: "Carrara", via le Litoraneo, Tel. 635260, Mai-Sept.; "Bungalow-Club", Tel. 632231, Mai-Mitte Sept.

In Marina di Carrara endet dicht vor dem bedeutenden Industriehafen das Disneyland der Sonnenhunrigen, und über die sanft ansteigende Allee viale XX. Settembre gelangen Sie nach 7 km ins Zentrum von **Carrara**.

Carrara, 100 m ü.N.N., 70000 Einw., Provinz Massa, liegt am Fuße der Alpi Apuane in einem engen Talkessel und verdankt seinen weltweiten Ruhm dem Abbau und der Verarbeitung des in den umliegenden Tälern vorkommenden weißen Marmors. Dieser entstand durch die Umkristallisation von Kalziumkarbonat, landläufig als Kalk bezeichnet, in den feinkörnigen Stein. Je nach der Anwesenheit von Metallsalzen bei diesem Prozeß entstanden Verfärbungen in Rot, Grün und Orange. Der Marmor aus Carrara zeichnet sich aber gerade durch die umfangreichen Vorkommen des reinweißen "Statuario" aus und veranlaßte schon das antike Rom, weder Kosten noch Mühen zu scheuen, um in den Besitz des kostbaren Materials zu gelangen. Die alten Römer rekrutierten Sklaven (darunter viele Christen) und zwangen diese zur nicht nur anstrengenden sondern auch äußerst gefährlichen Arbeit in den steilen Hängen. Man bediente sich natürlicher Brüche im Fels, schlug Holzpfähle in diese und "bewässerte" schließlich das Holz. Durch die natürliche Ausdehnung dieser hölzernen Keile wurde der Marmorblock gespalten. Da es selbstverständlich nicht genügte, nur den natürlichen Felsspalten zu folgen, da so die Blöcke viel zu riesig gewesen wären, wurde zusätzlich die Technik der "Höhlung" angewandt. Entlang einer freigewählten Schnittlinie wurden in den Fels bis zu 20 cm tiefe Löcher gebohrt, in die eingefügte Eisenkeile nach beständigen und harten Schlägen die Sprengung des Gesteins bewirkten. So konnten regelmäßige Marmorblöcke von 2 m Stärke gewonnen werden, die gerade noch mit Mühe und Not zu Tal gebracht werden konnten.
Diese Form des Abbaus hielt sich bis ins letzte Jahrhundert. Die in anderen Bergbauzweigen angewandten Sprengungen mit Dynamit etc. kamen für den Marmorabbau nicht in Frage, da durch die Detonationen zu große Schäden am Gestein verursacht würden.
Seit Ende des vergangenen Jahrhunderts wird die schwere Handarbeit von einem Spiraldraht übernommen. Dieser bis zu 6 mm starke Stahldraht wird über diverse Umlenkrollen an die ausgesuchten Schnittstellen geführt und schneidet pro Stunde ca. 20 cm tiefe Rillen in den Block. Die Vertiefungen werden mit Wasser und Sand permanent durchspült, so daß im wahrsten Sinne des Wortes steter Tropfen den Stein höhlt. Auf diese Art können allerdings nur solche Marmorblöcke gewonnen werden, die frei von der Oberfläche zugänglich sind. Um einen Block direkt aus dem Berg herauslösen zu können, werden an den ausgesuchten Stellen zwei Bohrlöcher gesetzt, in die die Getriebe des Stahldrahtes eingefügt werden und so einen gradlinigen Schnitt ermöglichen. Auf diese Weise können be-

liebig große Blöcke an allen vier Seiten aus dem Berg geschnitten werden und durch eine kleine Sprengung letztendlich herausgelöst werden. In jüngster Zeit wird das Stahlseil mit Diamanten "aufgemotzt", so daß die Arbeit zügiger bewältigt werden kann.
Während heute mit modernstem Gerät der Stein abgebaut und mit riesigen LKWs relativ gefahrlos zum Hafen transportiert wird, kostete vor allem der Weg zur Küste in früheren Jahrhunderten zahlreichen Arbeitern das Leben. Häufiger als erwünscht, machten sich die gewaltigen Blöcke selbständig auf den Weg und zermalmten ihre Dompteure. Eine 1876 extra gebaute Eisenbahn über 16 Brücken und durch 15 Tunnel bis auf eine Höhe von 450 m ü.N.N. auf nur 20 km Streckenlänge wurde inzwischen trotz der beachtenswerten Sicherheit stillgelegt. Wenn Sie die Marmorsteinbrüche besichtigen wollen, was ohne besondere Erlaubnis möglich ist, steht Ihnen als Radler ein anstrengender Aufstieg in die Berge bevor. Beeindrukkend sind die Steinbrüche von Colonnata, die auch einen guten Einblick in die Abbautechniken und die Verarbeitung des Marmors bieten. Besonders hoch liegen die Abbaugebiete in Richtung des Campo Cécina, einem Hochplateau (1350 m ü.N.N.), das eine herrliche Aussicht über die Marmorsteinbrüche und bei guter Sicht bis zu den Alpen und über die toskanischen Inseln bietet. Die mutigen MountainbikerInnen können in den Schutzhütten "Belvedere" und "Carrara" ein Plätzchen zur Übernachtung finden.
Daß der Marmor auch als Objekt der schönen Künste taugt, können Sie mit Erlaubnis der Direktion im Hof des Palazzo Cybo-Malaspina feststellen. Hier ist die Accademia di Belle Arti, die schon 1796 gegründete Marmorkunstgalerie, untergebracht und zeigt in ihrem Hof römische Skulpturen und Grabsteine aus Luni, dem Vorläufer des heutigen Carrara. Im Innern des Palastes befinden sich neben den Räumlichkeiten für die Studenten eine Gipsothek und eine Gemäldegalerie. Diverse Sachinformation zur Gewinnung, dem Transport und der Bearbeitung des Marmors seit der Antike bis in die Gegenwart bietet das Museo Civico del Marmo in der viale XX. Settembre (geöffnet tägl. außer so 10.00-13.00 & 16.00-19.30 h).
Information: E.P.T., piazza 2. Giugno 14, 54033 Carrara, Tel. 70668.
Telefonvorwahl: 0585.

Etappe 7:
Carrara - Massa - Montignoso - Pietrasanta - Vallecchia - Camaiore - Lucca
(55 km) *Skizze s. Seite 105*

Über einen kleinen Pass (226 m ü.N.N.) gelangen Sie auf der Hauptstraße direkt ins Zentrum von Massa.

Massa, 65 m ü.N.N., 66000 Einw., Provinzhauptstadt der gleichnamigen Provinz, wird von der auf einem befestigten Hügel liegenden Rocca (Burg) überragt, die im Mittelalter gegründet und später von dem Geschlecht Cybo-Malaspina erweitert wurde (geöffnet tägl. außer mo 9-12 & 16-19 h). Diese Fürstensippe beherrschte für 300 Jahre die nördliche Toskana und ließ sich mit dem Palazzo Cybo-Malaspina an der piazza Aranci eine prachtvolle Residenz errichten. Unter diesen Herrschern wurde die Stadt seit Mitte des 16. Jh. systematisch erweitert und bereits mit der Mamorver- und -bearbeitung begonnen, ein Gewerbezweig, der noch heute die Stadt beherrscht. Die Fähigkeiten der "Marmorhandwerker" werden eindrucksvoll an der modernen Fassade des Doms demonstriert. Der mehrfach umgebaute Dom geht im Kern auf das 15. Jh. zurück.
In der Umgebung: Über die kleinen Ortschaften San Carlo Terme (300 m ü.N.N., mit kaltem mineralhaltigem Wasser für Trinkkuren), Altagnana und Antnona gelangt man auf die ca. 1000 m hoch gelegene Ebene "Pian della Fioba" zu einem 3 ha großen Botanischen Garten mit seltenen einheimischen und arktisch-alpinen(!) Pflanzen. Wer den anstrengenden Weg in Angriff genommen hat, hat nicht nur einen wunderschönen Ausblick auf die toskanische Küste, sondern kann seinen geschundenen Körper in der Schutzhütte "Rifugio Città di Massa" (ganzjährig geöffnet) die Nacht über ausruhen lassen.
Information: über das Büro in Marina di Massa, via A. Vespucci 23, 54037 Marina di Massa, Tel. 0585/240046.
Camping (Standard: Mai-Sept.): "International Touring", via Baracchini 119, Tel. 780021; "Europa", via delle Pinete, Tel. 780125; "Lilly il Moderno", via del Fortino, Tel. 241172; "Italia", Tel. 780055, ganzjährig; "Partaccia I", via delle Pinete, Tel. 780133; "Giardino", viale delle Pinete 136, Tel. 241605; "Calatella", via Baracchini 83, Tel. 780244; "Linus", via Partaccia, Tel. 780771; "Aurora", via delle Pinete; "Città di Massa", Tel. 241225; "Lilly la Pineta", Tel. 240085; "Sogno", via Baracchini, Tel. 780233; "Nuovo", via Baracchini 47, Tel. 780047; "Quiete", Tel. 780275, Mitte Juni-Mitte Sept.; "Luccetti", via Baracchini 72, Tel. 780000, ganzjährig; "Oasi", via Silcia 36, Tel. 242997; "Partaccia II", via Baracchini 23, Tel. 780201; "Casone", via Luni 7, Tel. 243106; "Prato", Tel. 242545, Juni-Mitte Sept.; "New Camping dei Fiori", via Casone 2, Tel. 240040; "Cucciolo", via Partaccia 10, Tel. 780013.

Auf der Nationalstraße 1 verlassen Sie den Kern Massas und radeln durch das kleine Städtchen *Montignoso,* das sich ebenfalls ganz dem Marmor verschrieben hat und stolz auf das schon von den Byzantinern erbaute Castellum Aginulfi verweisen kann. Hinter diesem Örtchen zweigen Sie links ab und fahren über die leicht ansteigende Straße nach Capanne. Bald darauf geht es wieder rechts, und etwas unterhalb der Hänge fahren Sie an Seravezza vorbei und gelangen nach Pietrasanta.

Seravezza, 50 m ü.N.N., 13000 Einw., liegt 7 km landeinwärts an den Hängen der Alpi Apuane und ist seit über 500 Jahren ein bedeutendes Zentrum der Marmorindustrie. Schon Michelangelo suchte 1517 hier den passenden Marmor für seine Statuen und vor allem für das Grabmal von Papst Julius II. aus. Dank des Know-Hows im Umgang mit dem edlem Stein konnten sich die Bürger des Städtchens im Dom ein Taufbecken aus verschiedenfarbigem Marmor gönnen. Etwas außerhalb liegt der Palazzo Mediceo, heute Rathaus, der 1555 als Sommervilla für die Großherzöge der Toskana errichtet wurde und selbstverständlich mit sehenswerten Marmorarbeiten, darunter besonders dem Brunnen im Hof, beeindrucken kann. Auf dem Weg zum Marmorstädtchen kommen Sie durch *Querceta,* wo Sie der Verarbeitung des Marmors in den Werkstätten lauschen und zusehen können.
Camping: "International Versilia", via V. Apuana, Tel. 0584/83664, Mai-Sept.

Pietrasanta, 14 m ü.N.N., 26000 Einw., ist der Hauptort der Versilia und profitierte im Mittelalter vom Silbererzabbau in der Umgebung. Heute beherrscht auch hier der Marmor die städtische Wirtschaft. Pietrasanta wurde vom Podestà (Bürgermeister) aus Lucca im 13. Jh. gegründet und stellte eine wichtige Festung der Stadtrepublik im Norden dar. Beachtenswerte Gebäude sind der Dom "San Martino", der unvollendete Campanile und das Baptisterium.
Information: im Büro in Marina di Pietrasanta, piazza 24. Maggio, 55044 Marina di Pietrasanta, Tel. 0584/20331.

Pietrasanta verlassen Sie auf der Hauptstraße Richtung Süden und zweigen bei dem kleinen Örtchen Pianore links in die Hügelwelt nach Camaiore ab.

Camaiore, 34 m ü.N.N., 30000 Einw., Provinz Lucca, dessen glückliche Bürger sich die noble Geste erlauben, alljährlich im Juni den "Giotto d'Oro", einen international ausgeschriebenen Preis für Trottoirmaler, zu verleihen, liegt in einer weiten landwirtschaftlich genutzten Ebene der Alpi Apuane. Mit dem Museo d'Arte Sacra an der piazza Diaz (tägl. außer so & mo 16-18 h) bietet die Stadt eine interessante Ausstellung mit Goldschmiedearbeiten und diversem sakralem Zubehör. Ein sehenswertes Gebäude ist die Chiesa della Collegiata, eine Abtei, die in ihrer ursprünglichen Form wiederhergestellt wurde.

Information: über das Büro in Lido di Camaiore, viale Colombo, 55043 Lido di Camaiore, Tel. 0584/64397.

Der weitere Weg führt Sie zunächst durch das Camaiore-Tal, dessen anmutige Hügel von Kastanien, Oliven und Pinien bewachsen werden, vorbei an zahlreichen Villen, kurvenreich nach Valpromaro und schließlich über Monsagrati in das grüne Tal der Freddana und nach Lucca.

Etappe 8:
Lucca - Vecchiano - Pisa (20 km)
Skizze s. Seite 105

Bis zum Örtchen Filéttole folgen Sie der Beschreibung in Etappe 5 und ab hier den Hinweisschildern über Vecchiano nach Pisa.

Pisa, 4 m ü.N.N., 104000 Einw., Provinzhauptstadt der gleichnamigen Provinz, hat sich mit seinem "schiefen Turm" einen hohen Bekanntheitsgrad allerorten erworben. Die Stadt wurde wahrscheinlich schon im 7. Jh. v.u.Z. von griechischen Seefahrern gegründet, später von Römern zu einem bedeutenden Seekriegshafen ausgebaut. Seinerzeit lag Pisa an der gemeinsamen Mündung von Arno und Sérchio in das tyrrhenische Meer, ist heute aber infolge der Sedimentablagerungen der beiden Flüsse ca. 10 km von der Küste entfernt. Seit dem 7. Jh. u.Z. errangen die Pisaner durch ihre mächtige Seeflotte die Macht über weite Teile des tyrrhenischen Meeres, beherrschten die Toskana, die Inseln Elba, Korsika, Sardinien und sogar die Balearen. Für den ersten Kreuzzug stellten die Pisaner die Flotte und konnten mit ungeheuer reicher Beute zurückkehren. Zusammen mit den Siegen über die Sarazenen (Araber) stand so dem Aufstieg zur mächtigsten Stadt Italiens nichts mehr im Wege. Die

Großmacht Pisa herrschte vom 11.-13. Jh. vom Nahen Osten über Griechenland, Nord-Afrika und Sizilien bis zur spanischen Küste. In den Genuesen fanden sie aber 1284 einen würdigen Gegner, der sie in der Seeschlacht bei Meloria vernichtend schlug. Der Abstieg in die Bedeutungslosigkeit schien unaufhaltsam, und nach ständigen Auseinandersetzungen mit der Konkurrenz aus Lucca und Firenze unterlag Pisa 1406 endgültig und wurde von Firenze annektiert. Erst im 16. Jh. hatte sich die Stadt von diesen Rückschlägen allmählich erholt - auch wenn sie nie wieder die einstige Größe erreichte.

Pisa war die erste Stadt Italiens, die sich frei selbstverwalten konnte. Ein Zwölfer-Rat übte die politische Macht aus und ließ sich die eigenen Rechte, die "Pisaner Bräuche", 1081 vom Kaiser Heinrich IV. bestätigen. Trotz der geschilderten Niederlagen konnte sich die Stadt diese freiheitlich-demokratische Kommunalverwaltung sichern und wurde so im 16. Jh. zu einem Zentrum der sich neu entwickelnden Naturwissenschaften. Bedingt durch die großzügige Förderung der Medici erlangte die pisanische Universität "Weltruhm" und brachte so geniale Wissenschaftler wie Galileo Galilei hervor. Der in Pisa geborene Physiker lehrte 1589-94 an der Universität seiner Heimatstadt und nutzte für seine Forschungen den weltbekannten Bauskandal seiner Stadt. Er ließ vom Campanile, auch *Torre Pendente* (schiefer Turm) genannt, unterschiedlich große Metallkugeln zu Boden fallen, um nachzuweisen, daß die Fallgeschwindigkeit und damit Schwerkraft bzw. Erdanziehung unabhängig von der Masse der Körper eine konstante Größe ist. Seine Untersuchungen zum Sternenhimmel brachten die damals ungeheuerliche Tatsache ans Licht, daß nicht die Erde sondern die Sonne den Mittelpunkt unseres Planetensystems bildet. Für diese ketzerischen Aussagen strafte ihn die Kirche hart.

Das Wahrzeichen der Stadt, der schiefe Turm, ist ein Opfer des weichen Untergrundes, der Sedimentablagerungen des Arnos und Sérchios. Laut Inschrift am Eingang wurde mit dem Bau 1174 begonnen, doch führte der Baumeister Bonnanus sein Werk zunächst nur bis zum dritten Geschoß, da sich bereits zu diesem Zeitpunkt der Turm nach Südosten zu neigen begann. Offensichtlich war der Versuch, für den Dombezirk einen festen Baugrund zu finden, total fehlgeschlagen. Zwar bemühte sich Bonnanus, durch etwas höhere Säulen auf der Südostseite die Neigung auszugleichen, doch sank der Bau zu schnell ab. Der "Frust" war so groß, daß man hundert Jahre die Bauarbeiten einstellte. 1275 versuchte Giovanni di Simone sich an dem Turm, errichtete drei weitere Stockwerke, und bediente sich derselben ausgleichenden Methode wie Bonnanus. Dadurch

entstand die mit bloßem Auge erkennbare Krümmung des Turms, doch gelang es auch Simone nicht, die inzwischen erreichte Neigung von 28 cm auszugleichen. Immerhin war man mutig genug, im so erreichten sechsten Stockwerk 1301 die schweren Glocken aufzuhängen. 50 Jahre später war das abschließende kleinere Obergeschoß fertiggestellt, und die Glocken wurden hierhin verbracht.
Mittlerweile weicht der Turm an seiner Spitze von der Senkrechten um beachtliche 4,54 m ab. An der Nordseite erreicht der Turm die Höhe von 56,5 m, an der Südseite von nur 54,25 m. Dadurch ist die Besteigung des Turmes ein wahres Abenteuer, denn die Neigung der Etagen führt den menschlichen Gleichgewichtssinn ad absurdum. Dies ist unschwer auch an den eigenwillig ausgetretenen steinernen Stufen zu erkennen. Entsprechend der Irritation des menschlichen Sinns für kontrolliertes Aufrechtgehen empfiehlt sich, beim Hinaustreten auf eine der Galerien die nötige Umsicht walten zu lassen. Denn es ist schon beeindruckend, daß man beim Hinunterblicken an der Südostseite den Fuß des Turmes im Jenseits wähnt. So ist es denn auch ein beliebtes Motiv der Fototouristen, in entsprechender Entfernung vor dem Turm stehend, den Arm leicht schräg in den pisanischen Himmel haltend, scheinbar den Turm zu stützen.
Der Campanile steht auf der piazza del Duomo, dem Domplatz, der auch als "Campo dei Miracoli", d.h. Platz der Wunder, bezeichnet wird. Der äußerst sehenswerte Dom bietet mit der "Porta di San Ranieri" und der Kanzel Kunstwerke von allerhöchster Qualität. Dem reichen Schmuck des Doms kann man im wahrsten Sinne des Wortes die einstige Größe Pisas ansehen.
Im Dombezirk liegt ferner der *Camposanto,* das heilige Feld, der Friedhof. Für das normale christliche Auge ungewohnt, stellt sich dieser Friedhof als ein langes rechteckiges Bauwerk dar, das zum Innenhof mit gotischen Rundbogenfenstern geöffnet ist. Ursprünglich waren die Gänge mit wertvollen Fresken geschmückt, doch wurden fast alle im Zweiten Weltkrieg durch eine Brandbombe vernichtet. Vom brennenden Dachstuhl floß geschmolzenes Blei und strahlte tagelang so große Hitze aus, daß die Wände glühten, die Fresken abstürzten oder vollständig ausblichen. Zwar wurden, wo möglich, die Fresken restauriert - sie sind heute im Anbau am Nordflügel zu finden -, doch ging eines der großen Kunstwerke unwiederbringlich verloren. Bei der Restauration wurden die sogenannten Sinopien, dies sind Vorzeichnungen für die Fresken, entdeckt, für die 1979 eigens ein Museum eingerichtet wurde. Zwar stellen die Sinopien eigentlich nur die Vorarbeit zum Kunstwerk dar, doch gelten sie

dennoch als der bedeutendste Beitrag des Künstlers zum Werk; denn in ihr wurden sämtliche Details festgelegt, während die eigentliche Fertigstellung oft den Schülern und Gehilfen überlassen wurde. Das Museo delle Sinopie befindet sich an der Südseite des Domplatzes und ist täglich von 9.00-12.40 & 15.00-18.40 h geöffnet. Nach der Legende hat der damalige Erzbischof Lanfranchi vom vierten Kreuzzug diverse Schiffsladungen Erde aus Golgatha für den Camposanto mitgebracht, denn den Pisanern wollte er eine Grabstätte in heiligem Boden ermöglichen. Ohne an der Religiösität dieses Mannes zweifeln zu wollen, liegt die Vermutung nahe, daß ihm die Sonne des heiligen Landes zu lange auf sein schütteres Haupt geschienen haben muß.
Die grandiosen Anlagen des Domplatzes rundet das *Baptisterium* (Taufkapelle) ab. Infolge der langen Bauzeit von mehr als zwei Jahrhunderten weist die Kapelle einen Stilwechsel von der Romanik zur Gotik auf. Den krönenden Abschluß bildet die 3,30 m hohe Statue Johannes des Täufers. Während Johannes dank seiner herausragenden Position auch bei stärkstem Andrang bestaunt werden kann, kann dies von den anderen Sehenswürdigkeiten nur mit Einschränkungen behauptet werden. Eine Unmenge von Touristen, sowohl ausländischen als auch italienischen, drängt sich auf dem Domplatz; zahlreiche Verkaufsstände präsentieren nicht nur die üblichen Souvenirs, sondern bieten diversen "Krimskrams" an, so daß jeder, der mag, sich einen neuen Hausstand zulegen kann.
Über die via Roma gelangt man zum Botanischen Garten, wo Pflanzen aus den verschiedensten Klimazonen bewundert werden können. Verläßt man den Park im Osten, führt die via dei Mille zur piazza dei Cavalieri, dem Hauptplatz Pisas. Das alte Zentrum der Stadtrepublik wird vom *Palazzo dei Cavalieri* beherrscht, einem prachtvollen, mit Sgraffiti über und über geschmücktem Gebäude, in dem ursprünglich die Ritter (cavalieri) des Ordens San Stefano in die hohe Schule der Sicherung staatlicher Ordnung eingeführt wurden. Der Orden wurde 1562 von den Medici gegründet und ihm die Sicherung des Mittelmeers vor Türken und Seeräubern übertragen. Dies versüßte den Pisanern die Fremdherrschaft ein wenig, denn so konnten sie sich ähnlich wie in früheren Jahrhunderten als die Herrscher zur See aufführen.
Die Herrscher aus Firenze residierten unmittelbar am Arno (Nordufer, Lungarno Mediceo) im entsprechend benannten Palazzo Medici. Der Bau wurde schon vor der Eroberung errichtet, doch schien dieser äußerlich eher schlichte Bau den Medici gerade noch mondän genug, um von hier den Pisanern den rechten Weg zu weisen.

Gleich nebenan befindet sich das Museo Nazionale di San Matteo, wo hauptsächlich Skulpturen und Gemälde aus der Toskana von 12.-15. Jh. zu bewundern sind. In der Blütezeit Pisas entwickelte sich das hohe Niveau besonders durch die Verschmelzung der überlegenen byzantinischen Malkunst mit der romanischen Tradition. So wurden völlig neue Ausdrucks- und Gestaltungsmöglichkeiten entdeckt und im 13. und 14. Jh. eine andernorts unerreichte Perfektion und Schönheit erlangt.
Neben der Malerei profitierte auch die Architektur von den weitreichenden Beziehungen Pisas. Auch hier wurde durch die Verbindung byzantinischer, islamischer und romanischer Formen ein eigenständiger, charakteristischer Baustil entwickelt, der von den Städten im Umkreis gern und oft kopiert wurde. Die rasante Entwicklung der neuen Künste ist besonders dem Umstand zu verdanken, daß sich die Pisaner auf der Höhe ihrer Macht nicht diktatorisch gebärdeten, sondern vielmehr dem Ideal einer freiheitlich-weltoffenen Stadt anhingen. Wie ein konservativer Chronist angeekelt festhielt, lebten Heiden, Türken, Araber und andere Völker in fruchtbarer Eintracht nebeneinander.
Welch hohes Niveau erreicht wurde, können Sie noch heute anhand der zahlreichen Paläste und Kirchen, die einen Vergleich mit ihren Brüdern und Schwestern nicht scheuen müssen, bei einem Streifzug durchs "alte" Pisa beurteilen. Das "neue" Pisa liegt auf dem südlichen Ufer des Arnos und wird von den meisten Touristen "links" liegengelassen. Die Pisaner selbst zieht hingegen die dortige Haupteinkaufsstraße, der Corso Italia, an.
In der Umgebung: Auf der linken, südlichen Uferstraße des Arno gelangen Sie flußabwärts (Richtung Marina di Pisa) nach ca. 6 km an eine Abzweigung, wo nach wenigen hundert Metern inmitten der Felder eine Basilika aus dem 11. Jh. zu finden ist. Angeblich hat der Apostel Petrus an dieser Stelle, die seinerzeit noch unmittelbar am Meer lag, erstmals italienischen Boden betreten, natürlich prompt eine Kirche gegründet und die erste christliche Gemeinde auf der Apenninen-Halbinsel um sich gescharrt. Der Name der Kirche *San Piero a Grado* verweist auf die ehemalige römische Fährstation, "gradus" bzw. ital. "grado" bedeutet "Stufe", und soll an die Stufen der kleinen Hafenanlage erinnern. Unter der heutigen Basilika wurden außer einem Kirchenbau aus dem 6. Jh. auch Reste einer frühchristlichen Kirche entdeckt, so daß an der Legende vielleicht ja wirklich etwas Wahres dran ist.
Die Uferstraße führt weiter zur Mündung des Arno, wo der einst vielbesuchte Badeort **Marina di Pisa** sein Dasein fristet. Leider hat sich

die Industrie in der jüngsten Vergangenheit hier neue Standorte verwirklicht, und dank der umfangreichen Verschmutzung des Meeres, die auch auf den Arno zurückzuführen ist, sollte man sich hier die Badelust verkneifen. Aber schon etwas abseits der Mündung finden sich bei wesentlich besserer Wasserqualität die ersten Badestrände. Nördlich des Arno liegt der bis zu 7 km breite Naturpark *Tenuta di San Rossore,* ein heutiger Staatsforst, der einst den Pisanern gehörte und nach diversen Besitzerwechseln ans Königreich Italien ging. Dies ließ sich in Gombo ein Lustschloß errichten, das an Sonn- und Feiertagen 9-19 h auf einigen freigegebenen Wegstrecken erreicht werden kann.
Eine selten in Italien anzutreffende Stilblüte stellt das "Certosa di Pisa" dar, ein im 14. Jh. gegründetes Kartäuser-Kloster, das im 17. Jh. komplett barockisiert wurde und hiermit einen der größten Komplexe dieser Art in Italien bildet. Tägl. außer mo werden von 15-18 h Führungen angeboten.

Information: E.P.T., Lungarno Mediceo 42, 56100 Pisa, Tel. 20351 & 47290; weitere Büros an der piazza Duomo und am Hauptbahnhof.

Telefonvorwahl: 050.

Jugendherberge: Ostello Santo Francesco, Tirrénia-Calambrone, via dei Porcari, Tel. 37442.

Camping: "Torre Pendente", viale delle Cascine 86, Tel. 561704, Mitte März-Okt. (im Nordwesten); in Marina di Pisa: "Internazionale", Tel. 36553, Mai-Sept.; in Tirrénia "Saint Michel", via della Bigattiera, Tel. 33103, Juni-Sept.; in Calambrone: "Mare e Sole", viale Tirreno, Tel. 32757, April-Mitte Okt.; "Pineta", via delle Mimose, Tel. 37623, Juni-Sept.

Etappe 9:
Viareggio - Pisa (20 km)
Skizze s. Seite 105

Geraden Weges durch die Pineta radeln Sie nach Torre del Lago. Schon bald nach Verlassen der Ortschaft erreichen Sie die Via Aurelia, für die es leider bis zum Abzweig nach *Migliarino* keine Alternative gibt. Der Schlenker über Migliarino lohnt, denn es geht über absolut ruhige Straße - einzig Frauen dunkler Hautfarbe, die hier auf Freier hoffen, beleben die Szenerie -, und im Ort gibt es eine nette kleine Bar mit Terrasse und möbeliertem Vorhof, die zu einer Rast einlädt. Noch ein kurzes Stück über die Via Aurelia, und Sie erreichen **Pisa**.

Foto rechts: der wahre Schiefe Turm von Pisa

Etappe 10:
Pisa - Marina di Pisa - Livorno (27 km)
Skizze s. Seite 122

Von Pisa entlang des linken Arnoufers - die hohe Eindämmung versperrt leider die Sicht auf den Fluß - führt die Strecke auf einer breiten Straße in Richtung **Marina di Pisa**. Ungefähr auf halbem Wege lohnt sich ein Schlenker zur römischen Basilika San Piero a Grado (s. Etappe 8 unter Pisa).
Ab Marina di Pisa, einer alten Sommerfrische, deren beste Jahre wohl abgelaufen sind, radeln Sie unmittelbar entlang der Küste der Tyrrhenischen See, einzig getrennt vom Wasser durch sich aneinanderreihende Strandbars und -restaurants.
Information: Tel. 050/20151.
Camping: s. Etappe 8.
Fahrradservice: "Lommista", via Gualdico.

Durch die moderne Variante Marina di Pisas, *Tirrénia*, führt die weiterhin breite Küstenstraße auf die riesigen Industrieanlagen des Hafens von **Livorno** zu. *Calambrone,* gleich davor gelegen, mit seinen zahlreichen verlassenen Gebäuden - und etwas wie ausgestorben wirkendem Ambiente - bildet sozusagen den Puffer zwischen der Industrie Livornos und den weiter nördlich gelegenen Badeörtchen.
Camping: "International" (kurz vor Tirrénia); "Pineta" + "Mare e Sole", am südlichen Ende Calambrones, kurz vor dem Industriehafen, schreckliche Lage!
Die Straße schlängelt sich durch das Industriegebiet Livornos hindurch, und Sie erreichen das Zentrum.

Livorno, 3 m ü.N.N., 176000 Einw., Provinzhauptstadt der gleichnamigen Provinz, ist der bedeutendste Hafen der Toskana. Wegen der umfangreichen Hafen- bzw. Industrieanlagen und dem neuzeitlichen Stadtbild bleibt dem heutigen Besucher die lange Geschichte der Hafenstadt zunächst verborgen. Die über 1000 Jahre alte Stadt diente in den ersten Jahrhunderten ihres Bestehens den Pisanern als Hafen. Nach der Eroberung Pisas durch die Firenzer ging Livorno in die Hände der Genuesen über, die die Hafenstadt aber schon bald für eine beachtliche Goldmenge an Firenze verkauften. Unter den Medici entwickelte sich die Stadt dank umfangreichem Ausbau des Hafens und kompletter Neuanlage des Stadtgrundrisses zügig zum wichtigsten Hafen an der toskanischen Küste. Mit dem noch heute erkennbarem fünfeckigen Grundriß der City wurde Ende des 16. Jh. versucht, eine ideale Stadt zu bauen. Typische Merkmale dieser frühbarocken Stadtplanung sind die sich rechtwinklig schneidenden Straßen und der erhaltene wassergefüllte Festungsgraben, der "Fosso Reale".

Dank einer Verfügung Ferdinands I. genoß Livorno den Ruf weltweiter Aufgeschlossenheit und Freizügigkeit; denn für Livorno wurde die freie Einwanderung, also das Recht zur Niederlassung, allen Flüchtlingen und Geächteten anderer Länder gewährt. So wuchs Livorno schnell über das benachbarte Pisa hinaus und war Ende des 18. Jh. nach Firenze die zweitgrößte Stadt in der Toskana. Die beachtlichen Hafenanlagen wurden der Stadt im Zweiten Weltkrieg zum Verhängnis, denn außer diesen wurden auch fast alle bedeutenden Bauwerke der Stadt zerstört.

Trotz der Verwüstungen sind der Stadt einige altehrwürdige Bauten erhalten geblieben. Unmittelbar am Hafen befindet sich die "Fortezza Vecchia", die alte, äußerlich erhaltene Festung, die im 16. Jh. erbaut wurde. Hier steht auch der "Mastio", ein runder Turm aus dem 11. Jh., Teil der ersten Befestigungsanlagen, die noch von den Pisanern errichtet wurden. Etwas südlich, gleich am Hafenbecken, befindet sich ein Denkmal des schon erwähnten Großherzogs Ferdinand I., das wegen der Bronzefiguren am Sockel im Volksmund den Namen "Quattro Mori" erhielt. Die Bronzegruppe stellt nämlich vier gefesselte Seeräuber dar und verweist so auf die Schwierigkeiten der Seefahrt in früheren Jahrhunderten.

Über die via Grande, der Lebensader der Altstadt, gelangen Sie vorbei an den typischen Innenstadt-Geschäften und Cafés durch die Arkadengänge der 50er und 60er Jahre Häuser zur gleichnamigen piazza mit dem Dom. Der ursprünglich Ende des 16. Jh. erbaute Dom wurde im Zweiten Weltkrieg zerstört, aber nach den alten Plänen vollständig wiederhergestellt; gemäß den neuen städtebaulichen Vorstellungen ging bei der Rekonstruktion allerdings der Fassade das "echte" Mittelalter-Flair verloren. Am östlichen Ende der via Grande liegt die piazza della Repubblica, die einen Teil des "Fosso Reale" überdeckt. Nordwestlich grüßt die *Fortezza Nuova,* die vollständig vom "Fosso Reale" umgeben das wichtigste Bollwerk der Stadt darstellte. Sie ist im äußeren Grundriß voll erhalten, im Innern jedoch weitestgehend zerstört. Heute dient die Anlage als Parco Pubblico und ist beliebter Rückzugsort der Jugendlichen. Die zaghaften Ansätze der Erhaltung sind sehr halbherzig, nur die Fassade wird gewahrt, und im Innern sind scheußliche Betonrinnen als Kinderspielplatz angelegt. Die Begeisterung, mit der das Volk die kleinen Eternithallen annahm, ist den nahezu sämtlich zerstörten Fenstern anzusehen. Nichtsdestoweniger bietet der Park in seinen schöneren Teilen einen angenehmen Rahmen für eine Radlerrast. In

Richtung der alten Festung erstreckt sich das von Kanälen durchzogene ehemalige Fischerviertel "Venezia Nuova", wo Sie in der kleinen Seitenstraße via San Marco sehen können, wie man in der Stadtplanung mit historischer Bausubstanz verfahren kann - die mittelalterlichen Befestigungsmauern dienen heute einigen Häusern als solide Außenwände.

Am südlichen Rand der Hafenanlagen beginnt kurz nach der piazza Mazzini die in ihrem späteren Verlauf prächtige Uferpromenade *viale Italia,* an der die zahlreichen Villen und Paläste mit ihren großzügigen Gartenanlagen auf die ruhmreiche und wohlhabende Geschichte hinweisen. An dieser Straße liegt das städtische Aquarium, in dem die meisten Fischarten des tyrrhenischen Meeres "eingesperrt" sind und ausnahmsweise unverschmutztes Wasser genießen können (geöffnet März-Sept. tägl. außer mo 10-12 & 15-18 h). An dem im Stile der Moderne errichteten Gebäude des Aquariums, das im Kriege zerstört, 1950 wieder aufgebaut wurde, nagt sichtbar der Zahn der Zeit. Dies kontrastiert zur komplett restaurierten Aussichtspromenade, die mit römischer Eleganz zum Blick auf die Ozeandampfer einlädt.

Zwei Museen seien noch erwähnt: das Museo d'Arte Contemporanea mit zeitgenössischer Kunst und das Museo Civico im Park der Villa Fabbricotti, eine Gemäldegalerie mit Werken italienischer Meister vom 15.-18. Jh. (tägl. 10-13 h, so auch 17-20 h).

Mit einem Brauch erinnern die Livorner an die Tücken der mittelalterlichen Seefahrt. Die häufig von Stürmen geplagte Stadt unterhielt, um in der Konkurrenz mit anderen Hafenstädten bestehen zu können, eine Garde hochspezialisierter Hafenlotsen, die bei stürmischer Wetterlage zu den Seeschiffen ruderten, um diese vorbei an den Melória-Untiefen in den sicheren Hafen zu führen. Diese Unternehmen endeten oft tragisch, weshalb die Männer "risicatori" genannt wurden. Der alljährlich veranstaltete Wettkampf "Palio Marinaro di Livorno", bei dem sich auf großen Ruderbooten die Jünglinge der Stadt beweisen dürfen, erinnert an die ehemaligen "Männer der Gefahr".

In der Umgebung: Auf der Küstenstraße, ab Antignano ist dies die Nationalstr. 1, gelangt man vorbei an reizvollen Stränden und scharfen Felsvorsprüngen nach Calafuria. Wie der Name schon andeutet, streckt sich hier der Fels dem Meer entgegen und bietet mit seiner "Sasso Scritto" (geschriebener Stein) einen interessanten Anblick. Allerdings sei einschränkend gesagt, daß diese Felsen eine gelinde touristische Übertreibung darstellen - ohne immer neue Gags wird's ja auch zu langweilig. Die Schnörkel entstanden angeblich durch

die zersetzenden Kräfte des Meeres, denn sie forderten von dem weichen Sandsteinfelsen ihren Tribut.
Information: piazza Cavour 6, 57100 Livorno, Tel. 33111.
Telefonvorwahl: 0586.
Camping: "Miramare", via Aurelia km 307, Tel. 580402, Mai-Sept., ca. 7 km südlich der Stadt in Antignano.
Fahrradservice: via Palestro + via Laderel.

Etappe 11:
Livorno - Castiglioncello - Cécina (35 km)

Unmittelbar am, sozusagen auf fühlbarem Kontakt zum Tyrrhenischen Meer geht's gen Süden, durch den noblen Vorort Livornos Antignano radelnd. Links und rechts säumen zahllose Stadtvillen (von den einige schon viele Sommer erlebten) die Straße. Immer entlang der felsigen Steilküste, über eine kleine Anhöhe kurz vor Quercianella, ergeben sich zahlreiche Bademöglichkeiten in kleinen Buchten, deren Liegekomfort von ins Wasser reichenden glatten Felsplatten bis zu feinem Kieselsand reichen. Verkehrsärmer wird es bald nach Quercianella, ab dem Abzweig zu dem von Hotels in Stadtvillen-Gebäuden besetzten Castiglioncello.

Stadtvillen an der viale Italia in Livorno

Kartenskizze Etappen 10, 11, 57, 60 & 61

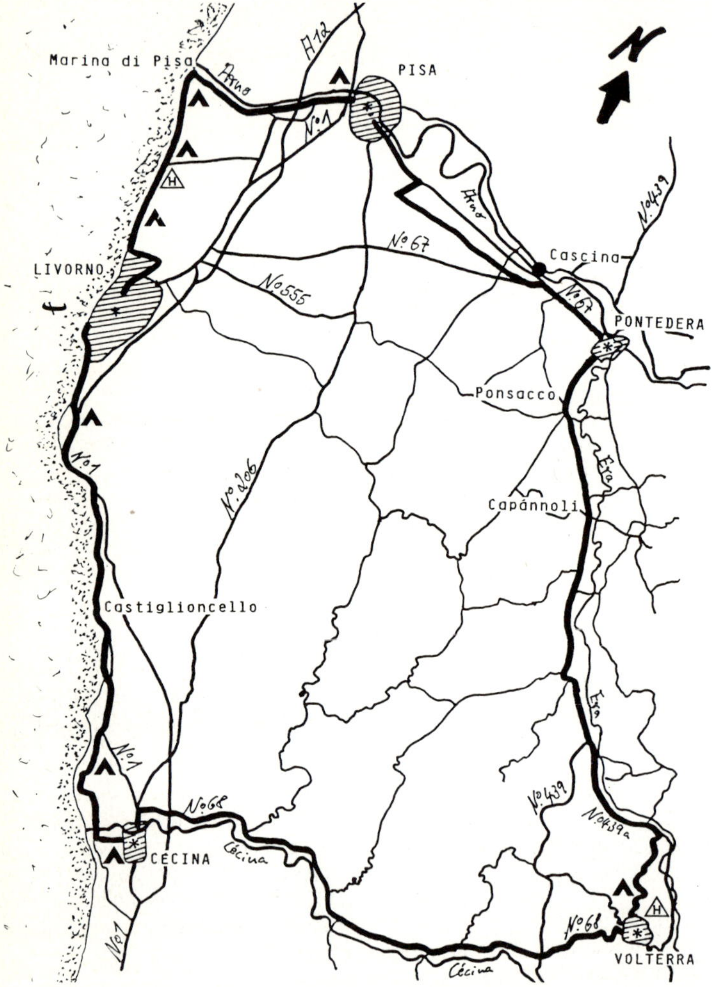

Castiglioncello, 23 m ü.N.N., 3500 Einw., Provinz Livorno, liegt klimatisch begünstigt an den Hängen der Steilküste und wurde durch seine idyllischen Buchten ein beliebter Badeort. Das Gleiche gilt für den sich anschließenden Ort Rosignano mit seinen Ortsteilen Solvay und Vada. Für die Bildungshungrigen bietet Castiglioncello ein kleines archäologisches Museum mit Exponaten zur etruskischen und römischen Besiedlung dieses wohl schönsten Abschnitts der toskanischen Küste.
Unmittelbar am kleinen Hauptplatz liegt der Eingang zum Castello Pasquini, ein zu Anfang dieses Jahrhunderts errichtetes Bürglein, das heute als Sitz der Festivalleitung des Ortes dient und sich bemüht, im Doppelzelt hinter den Gebäuden der Bevölkerung und den Gästen die hohe Schule der Oper und des Tanzes nahe zu bringen. Der schattige Park des Castellos ist im Sommer tägl. außer so 7-19 h geöffnet und bietet ein angenehmes Ambiente für eine Rast.
Information: via Aurelia 959, 57012 Castiglioncello, Tel. 752017; piazza della Vittoria 644, Tel. 752333.
Telefonvorwahl: 0586.
Camping: "Tri Pesce", via Cavalleggeri 88, Tel. 788167, April-Ende Okt.; "Rada Etrusca", via Cavalleggeri 77, Tel. 788344, April-Ende Okt. (beide südlich von Vada); "2 Jolly", via di Pietrabianca 1, Tel. 788524, Ende April-Ende Sept..; "Il Tirreno", Loc. Pietrabianca, Tel. 788670, Ende April-Ende Sept.

Nach Castiglioncello treten die Hügel der Toskana wieder weit ins Landesinnere zurück und geben somit fruchtbarem, ebenem Schwemmland Raum. Im bald folgenden Vada zweigt die Etappe rechts ab, den Hinweisen nach *Mazzanta* folgend.
Camping: "Mare Blu" in Mazzanta.
Fahrradservice: in Vada, gleich an der Hauptstraße.
Auf einer von den Vierrädrigen kaum benutzten Straße radeln Sie über das Sommer- und Wochenendörtchen Mazzanta und Marina di Cécina zu deren Mutterstadt Cécina.

Cécina, 15 m ü.N.N., 20000 Einw., Provinz Livorno, ist eine für italienische Verhältnisse recht junge Stadt. Sie entstand erst im vergangenen Jh., nachdem das ursprünglich sumpfige Land entwässert worden war. Sie liegt am nördlichen Ende der "Maremma Pisana", eines bedeutenden Landwirtschaftsgebiets. Wie bei jungen Städten üblich, ist der Stadtname durch Einfallslosigkeit gekennzeichnet - sie erhielt den Namen von der vorbeiplätschernden Cécina. Der Vorort Marina di Cécina setzt die lange Reihe der Badeorte fort und bietet neben der touristischen Infrastruktur keine bedeutenden Se-

henswürdigkeiten. An der Straße zum Badeort liegt die Villa "La Cinquantina", wo eine kleine archäologische Ausstellung geboten wird.
Information: Largo Cairoli 17, 57023 Marina di Cécina, Tel. 60378.
Telefonvorwahl: 0586.
Camping: "Bocca di Cécina", via Guado alle Vacche 2, Tel. 620509, ganzjährig; "Le Tamerici", Tel. 620629, ganzjährig.

Etappe 12:
Cécina - San Vincenzo (25 km)
Skizze s. Seite 127

Die Etappe führt geradewegs in den Süden. Über Marina di Cécina radelnd bietet sich den Befürwortern des sicheren Radelns (denjenigen, die dafür bereit sind, auch einmal unebene Fahrbahn in Kauf zunehmen) die Alternative eines gemächlich zu fahrenden Feldweges zur in diesem Küstenabschnitt nicht sonderlich breit asphaltierten Via Aurelia - bei zwei sich entgegenkommenden Lastkraftwagen wird den Profis all ihr Können abverlangt, hier ist das Fahrrad nur noch mit allerhöchster Konzentration zu bewegen. Der Weg mündet bei den ersten Häusern La Californias (das letzte Stück begleitet von einem Graben) auf die "Belastungsstrecke" Via Aurelia, der Sie rechts gen Süden folgen. Vorbei an *Marina di Castagneto,* einem ausgesprochenem Sommerferiendomizil mit weitem Sandstrand, folgen Sie gleich zu Beginn San Vicenzos nicht dem Hinweis nach Piombino, sondern zweigen rechts ab in den Ort hinein.
Camping: "Continental" (Tel. 0565/744014), "Belmare" (Tel. 0565/744092 & 744264), "Etruria", alle in Marina di Castagneto-Donorático, April-Sept.

San Vicenzo, 5 m ü.N.N., 7500 Einw., Provinz Livorno, ist bis auf einige kleinere Industriebetriebe ebenfalls in erster Linie ein Badeort, dessen gepflegter, bis zu 20 m tiefe Sandstrand kilometerlang die Küste säumt.
Information: piazza Umberto I. 7, Tel. 0565/701298 & 701533.
Camping: "Albatros", Str. Prov. Principessa, Tel. 0565/702414 & 701018, Juni-Aug., 700 Stellplätze, ca. 4 km südlich der Stadt; "Torra Ccia", Tel. 0565/701971, ca. 8 km südlich.
Fahrradservice: via Vittorio Emanuelle.

Etappe 13:
San Vicenzo - Piombino (22 km)
Skizze s. Seite 127

Immer dicht entlang der Küste auf einer breiten, verkehrsarmen Straße durch den "Parco Naturale di Rimigliano", der dem Erhalt der Flora und Fauna, besonders der hier zahlreichen Pinien und Steineichen, dienen soll, geht es bis zum Abzweig nach Populónia im Golfo di Baratti, einer ruhigen weiten Bucht mit Sandstrand. Den Kulturbeflissenen sei der Abstecher nach Populónia empfohlen, denn dieses heute unbedeutende Örtchen war einst eine wichtige etruskische Siedlung. Und wenn Sie nicht ganz so hoch hinauf wollen, so haben Sie auch schon auf halbem Wege die Möglichkeit, sich durch die "Tombe Etrusche" führen zu lassen.

Populónia, 181 m ü.N.N., 120(!) Einw., Provinz Livorno, liegt malerisch an den steil abfallenden Hängen der Berge rund um den Monte Massoncello. Auf dem Weg zum Örtchen kommen Sie an den **Tombe Etrusche** vorbei. Diese etruskische Gräberstadt aus dem 9.-2. Jh. v.u.Z. wurde zum Beginn des 20. Jh. unter Schlackenhalden altertümlicher Metallhütten entdeckt. Durch die Müllhalde der Metallproduzenten zerbrachen zwar die meisten Decken der Gräber, doch blieben die Grabbeigaben der Nachwelt erhalten. Die so ans Tageslicht gebrachten sakralen Gegenstände sind teils im Museo Etrusco (Anmeldung über Tel. 34997), teils im Archäologischen Museum in Firenze ausgestellt. Vorort kann man die etruskische Grabbaukunst bewundern; schon von der Straße sind die Gräber auf der weitläufigen Wiese zu sehen und fallen die vielfältigen Formen und Größen auf. Im Verlaufe der Jahrhunderte veränderten die Etrusker den Stil der Grabstätten, so daß sich heute neben den Resten großer Grabhügel solche von Grabhäusern oder Steinsärgen scheinbar wild verteilt - ohne erkennbare Struktur - in der Landschaft finden. Warum die Etrusker ihre Toten auf verschiedenerlei Weise begruben, ist nicht bekannt bzw. nicht eindeutig geklärt - bisher gibt es nur unbewiesene Hypothesen.
Die beiden Prunkstücke der Anlage sind ein vollständig(!) erhaltenes Hügelgrab und ein beinahe komplett ausgegrabenes Grabhaus mit beachtenswertem Dachaufbau; dieses ist doppelt angelegt und besteht aus zwei übereinander angeordneten Schichten mächtiger Felsplatten. Überhaupt waren die Etrusker wahre Künstler in der Bearbeitung von Stein. Die vielfach verwendeten Felsquader sind nicht nur kunstvoll behauen und perfekt, d.h. fugenlos aneinandergefügt, sondern auch in bestimmten Formen gelegt bzw. gestellt; bestimm-

Etruskergrab bei Populónia

te Verlegemuster finden sich nicht nur an dieser Ausgrabungsstelle immer wieder - doch über deren Bedeutung können natürlich wieder nur Vermutungen angestellt werden.
Die Etrusker hatten das von ihnen "Pupluna" genannte Örtchen zum Zentrum ihrer "Hüttenindustrie" erkoren, da es verkehrsgünstig an der geschützten Bucht Barratis lag und sowohl von den kupfererzhaltigen Colline Metallifere als auch der eisenerzhaltigen Insel Elba gut zu erreichen war.
Populónia konnte seine Bedeutung, wenn auch geschwächt, unter der Herrschaft Roms bewahren, versank aber zur heutigen "kleinen Größe" nachdem es im 6. Jh. u.Z. zu Zeiten der Völkerwanderung von den Langobarden fast vollständig zerstört wurde. Zwar wurde es wiederaufgebaut und verdankte eine kurze Blütezeit dem Bischofssitz, landete aber im 9. Jh. nach der Verlegung desselben nach Massa Marittima auf dem Abstellgleis der Geschichte.
Die Bucht wird von einer mächtigen mittelalterlichen Burg überragt, deren runder Turm bzw. quadratischer Bergfried lohnende Umblikke ermöglichen.

Kartenskizze Etappen 12, 13 & 15

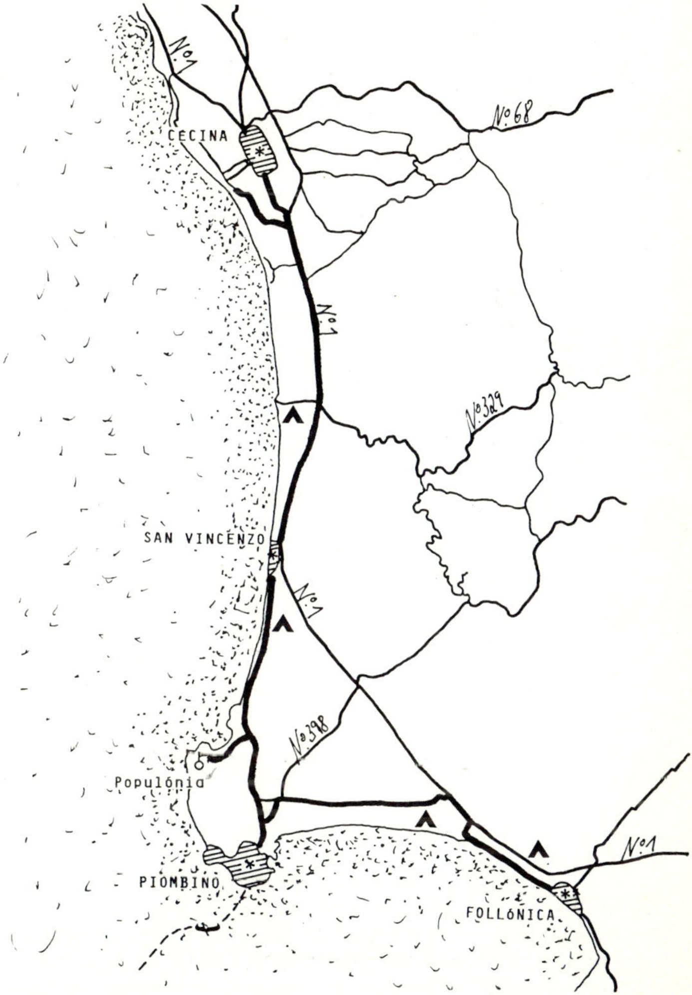

Wieder auf der Küstenstraße angelangt geht es geradewegs nach Süden und damit Piombino.

Piombino, 19 m ü.N.N., 39000 Einw., Provinz Livorno, dessen Skyline nicht von schönen Kirchtürmen, sondern den Schloten der Hochöfen beherrscht wird, ist eine Hafen- und Industriestadt. Schon der Name der Stadt verweist auf die Metallverarbeitung - piombo bedeutet im Italienischen Blei. Nachdem Populónia seine Stellung im Hüttenwesen verlor, übernahm Piombino dessen Rolle und profitierte darüber hinaus von der günstigen Lage an der Küste, denn es wurde ein bedeutender Seekriegshafen der Pisaner.
In Piombino wurden und werden die Eisenerze der Insel Elba verarbeitet, ein Prozeß, der dank modernerer, effektiverer Methoden im 19. Jh. einen starken Aufschwung nahm. Denn nun wurden nicht nur die "frischen" Erze, sondern auch die riesigen Schlackenhalden vergangener Jahrhunderte aufgearbeitet.
Das Zentrum der Stadt bildet die piazza Giuseppe Verdi, die von einem Rest der antiken Stadtmauer - die Römer gründeten die Stadt unter dem Namen "Portus Falesiae" - umrahmt wird. Überragt wird die Befestigungsanlage von einem Turm aus dem 13. Jh. und dem Stadttor aus dem 14. Jh. Der Palazzo Comunale geht im Kern auf das 12. Jh. zurück, wurde aber im Stil des 15. Jh. restauriert; neben ihm befindet sich der Uhrturm vom Ende des 16. Jh. Ein Spaziergang lohnt sich zur piazza Bovio, einer ins Meer hinausragenden Terrasse, von der ein schöner Blick auf Elba und das Tyrrhenische Meer geboten wird.
Information: E.P.T., piazzale Premuda (am Hafen), 57025 Piombino, Tel. 36432.
Telefonvorwahl: 0565.
Camping: "Pappasole", 57202 Riotorto, Tel. 20414 & 20420, April-Mitte Okt., "Torre Mozza", Tel. 20821, Juni-Sept., "Riotorto", Tel. 26488, Juni-Sept., ca. 14 km östlich am Golfo di Follónica; "Santa Albinia", Tel. 29389, Juni-Mitte Sept.

Etappe 14:
Giro d'Elba (98 km)

Elba, die größte Insel des toskanischen Archipels, wurde schon von den Etruskern wegen ihrer reichen Bodenschätze, besonders Eisenerz und Kupfer, besiedelt. Auf die Etrusker geht auch der Name der Insel zurück - "Ilva" bedeutete in ihrer Sprache "Eisen". Auch die Nachfolger der Etrus-

ker, zunächst griechische Sizilianer, später Römer, schätzten die Insel wegen ihrer waffentechnischen Bedeutung. Die Römer benannten entsprechend den Hauptort der Insel, das heutige Portoferráio, "fabricia".
Im Mittelalter wurde die Insel von den mächtigen Stadtrepubliken Pisa und Genua heftig umkämpft. Auch die arabischen Völker verspürten häufig Gelüste nach der Insel, zerstörten die Ortschaften mehrfach, konnten sich jedoch nie endgültig etablieren. Unter der schwachen Herrschaft der Appiani aus Pisa im 15. & 16. Jh. setzten sich die Angriffe fort, und sogar Piraten trauten sich hier, eine kleine, aber feine Herrschaft auszuüben. Doch damit nicht genug, schließlich beteiligten sich auch noch die Spanier, Franzosen, Habsburger und Engländer an den Auseinandersetzungen und entrissen einander in schneller Folge die Macht. 1814-15 wurde Elba zum Wohnsitz Napoleons; sein Exil versüßte man ihm, indem ihm die Insel mit vollen Souveränitätsrechten überlassen wurde. Trotz der nur einjährigen Regentschaft brachte er der Insel einen beachtlichen Aufschwung, reformierte die Verwaltung, forcierte den Straßenausbau und ließ die von den zahlreichen Kriegsspielen lädierten Ortschaften sanieren. Diese umfangreiche Tätigkeit verdankte Elba aber nicht nur dem Genius des größenwahnsinnigen Napoleon, sondern vor allem auch dem Reichtum seiner Schwester Pauline, die ihn finanziell in dieser Zeit unterstützte.
1815 wurde die Insel der Toskana zugeschlagen und somit 1860 an das neue Königreich Italien angegliedert. Die wirtschaftliche Bedeutung beruhte zunächst weiter auf den Eisenerzen, die Elba schwere Zerstörungen im Zweiten Weltkrieg bescherten, der Abbau und die Hüttenindustrie treten aber zusehends in den wirtschaftlichen Hintergrund.
Dank des milden Klimas mit Mitteltemperaturen im Januar von 9 °C ist der Tourismus heute die Haupteinnahmequelle. Auf der stark zerklüfteten Insel mit ihrer höchsten Erhebung dem Monte Capanne (1018 m) kann sich die mediterrane Vegetation in ihrer ganzen Pracht entfalten. Neben Kakteen, Algaven, Feigen und Palmen fühlt sich auch der Wein hier heimisch.

Im Hauptort der Insel, **Portoferráio**, 4 m ü.N.N., 12000 Einw., der auch die wichtigsten Fährverbindungen zum Festland bietet, hatte Napoleon sein Domizil samt seines kleinen Hofstaats aufgeschlagen. An der piazza Napoleone ist eben dieser Herrschaftssitz, die einfache Villa Dei Mulini, gelegen, wo der Offizierssaal sowie Napoleons Arbeits- und Schlafzimmer zu besichtigen sind (tägl. außer mo 9-14 h). Einen wertvollen Besitz stellt für die Stadt die Bibliothek dar, denn sie enthält neben ca. 1000 historischen und literarischen Werken eine fast vollständige Sammlung der französischen Zeitung "Moniteur Universel". Der französische Kaiser genießt offensichtlich noch heute hohes Ansehen in Portoferráio; ihm zu Ehren wird alljährlich am 5. Mai in der Kirche Misericordia eine Seelenmesse ge-

halten. Und sinnigerweise befinden sich in der Kirche denn auch eine Nachbildung seines Sarges und ein Bronzeabguß der Totenmaske.
Auch wenn Napoleon noch nicht einmal zehn Monate auf der Insel weilte, so fand er doch die Zeit, sich auch noch eine Sommerresidenz zuzulegen. Sie befindet sich ca. 6 km südwestlich bei der Ortschaft San Martino. In dem architektonisch schlichten Gebäude ist heute die Pinacoteca Foresiana, eine Statuen- und Gemäldesammlung, untergebracht. Diese Ausstellung und die Räumlichkeiten mit einigen Originalmöbeln aus der Zeit Napoleons wurden von dem auf der Insel heimischen Mario Foresi gestiftet.
Dem Besucher Portoferráios stellen sich die "Schutzhütten" vergangener Herrscher noch heute in ihrer ursprünglichen Mächtigkeit dar. Die Altstadt ist immer noch lediglich durch die Porta a Mare und Porta a Terra zu betreten, bewacht von dem auf der kleinen, sich ins Meer vorwagenden Landzunge "Linguella" von durch einen der Söhne der Medici Mitte des 16. Jh. erbauten Torre del Martello sowie überragt von den dazugehörigen Behausungen der Familie, dem im Osten gelegenen Forte Stella und dem sich im Westen erhebenden Forte Falcone.

Information: Calata Italia 26, 57037 Portoferráio, Tel. 92671.

Telefonvorwahl: 0565 (gilt für die gesamte Insel).

Camping: "Acquaviva", Tel. 915592, Mitte Mai-Sept.; "Sorgente", Tel. 917139, Mai-Okt., beide ca. 5 km westlich Richtung Cap d'Énfola; "Énfola", Tel. 915390, April-Mitte Okt., gleich am Cap.

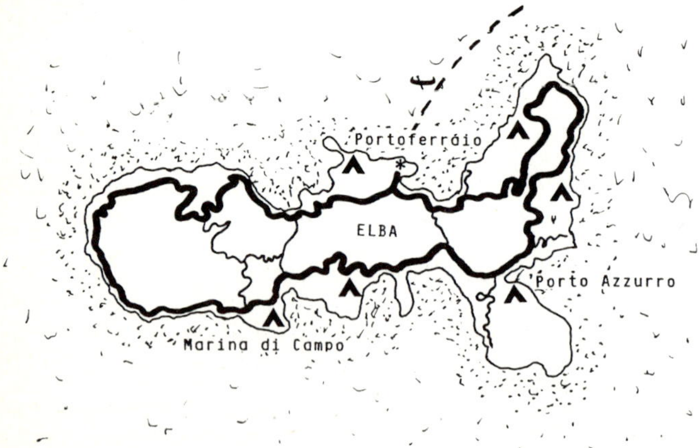

Über die Inselstraße gelangen Sie von Portoferráio vorbei an der Stichstraße Rchtg. Scaglieri und Biódola nach Prócchio. Alle drei Orte sind heute Zentren des Tourismus und bieten mit ihren Sandstränden angenehme Bademöglichkeiten.
Camping: "Scaglieri", Tel. 969940, April-Mitte Okt.

Unmittelbar an der Küste führt die Inselstraße weiter nach *Marciana Marina,* der kleinsten Gemeinde der Toskana mit 180 Bewohnern. Das Ortsbild wird von einem mächtigen Turm aus dem 12. Jh. beherrscht, den die Pisaner zum Schutz gegen die zahlreichen Übergriffe der Piraten errichteten. Die Straße zweigt hier in die Berge ab und führt nach steilem Anstieg zum 330 m ü.N.N. gelegenen Poggio. Der Name stammt vermutlich vom lateinischen Wort "podium" ab, das soviel wie Balkon bedeutet, da es auf einer mächtigen Felsterrasse gegründet wurde. Nach einem weiteren leichten Anstieg erreicht man das Örtchen *Marciana Alta* (375 m ü.N.N., 220 Einw.), das malerisch von kühlenden Kastanienwäldern umgeben wird. Marciana Alta versorgt dank seiner fruchtbaren Hänge die Insulaner mit wohlmundenden Weinen. Hier befinden Sie sich am Fuß des höchsten Inselberges, des Monte Capanne (1018 m), zu dessen Gipfel eine Seilbahn führt. Dank seiner alles Elbanische überragenden Höhe bietet er an - glücklicherweise häufigen - Tagen mit guter Fernsicht einen Blick über die gesamte toskanische Küste und die vorgelagerten Inseln. Vom Glanz vergangener Zeiten zeugen nur noch klägliche Überreste, dies gilt sowohl für die pisanische Festung aus dem 11. Jh. als auch das Kastell des Fürstengeschlechts Appiano. Nahebei liegt in 630 m Höhe die Wallfahrtskirche "Madonna del Monte". Alljährlich am 14./15. August pilgern Gläubige zur angeblich wundertätigen gemalten Madonna in der Bergkapelle.
Nach rasanter Abfahrt verläuft die Inselstraße wieder näher an der Küste bis zum westlichsten Punkt der Insel, *Punta Nera.*
Nach diesem Wendepunkt nähern Sie sich der bei den Touristen besonders beliebten Südseite, die von den Inselbergen vor den "kühlen" Nordwinden geschützt wird, und radeln über die sogenannte Strada del Sole ins Urlauberzentrum *Marina di Campo* (4000 Einw.).
Camping: "La Foce", Tel. 97456, März-Okt.; "Ville degli Ulivi", Tel. 97048, Mai-Sept.; "Del Mare", Tel. 97237, April-Mitte Okt.

Vorbei am kleinen Inselflughafen geht es nun wieder bergan, und nach anschließender rauschender Abfahrt gelangt man zu den beiden Buchten Golfi di Lacona und Stella.
Camping: "Lacona Pineta", Pf. 186, 57030 Portoferráio, Tel. 964149; "Lacona", Tel. 964161, April-Mitte Okt.; "Tallinucci", Tel. 964069, April-Okt.; "Stella Mare", Tel. 964007, April-Sept.; "Valle Santa Maria", Tel. 964188, April-Okt.; "Laconella", Tel. 964228, April-Okt.

Nachdem die Straße wieder ein Stück landeinwärts führt, gelangen Sie an den Abzweig nach Portoferráio und *Porto Azzurro* (3000 Einw.). Über dieser Stadt thront die mächtige Festung "Forte di San Giacomo", die zu Beginn des 17. Jh. unter dem Spanier Philipp III. errichtet wurde. Die sternförmige Zitadelle steht nur wenigen speziellen Besuchern offen, da sie zur Zeit als Strafanstalt genutzt wird. Porto Azzurro ist der größte Fischereihafen Elbas, hat eine eigene Fährverbindung zum Festland und zur südlich gelegenen Insel Pianosa. Allerdings kann diese Insel ebenfalls vom "einfachen" Touristen nicht besucht werden, da sie Sitz einer Strafkolonie ist.
Camping: "Lido", Mai-Anfang Okt.; "Calanchiole", Tel. 940138, April-Okt.; "Europa", Tel. 940121, April-Okt. alle ca. 4 km westlich am Golfo Stella beim Örtchen Lido; "Roclan's", Tel. 957803, April-Sept.; "Reale", Tel. 95678, April-Okt.; "Mario", Tel. 958032, April-Sept.; "Arrighi", Tel. 95568, April-Okt.; "Arrighi Alessandro", Tel. 95568, April-Okt.

Nahe Porto Azzurro führt eine Stichstraße zum Bergdorf *Capoliveri* (165 m ü.N.N., 2200 Einw.), einer ruhigen Einsiedelei in den Bergen, die infolge fehlender Strände von den großen Touristenströmen verschont wird und so ihr mittelalterliches Stadtbild unzersiedelt erhalten kann. Auf dem Rückweg nach Porto Azzurro kurz vor Erreichen der Hauptstraße lohnt noch ein kleiner Abstecher an die nordöstliche Spitze der Halbinsel nach Naregno, wo noch heute das "Forte Focado" von den einstigen Machtansprüchen der Spanier zeugt.

Die Inselstraße führt Sie von Porto Azzurro durch das hügelige Innere der Insel nach *Rio Nell'Elba* mit der Tochtersiedlung *Rio Marina*. Beide Ortschaften wurden in der Vergangenheit von dem Abbau in den nahegelegenen Erzgruben bestimmt. Wegen dieses Reichtums waren sie Ziel häufiger Angriffe der rivalisierenden Mächte. Das gleiche gilt für das Örtchen *Cavo* hoch im Norden der Insel, wo außerdem noch Reste einer Römerstadt zu finden sind. Wer die Küstenstraße nicht zurück fahren möchte, kann auch durch das Hügelland zurück nach Rio Nell'Elba gelangen. Nach weiteren kräftezehrenden Pässen gelangt man vorbei an dem Dorf Ottone zur Hauptstraße nach Portoferráio.
Camping: "Le Venelle", nördlich Rio Marina's, Juni-Sept.; "Paguro's", bei Cavo, Tel. 949966, Juni-Sept.; "Canapai", südlich von Rio Marina, Tel. 943271, Juni-Sept.; "Sole e Mare", westlich von Rio Nell'Elba, Tel. 961059, April-Sept.; "Cala Nisportino", nordwestlich von Rio Nell'Elba, Tel. 961129, April-Okt.; "Rosselba le Palme", bei Ottone, Tel. 966101, April-Sept.

Etappe 15:
Piombino - Follónica (25 km)
Skizze s. Seite 127

Zunächst radeln Sie auf derselben Straße zurück, auf der Sie Piombino erreichten. Wenn Sie das Hüttenwerk zur Rechten passiert haben, können Sie dem Abzweig nach rechts folgen, bis Sie eine breit ausgebaute Straße erreichen. Dieser folgen Sie rechts, und schnurgerade geht's vorbei an gewaltigen Industriewerken bis zur Via Aurelia. Hier zweigen Sie rechts ab - ein ca. 1 m breiter Seitenstreifen gewährt Sicherheit vor den Lärmrössern -, folgen der Via Aurelia also ein kurzes Stück nach Süden. Doch schon bald führt die Etappe rechts ab, dem Hinweis *Cabunifera* folgend. Über einen angenehm ruhigen Fahrweg, vom Meer nur durch einige Pinien und spärlich bebaute Grundstücke getrennt, vorbei am Camping "PapaSole", erreichen Sie die noblen Hotelanlagen der Strand-Urlauber-Gemeinde Follónica.
(*In Gegenrichtung:* An der Strandpromenade nach Norden startend, folgen Sie immer dem Verlauf dieser Straße bis zu den letzten Häusern Follónicas. Hier macht die Straße einen scharfen Rechtsknick, dem Sie nicht mehr folgen. Die Etappe führt geradeaus auf einen schmalen Fahrweg, der von einem Wassergraben begleitet wird.)

Follónica, 4 m ü.N.N., 22000 Einw., Provinz Grosseto, an der weiten halbkreisförmigen Bucht des Golfo di Follónica gelegen, ist eine recht junge Stadt. Erst im 19. Jh. konnte die Landschaft besiedelt werden, da erst zu diesem Zeitpunkt die Malaria endgültig ausgerottet werden konnte. Unter Leopold III. wurde in den 30er Jahren des vergangenen Jh. eine großherzögliche Eisenhütte errichtet, deren Eingangstor zur Gießerei erhalten werden konnte. Heute lebt die Stadt zu etwa gleichen Teilen vom Tourismus und der Zuckerindustrie.
Information: viale Italia, 58022 Follónica, Tel. 0566/40177.
Camping: "Pineta del Golfo", via delle Collacchie 2, Tel. 53369, Juni-Sept., "Golfo", Tel. 41394, Mai-Sept.; "Tahiti", viale Italia 320, Tel. 60255, Mitte Mai-Sept.; alle ca. 4 km nördlich.
Fahrradservice: "Boutique Della Bici", via Colombo 28.

Foto nächste Seite: Dom in Grosseto

Etappe 16:
Follónica - Castiglione della Pescaia - Marina di Grosseto - Grosseto (43 km)

Eine abwechslungsreiche Etappe. Zunächst radeln Sie durch den sich südlich an Follónica anschließenden Pinienwald. Über eine leichte Steigung treten Sie in eine andere Welt ein; das landwirtschaftlich genutzte kleine Tal steht in argem Kontrast zu der pinien-bestandenen Sandküste. Für die Badelustigen mit latentem Hang zum Luxus bietet sich schon bald nach dem Start in Follónica und der Überwindung des ersten kleinen Passes die Möglichkeit, noch einmal zum Meer, nämlich nach Punta Ala, abzuzweigen.

Punta Ala (1 m ü.N.N., Provinz Grosseto) schließt mit seinem grünen Kap den Golfo di Follónica nach Süden ab. Die Reisenden können hier studieren, wie wohlhabende Italiener ihren Urlaub am Meer verbringen. Zwecks Vertreibung der Langeweile werden ein Golfplatz mit 18 Löchern und Polo angeboten.
Camping: "Baia Verde", Tel. 0564/922298 & 922346, Mai-September; "Punta Ala", Tel. 922557, ganzjährig, beide ca. 8 km nördlich gleich an der Küste bei Torre Civette.

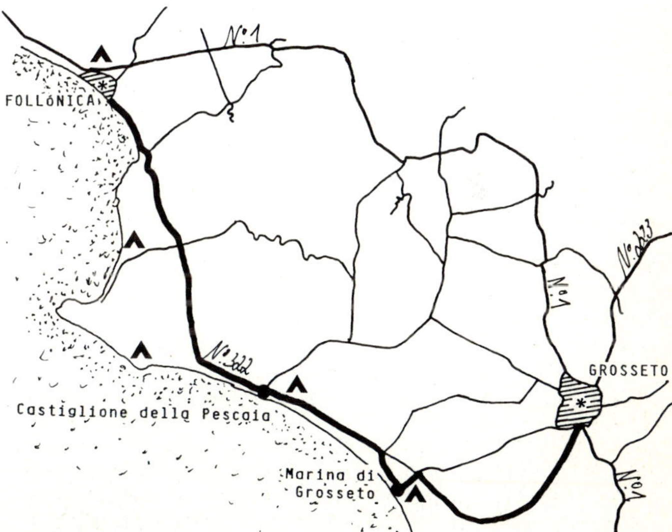

Nach einer weiteren Steigung geht es hinab nach Castiglione della Pescaia, einer in ihrem Kern noch urigen kleinen Ortschaft.

Castiglione della Pescaia, 51 m ü.N.N., 8000 Einw., Provinz Grosseto; wie schon der Höhenangabe zu entnehmen, liegt die Stadt unmittelbar am Meer auf einem Felsvorsprung. Der mittelalterliche Teil der Stadt, auch "castello" genannt, wird von der mächtigen Burg gekrönt. Von dieser hat man einen weiten Blick auf den Fischer- und Jachthafen und vor allem die neuen Stadtteile mit den großen Hotelanlagen.
In der Umgebung: Nordöstlich liegt hoch in den Bergen die kleine Ortschaft **Vetulónia**, ca. 20 km entfernt, erreichbar über Badiola. Der Ort liegt 345 m ü.N.N. und beherbergt 700 Einheimische. Der Name stammt von der etruskischen Stadt "vatluna" ab, die zu ihrer Zeit zu den mächtigsten des Reiches zählte und dem sogenannten Zwölf-Städte-Bund angehörte. Sie hatte beachtlichen Wohlstand erreicht, da in der Umgebung Gold und Silber gewonnen wurden. Die im 7. & 6. Jh. v.u.Z. so prachtvolle Stadt ging aus noch heute nicht genau nachvollziehbaren Gründen schon kurz nach ihrer Blüte unter. Eine Theorie beruft sich auf die Verlandung der einstigen fischreichen Lagune, die bis unmittelbar an den Stadthügel reichte. So wurde der Stadt nicht nur eine wichtige Lebensgrundlage entzogen, sondern ihr erwuchs gleichzeitig ein erbitterter Feind - die Malaria. Die Spuren Vatlunas wurden so sehr verwischt, daß die Archäologen, die aus Schriftstücken von der Existenz der Etruskersiedlung wußten, zunächst ihre Ausgrabungen wesentlich weiter im Norden begangen.
Von der eigentlichen Stadt sind nur wenige Reste erhalten. So die Mura delle Arce, Reste der Stadtburg aus dem 6. Jh. v.u.Z., die auf dem höchsten Punkt des heutigen Ortes hinter der Pfarrkirche zu finden sind. Weit außerhalb der Ortschaft liegen im Nordosten die Nekropolen - die Totenstädte -, die einst noch innerhalb der vermutlich über 5 km langen Stadtmauer lagen. Hier wurden Gräber entdeckt, die der Villanova-Kultur zugerechnet und in zwei Grundtypen unterschieden werden können: Kammer- und Steinkreisgräber. Ein Kammergrab wurde in so gut erhaltenem Zustand entdeckt, daß es wichtige Schlüsse auf die etruskische Kultur zuließ. Die "Tomba della Pietrera" weist die gleichen Konstruktionsmerkmale wie in Mykene (Griechenland) verwandte Grabbauten auf, so daß zumindest vermutet werden kann, daß die vermeintlich aus Kleinasien stammenden Etrusker enge Verbindungen zu Griechen unterhielten oder gar dort gesiedelt hatten. Ein weiteres sehr gut erhaltenes Grab ist

die "Tomba del Diavolino", das nach der hier gefundenen kleinen Statue benannt wurde, die die Archäologen als Teufelchen deuteten.

Bei den Ausgrabungen Ende des vergangenen Jh. wurden auch diverse weitere Grabbeigaben entdeckt, die heute zum überwiegenden Teil im Archäologischen Museum in Firenze präsentiert werden. Am Ortseingang von Vetulónia befindet sich ein kleines Museum, geöffnet tägl. außer mo 9.30-12.30 & 15.30-18.30 h, wo die weniger wertvollen Stücke zu bewundern sind.

Information: piazza Garibaldi, 58043 Castiglione della Pescaia, Tel. 933678.

Telefonvorwahl: 0564.

Camping: "Etruria", Tel. 938027, Mai-September, 1 km südöstlich; "Santapomata", Tel. 941037, ganzjährig; "Rocchette", Tel. 941123, Mai-Sept.; "Baia delle Rocchette", Tel. 941092, Mai-Sept. alle ca. 8 km westlich bei Le Rocchette.

Fahrradservice: via Roma 24; via Aurelia Nord 39; via Fiume 14.

Geradewegs hindurch über die Brücke der Bruna verläuft die Straße durch einen das Meer säumenden Pinienwald. Bis Marina di Grosseto haben Sie einen ca. 2 m breiten, von der Autofahrbahn durch Grün getrennten Fahrradweg (eine Rarität in Mittelitalien!) zur Verfügung.

Marina di Grosseto, 1 m ü.N.N., 3200 Einw., Provinz Grosseto, ist ein ähnlich den englischen Gartenstädten angelegter Badeort mit kilometerlangem Sandstrand inmitten der "Pineta del Tombolo", einem weitläufigen Pinienwald.

Telefonvorwahl: 0564.

Camping: "Cieloverde", Tel. 35054 & 35684, Mai-Sept.; "Rosmarina", via delle Colonie 37, Tel. 36319, Mai-Sept.; "Eden", viale Montecristo 72, Tel. 35465, Juni-Mitte Sept.; "Sole", Tel. 34344, Juni-Mitte Sept.; "Principina", Tel. 35647, Juli-Sept., 3 km südlich.

In Marina di Grosseto können Sie entweder auf die Hauptverbindung nach Grosseto links abbiegen, oder geradewegs hindurch dem Hinweis nach Principina folgen. Der geringe Umweg über Principina wird mit einer ruhigen Landstraße durch die fruchtbare Mündungs-Ebene des Ombrone belohnt.

(*In Gegenrichtung:* Zunächst in Grosseto in Richtung Marina di Grosseto, und später weisen die Straßenschilder nach Principina den Weg.)

Grosseto, 10 m ü.N.N., 69000 Einw., Provinzhauptstadt der gleichnamigen Provinz, ist der Hauptort der toskanischen Maremma und liegt in einer ehemals sumpfigen, aber auch sehr fruchtbaren Ebene des Ombrone. Je nach dem Ausbauzustand bzw. dem Grad der Instandhaltung der Bewässerungsanlagen durchlebte die Stadt in ständigem Wechsel Höhen und Tiefen der Geschichte. Erste regionale Bedeutung erlangte die Stadt, als 935 ein Bischofssitz hierher verlegt wurde. Im 16. Jh. erhielt Grosseto unter dem Großherzogtum Toskana die noch heute bestehende Befestigung, die als unregelmäßiges Sechseck mit mächtigen Bastionen ausgebildet wurde. In den 30er Jahren des vergangenen Jh. wurden die Wallanlagen in einen öffentlichen Park umgestaltet, der zu einem angenehmen Stadtrundgang einlädt.

Neben dem Dom an der piazza Dante, der durch seine geschmackvolle rot-weiße Marmorfassade zu überzeugen weiß, dem gerade frisch renovierten, zinnengekrönten Rathaus und der Kirche San Francesco an der piazza dell'Indipendenza ist besonders das Museo Archeologico e d'Arte (piazza Baccarini) sehenswert. Das Museum präsentiert Exponate zu den etruskischen Städten der Maremma, besonders aus Vetulónia, Roselle und Populónia, römischen Siedlungen und sakralen Gemälden der sogenannten Sieneser Schule (13.-17. Jh); geöffnet tägl. außer mi 9-13 & 16-19.30 h, so nur vorm.

Den Fahrradreisenden wird gleich nach der Ankunft die für italienische Verhältnisse sehr ungewöhnliche Verkehrsberuhigung der gesamten Innenstadt begeistern. Obwohl Grosseto eine gewöhnliche, moderne Großstadt ist, hat sie zumindest mit ihren Verkehrplanern Besonderes zu bieten.

In der Umgebung: Über die Nationalstr. 223 gelangt man nach ca. 10 km an einen Abzweig, wo es rechts den Hang hinauf zur ehemaligen etruskischen Stadt "Rusell" geht. Sie wird zu den bedeutendsten Städten der Etrusker gezählt und gehörte dem Zwölf-Städte-Bund an. Die antike Stadt wurde von einem ca. 3 km langen Mauerring umgeben, der an den besonders gut erhaltenen Stellen noch heute bis zu 5 m in den Himmel aufragt. Während der Nordteil dieser Befestigung noch aus etruskischer Zeit stammen soll, wird vermutet, daß der westliche Abschnitt im 2. Jh. v.u.Z. von den Römern errichtet wurde. Diese hatten die etruskische Stadt im 3. Jh. v.u.Z. erobert und umfangreich aus- und umgebaut. So kann man heute noch Reste eines römischen Amphitheaters, des Forums, einer Straße und einer Basilika bewundern.

Information: Via Monterosa 206/A, 58100 Grosseto, Tel. 22534; Büro, Corso Giosne Carducci 5, gleich neben dem Dom.

Telefonvorwahl: 0564.

Camping: in Marina di Grosseto, 11 km westlich.

Etappe 17:
Grosseto - Talamone (28 km) *Skizze s. Seite 142*

Diese Etappe führt nahezu über die gesamte Länge am östlichen Rand des "Parco Naturale della Maremma" entlang. Doch zunächst verlassen Sie Grosseto auf der Via Aurelia gen Süden. In der bald folgenden Ortschaft Rispécia zweigen Sie rechts ab und nähern sich dem Parco Naturale. Über Alberese verläuft die Straße immer entlang dessen Grenze; an der Statione von Alberese erreichen Sie wieder die "Hauptschlagader" von Italiens Westküste, folgen dieser für wenige Kilometer Richtung Roma bis zum nächsten Abzweig, ab dem Sie Talamone über die Nebenstraße erreichen.

Der **Parco Naturale della Maremma** wurde in den 60er Jahren eingerichtet und soll der Erhaltung der typischen Landschaft der Maremma dienen. Landschaft wird hier im komplexen Sinne verstanden, nämlich als Ensemble mit den Bestandteilen Geomorphologie, Biologie und dem von Menschenhand einmal Geschaffenem. Die Monti dell'Uccellina, die Basis des Naturschutzgebietes, sind stark gefaltete Kalkberge, die sich bis zu 400 m über das Meer erheben, bewachsen von einer dichten mittelmeertypischen Macchia und mit zahlreichen Höhlen und Grotten, also Spuren frühesten Siedelns. Die Tore des Parks werden dem Besucher an den Wochenenden geöffnet.

Talamone, 1 m ü.N.N., 5000 Einw., Provinz Grosseto, ist ein kleines Fischerörtchen, am südlichen Rand der Monti dell'Uccellina gelegen auf sagenumwobenem alten Siedlungsgrund. So leitet sich der Name der Ortschaft von dem griechischen Helden Talamo ab, Sohn von Aiax, der auf der Rückkehr von Kolchys gemeinsam mit den Argonauten hier landete. Der Hüne soll die Stätte seiner letzten Ruhe unter dem heutigen Talamone gefunden haben.
Doch nicht genug der historischen Ehren - 225 v.u.Z. sollen hier nach der Sage des griechischen Historikers Polybius die Römer zusammen mit den Etruskern, den Umbriern und Venetern die Gallier in die Flucht geschlagen haben. Äußere Feinde versöhnen eben (immerhin haben die Römer sonst lieber die Etrusker etc. abgeschlachtet).
Auch in der jüngeren Vergangenheit kann Talamone auf seine Stellung in der Geschichte verweisen - die "Tausend", die Freischärler des Garibaldi, machten hier "fest" und versorgten sich mit Waffen und dazugehöriger Munition, um Mittel- und Oberitalien von der Herrschaft der Fürsten zu befreien. Tatsächlich besiegten sie die Bourbonen und besetzten sogar den Kirchenstaat. Die unter dem

Zeichen der Freiheit durchgeführten Volksabstimmungen bewirkten überall den Anschluß an Sardinien. Dank dieser Vorarbeit konnte 1861 Viktor Emanuel II. König von Italien werden.
In der Burg aus dem 15. Jh. ist ein Naturhistorisches Museum mit einer Dokumentation über den Parco Naturale della Maremma untergebracht, geöffnet tägl. 8.30-11.30 & 16-19 h.
Telefonvorwahl: 0564.
Camping: "International Camping Village", Tel. 887026; "Hawaii", Via Aurelia (Kilometer 154,5), Tel. 870164; "Voltoncino", Via Aurelia (Kilometer 153,6), Tel. 870158; "Africa e Oasi", Via Aurelia (Kilometer 152-54), Tel. 870245 & 870482; "Argentario", Tel. 870302; alle nördlich Albinias; "Il Gabbiano", Tel. 870202, südlich Albinias.

Etappe 18:
Talamone - Orbetello (30 km) *Skizze s. Seite 142*

So wie Sie Talamone erreichten, werden Sie diese schön gelegene Ortschaft nach geruhsamen Stunden auch wieder verlassen. In Fonteblanda zweigen Sie rechts ab, um über die Via Aurelia Etrusca der bei schönem Wetter schon sichtbaren Halbinsel Monte Argentario näherzukommen. Bald entkommen Sie den zahlreichen Blechrössern und zweigen rechts ab, um auf der nördlichsten Landzunge Monte Argentario zu erreichen. Wenn Sie den Berg erreicht haben, folgen Sie links den Hinweisen nach Orbetello.

Orbetello, 3 m ü.N.N., 15000 Einw., liegt auf der mittleren Landzunge zum Monte Argentario und war vermutlich seit dem 8. Jh. v.u.Z. besiedelt. Schon in etruskischer Zeit entstand eine blühende Siedlung, deren beachtliche Reste noch heute in Form der polygonen Seemauern zu bewundern sind. Im Mittelalter wurde die Stadt hart umkämpft und fristete ihr Dasein unter häufig wechselnden Herrschern. Eine stabilere Phase erreichte Orbetello unter den Spaniern, die die Stadt auch zum Hauptort ihrer Besitzungen in der Toskana erhoben. So verdankt Orbetello den Spaniern einen neuen Hafen und aufwendige Befestigungsanlagen, wovon ein beachtlicher Teil des mit Bastionen verstärkten Mauerrings und drei schöne Tore erhalten werden konnten. Sehenswert sind ferner der Dom aus dem 14. Jh. (im 17. Jh. erweitert) und das Antiquarium "Civico", via Ricasoli 26, mit archäologischen Funden aus der Umgebung.
Im antiken Kabinett gegenüber dem Dom kann auch die Tempelfront aus dem etruskischen Tlamu, dem heutigen Talamone, bewun-

dert werden. geöffnet tägl. 10.30-12.30 & 17.30-20.30 h, mo vorm. geschl.

Camping: zahlreiche Plätze befinden sich auf dem nördlichen Damm, dem "Tómbolo della Gianella", sowie entlang der Via Aurelia.

Etappe 19:
Giro di Monte Argentario (37 km)

Monte Argentario, 14000 Einw., Gemeinde in der Provinz Grosseto, steht als Begriff zugleich für die gebirgige Halbinsel vor der toskanischen Küste, die durch drei flache, von Pinien bestandene, sandige Landzungen mit dem "Stiefel" verbunden ist. Ursprünglich war Monte Argentario eine "richtige" Insel, ein Umstand, der auch heute noch trotz der drei Verbindungen mit dem Festland unschwer zu erkennen ist. Die erste Landzunge, ca. 4 km lang und 500-600 m breit, auf der heute die Stadt Orbetello liegt, bildete sich durch Anschwemmungen der Meeresströme. Später kamen zwei weitere Sandbänke hinzu, der "Tómbolo di Feniglia" und der "Tómbolo di Giannella", so daß die "Laguna di Orbetello" entstand.
Die Insel erreichen Sie bei der Ortschaft Santa Liberata, wo Ruinen aus der römischen Kaiserzeit an die frühe Besiedlung der Insel erinnern. Angeblich legten die Römer hier Fischteiche zwecks anspruchsvoller Nahrungsversorgung an. Hauptort der Insel ist das westlich gelegene Touristenörtchen *Porto Santo Stefano* (10000 Einw.). Der vielbesuchte Ferienort verfügt über zwei Häfen, von wo die Schiffsverbindungen zu den Inseln *Giglio und Giannutri* unterhalten werden. Infolge der starken Zerstörung im Zweiten Weltkrieg bietet sich heute ein weitestgehend modernes Stadtbild, das nur durch die erhöht gelegene Festung mit reizvollem Ausblick aufs Meer ergänzt wird.
Im Osten der Insel liegt der seit der Antike bestehende Hafen *Porto Ércole*, 3500 Einw., der von größeren Kriegsschäden verschont blieb, so daß Sie noch heute die mächtigen Festungsanlagen der Spanier mit den Forts "Stella Santa Barbara" und "Monte Filippo" bewundern können.
Wer die Mühen nicht scheut, dem bietet sich von der höchsten Erhebung, dem "Monte il Telégrapho" (635 m), bei günstiger Wetterlage ein Blick bis zur französichen Insel Korsika. Über eine Stichstraße gelangen Sie vorbei an einem prächtig gelegenen Kloster bis knapp unterhalb des Gipfels, der von einer großen Antennenanlage "gekrönt" wird.

Information: Corso Umberto 55a, 58019 Porto Santo Stefano, Tel. 814208.

Telefonvorwahl: 0564.

Camping: "Feniglia", auf der gleichnamigen südlichen Landzunge, Tel. 831090, April-Sept.; s.a. Etappe 18.

Kartenskizze Etappen 17 - 19

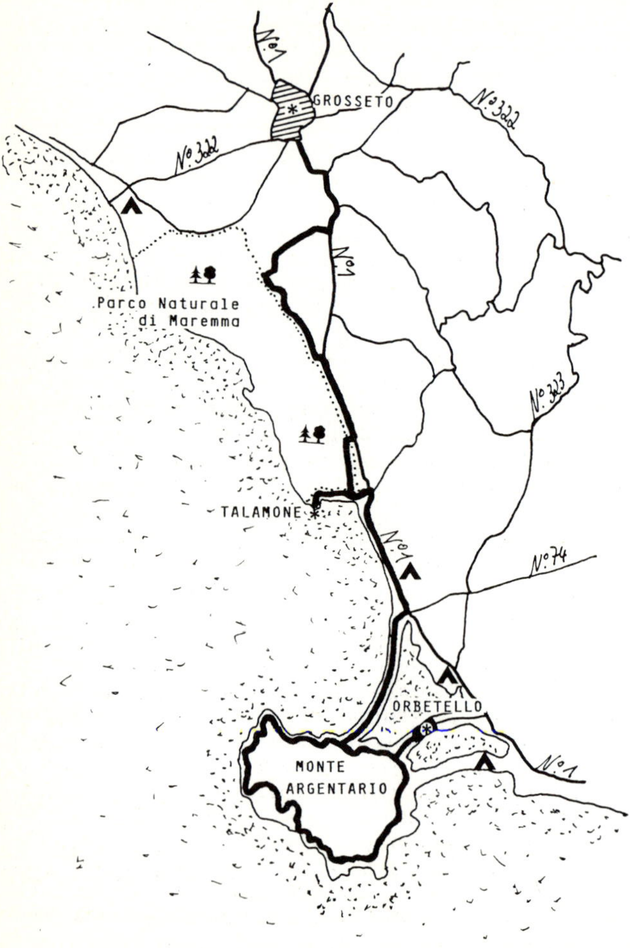

Etappe 20:
Orbetello - Ansedónia - Montalto - Tarquínia (60 km)

Auf der mittleren Landzunge verlassen Sie die Laguna di Orbetello und erreichen in Orbetello Scalo die Via Aurelia. Rechts ab folgen Sie dieser bis zum folgenden Abzweig, der Sie nach Ansedónia und somit zu den Fluten der tyrrhenischen See zurückführt.

Ansedónia, 44 m ü.N.N., nahe der südlichen Landzunge zum Monte Argentario gelegen, wird im Westen von den Ruinen der römischen Siedlung "Cosa" überragt. Die Römer errichteten an der Stelle eines ehemaligen Hafens der Etrusker die Befestigung zur Verteidigung gegen ebendieses Volk. Die Ausgrabung amerikanischer Archäologen förderte beachtenswerte Reste des alten Bollwerks ans Tageslicht; so sind heute Reste der ca. 1,5 km langen Mauern und ehemals achtzehn Türme nebst Porta Romana, dem Zugang zur antiken Siedlung, zu besichtigen. Sehenswert sind ferner der Wohnbezirk mit seinen geradlinigen Straßen, das Forum mit der Basilika, die beiden Tempel, der Marktplatz und vor allem die hochgelegene Oberstadt mit dem Kapitolstempel. Nähere Information zur Römersiedlung finden sich im "Antiquarium", wo die Funde der Archäologen ausgestellt werden; geöffnet tägl. außer mo 9-14 h, an Sonn- und Feiertagen bis 13 h.
Am Fuße des Hügels der antiken Stadt befand sich der Hafen, wo eine bedeutende Ingenieurleistung der Römer bewundert werden kann: Die *Tagliata Etrusca* bilden zusammen mit dem *Spacco della Regina* (Spalt der Königin) ein ausgeklügeltes System der Be- und Entwässernug. Mit Hilfe eines zugehörigen Kanals wurde das flache Hinterland entwässert und die Versumpfung des nahe gelegenen Lago di Burano verhindert. Wichtigstes "Produkt" des Kanalsystems war aber die Vermeidung der Versandung des antiken Hafens, ein Effekt, der selbst heute - nach 2000 Jahren - noch erzielt wird. Der "Spacco della Regina" ist eine Mischung aus einer natürlichen Aushöhlung des Felsens und zusätzlichen künstlichen Ausbauarbeiten der Römer. Die Höhle gewinnt ihren besonderen Reiz durch den Einfall des Sonnenlichts.
Nachdem "Cosa" im 4. Jh. nach und nach an Bedeutung verlor und schließlich im 5. Jh. zerstört wurde, entstand die neue Siedlung Ansedónia. Der Bevölkerung war aber nur wenig Ruhe gegönnt; denn die Stadt wurde zum begehrten Ziel diverser Eroberer. So zerstörten im 10. Jh. die Sarazenen die Stadt, um sie in der Folge gemäß ihren Vorstellungen wieder aufzubauen. Doch auch diese Bauwerke hat-

ten keinen Bestand, denn 1330 wurde die Ortschaft erneut planiert, diesmal von den Sienesern. Auch deren "architektonischen Stempel" sind heute nicht mehr aufzufinden.

In der Umgebung: Wenige Kilometer östlich wurde rund um den *Lago di Burano* in einer Gesamtfläche von ca. 300 ha eines der letzten Sumpfgebiete der Maremma unter den Schutz des World Wildlife Found gestellt. In dem Reservat finden vor allem Wasservögel, Stachel- und Wildschweine, Fischotter und Kormorane eine letzte Zuflucht vor dem Menschen.

Camping: "Costa d'Argento", via Aurelia km 134, 58011 Marina di Capalbio, Tel. 0564/893007, 7 km östlich; "Chiarone", via Aurelia km 120 e 124, 58011 Capalbio, Tel. 0564/890101, 11 km östlich.

Bald hinter Ansedónia führt die Straße wieder vom Meer fort und parallel der Eisenbahnlinie, vorbei am Lago di Burano, haben Sie angenehmes Radeln, bis Sie Péscia Romana und damit die Via Aurelia erreichen. Sie zweigen rechts ab und folgen deren Verlauf mit einem Schlenker über Montalto di Castro nach Tarquínia.

In der Umgebung **Montalto di Castros** erhebt sich ca. 11 km nördlich im flachwelligen Hinterland die "Ponte dell'Abbadia", ein malerisches etruskisch-römisches Äquadukt über das Flüßchen Fiora. Gleich daneben steht die festungsähnliche einstige Abtei, die ihr schwärzliches Aussehen ihrem Baumaterial Tuffstein verdankt. Hier befindet man sich an der ehemaligen Grenze des Kirchenstaates zur Toskana, was den wehrhaften Charakter des Gotteshauses erklärt. Heute dient das Gebäude der Erforschung und Ausstellung der etruskischen Geschichte; denn nur wenig südlich liegt die einstige Etruskerstadt **Vulci** in dem Piano del Diavolo, der Teufelsebene. Vulci erlebte seine Blütezeit im 6. & 5. Jh. v.u.Z. und überlieferte der Nachwelt trotz der Unterwerfung durch das aufsteigende Rom im 3. Jh. v.u.Z. besonders wertvolle Nekropolen. Durch den Grabhügel ziehen sich von einem runden Mittelsaal aus labyrinthähnlichen Gänge, die die einzelnen Grabstätten erschließen. Schon im 19. Jh. begannen die Ausgrabungen, und es wurden Tausende von attischen schwarz- und rotfarbenen Vasen gefunden. Von besonderer Bedeutung sind für die Historiker die Fresken in der "Tomba François", Malereien aus dem 4. Jh. v.u.Z. mit Darstellungen aus den etruskischen und griechischen Sagen, die entscheidende Hinweise zum bis heute noch nicht abgeschlossenen Rätselraten um die Herkunft der Etrusker lieferten. Die Fresken können heute nicht mehr vor Ort besichtigt werden, da sie im "Museo Torlonia" in Rom aufbewahrt werden.

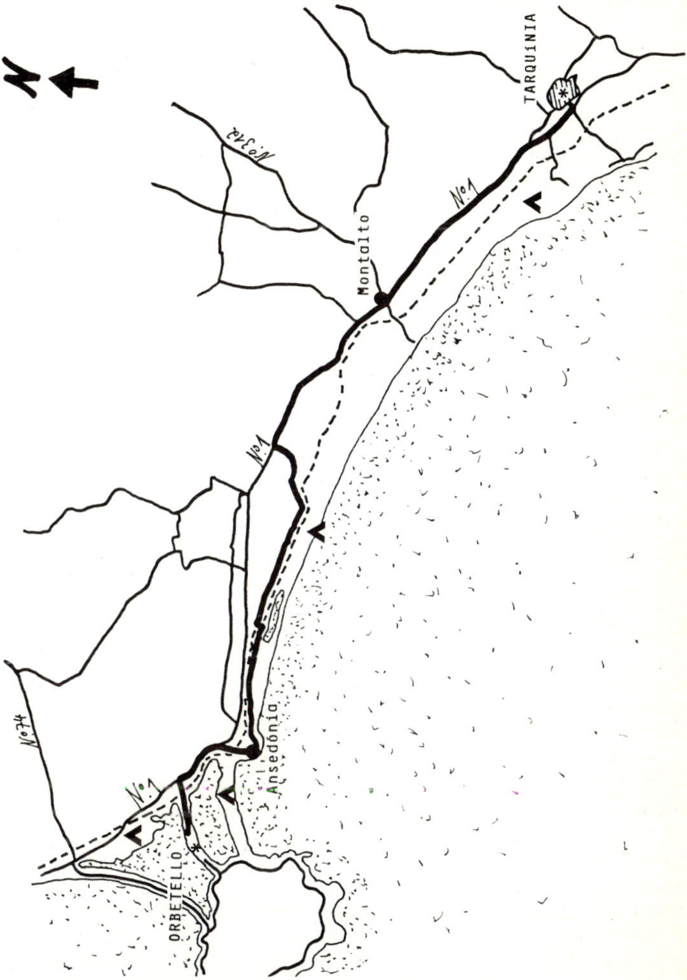
N
TARQUINIA
No 342
Montalto
No 1
No 1
No 74
No 1
Ansedónia
ORBETELLO

Tarquínia, 133 m ü.N.N., 13000 Einw., Provinz Viterbo, zählte zu dem etruskischen Zwölfstädtebund und war in diesem lange Zeit führend. Der Sage nach wurde es von Tarchons, dem Sohn des Tyrrhenos, gegründet. Tarchon hatte für die Etrusker eine ähnliche Bedeutung wie Romulus für die Römer, denn der "Allmächtige" soll nicht nur Tarquina, sondern gleich alle zwölf Städte des Bundes errichtet haben. Die bis ins 9. Jh. v.u.Z. zurückreichende Geschichte der Stadt bietet als Highlight den zwei Jahrhunderte währenden Sitz der Etruskerkönige an. Später verlor die Stadt aber an Bedeutung, und auch ein 40jähriger Frieden mit Rom konnte ihre Vormachtstellung nicht retten. 281 v.u.Z. war endgültig Schluß mit der Unabhängigkeit, Tarquínia wurde von Rom unterworfen.
Dennoch bietet die Stadt im prächtigen Palazzo Vitelleschi mit dem Museo Nationale "Tarquiniense" die bedeutendste Sammlung etruskischer Kunstwerke aus dem 4.-2. Jh. v.u.Z. (geöffnet tägl. 9-14 h).
Etwas außerhalb der Stadt befinden sich besonders auf dem Monterozzi (157 m ü.N.N.) ausgedehnte Grabstätten der Etrusker, die aufgrund der Größe ihrer Anlage schon beinahe einer Totenstadt gleichen und daher unter dem Namen Nekropole geführt werden (Necropoli Etrusca). In den Kammergräbern wurden Wandmalereien aus dem 6.-1. Jh. v.u.Z. gefunden, die von grundlegender Bedeutung für die heutige Kenntnis der etruskischen Kunst wurden. Über diese Malereien der in der Erde liegenden Grabkammern wurden ganze Bände geschrieben, in denen die Verfasser um die richtige Deutung der Farbwunder streiten. Die Kunstwerke sind zum Teil an Ort und Stelle, zum Teil im genannten Museum, zu besichtigen (geöffnet tägl. außer mo 9-19 h, Auskunft Im Museum).

Information: piazza Cavour 1, 01016 Tarquínia, Tel. 856384.

Telefonvorwahl: 0766.

Camping: "Europing Tarquínia", via Aurelia km 102, 01016 Tarquínia, Tel. 814010, April-Sept.; "Riva dei Tarquini", via Aurelia km 102, 01016 Tarquínia, Tel. 814028, Mai-Sept., beide Plätze ca. 12 km nordwestlich beim Örtchen Riva dei Tarquini; "Tuscia Tirrenica", viale Nereidi km 91, 01016 Tarquínia, Tel. 88294, Mai-Sept., ca. 8 km südwestlich bei der Ortschaft Saline.

Kartenskizze Etappen 21 & 22

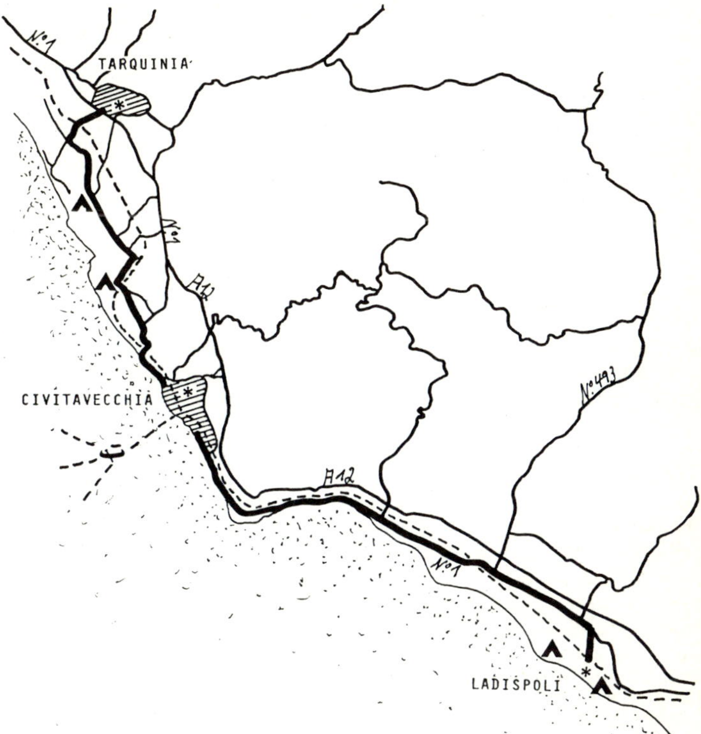

Etappe 21:
Tarquínia - Civitavecchia (20 km)

Von Tarquínia radeln Sie zunächst Richtung Mare/Tarquínia Lido und zweigen bald nachdem Sie die Eisenbahnstrecke gekreuzt haben links ab. Sie folgen immer dem Verlauf der Straße und nähern sich so ihrem im Süden liegenden Ziel Civitavecchia. Somit stoßen Sie wieder auf die Eisenbahnlinie und folgen deren Verlauf, zuletzt auf der Via Aurelia, bis ins Stadtgebiet.

Civitavecchia, 46000 Einw., Provinz Rom, wartet mit einem überwiegend modernen Stadtbild auf, da es im Zweiten Weltkrieg in seiner Rolle als Kriegshafen häufiges Ziel alliierter Bombergeschwader war. In der Rolle als Heimathafen der Marine kann Civitavecchia auf eine lange Tradition verweisen; seit dem 15. Jh. gehörte die Stadt zum Kirchenstaat, und in seinem Hafen lagen die Schiffe der päpstlichen Kriegsflotte. Noch vor hundert Jahren vegetierten auf den Galeeren die Sträflinge der päpstlichen Justiz, womit die Statthalter Gottes wieder einmal ihre christliche Nächstenliebe unter Beweis stellten.

Unter dem Namen Centumcellae wurde der Hafen schon im 2. Jh. u.Z. von den Römern angelegt und auch von den späteren Generationen als solcher viel genutzt. Eindrucksvoll ist dies heute noch an der Festung "Fort Michelangelo" nachvollziehbar; der Bau wurde nach einem Entwurf von Bramante 1508 begonnen und 50 Jahre später unter Michelangelo vollendet. Einen Rückblick in die Geschichte der Gegend bietet das Museo Nationale Archeologia (Steinzeit, Etrusker und Römer).

Heute profitiert die Stadt von ihrer Funktion als Fährhafen zur Insel Sardinien, was ihr einen bescheidenen Wohlstand einbringt.

In der Umgebung: 5 km nordöstlich befinden sich jenseits der Autostrada 12 die "Terme Taurine", die unter Trajan über den Anlagen vorchristlicher Bäder errichtet wurden. Die im 2. Jh. u.Z. vollendeten Anlagen, häufig auch als "Bagni di Traiano" bezeichnet, stellen eine der am vollständigsten erhaltenen antiken Thermalanlagen Latiens dar. Die nach 1945 ausgegrabenen Bäder sind in erstaunlich gutem Zustand, die Funktionen der Räumlichkelten bis ins Detail bestimmbar und somit ohne Probleme zu rekonstruieren. Selbst die radioaktiven warmen Heilwässer sprudeln in alter Frische.

Ca. 6 km nördlich befinden sich bei der kleinen Ortschaft Scáglia die "Tombe Etrusche", eine der zahlreichen Ausgrabungsstätten Latiens, wo die Archäologen anhand der Gräber der Etrusker die untergegangene Kultur erforschen.

Information: viale Garibaldi 40, 00053 Civitavecchia, Tel. 25348.

Telefonvorwahl: 0766.

Camping: "La Fraska", Tel. 24264, Juni-Sept., ca. 10 km nördlich unmittelbar an der Küste.

Etappe 22:
Civitavecchia - Ladispoli (35 km)
Skizze s. Seite 147

Von Civitavecchia führt die Etappe über die Via Aurelia an den steil aufragenden Hängen der "Monti della Tolfa", mit zahlreichen einstigen erzreichen Gruben der Etrusker, vorbei an den Seebädern Santa Marinella und Santa Severa. Der Name der letzteren Ortschaft verweist angeblich auf die Leiden einer frühen Christin; das Mädchen Severa soll ob ihres Glaubens an dieser Stelle zu Tode gemartert worden sein.

Am Rande des Seebades Santa Severa liegt der ehemalige Hafen **Pyrgi** der Etruskerstadt *Caere* bzw. *Cisra* (s. Etappe 50), der im 7. Jh. v.u.Z. der größte der Etrusker gewesen sein soll. Von hier aus trieben die Bürger Caeres Handel mit allen bedeutenden Städten des Mittelmeeres, so daß sich in den Tempeln Pyrgis entsprechende Reichtümer häuften. Konsequenterweise reizte dies den berüchtigten Tyrannen Dionysios I. von Syrakus, 384 v.u.Z. mit immerhin 60 Schiffen vor der Hafeneinfahrt sein Begehren kundzutun. Natürlich blieb es nicht beim Begehren, sondern - wie Aristoteles berichtet - raubten die Krieger des Dionysios sämtliche Schätze und finanzierten hiermit ein mächtiges Heer gegen Karthago. Die Bedeutung des antiken Hafens verdeutlichen drei 1964 gefundene Goldtafeln, zwei hiervon in etruskischer, eine in punischer Sprache. Auch wenn die Hoffnungen, hiermit die Rätsel der etruskischen Sprache lüften zu können, inzwischen begraben werden mußten, so lassen die Inschriften der punischen Tafel vielerlei Rückschlüsse auf die Politik der mächtigen Bürger Caeres zu. Diese hatten zunächst enge Verbindungen zu Rom unterhalten, um unter dessen Schutz den weitreichenden Handel betreiben zu können. Während des unaufhaltsam erscheinenden Aufstiegs Karthagos, verbot sich diese Haltung allerdings aus Gründen der Gier nach weiteren Reichtümern. Um den Römern "das Wasser abzugraben", überließen die Etrusker von Caere ihren Hafen Pyrgi Karthago.

Ab Santa Severa verläßt die Via Aurelia die Küste, und bis zum Abzweig nach **Ladispoli** sind Sie mangels Alternativen gezwungen, deren Verlauf zu folgen.
Camping: "La Toretta", Tel. 06/9926380, Mitte Mai-Mitte Sept., 3 km nordwestlich am Meer bei Torre Flavia; "Queen", via Roma 150, Tel. 06/9913681, Mai-Sept., an der Küste.
Fahrradservice: Viale Italia.

Kartenskizze Etappen 23 & 50

Etappe 23:
Ladispoli - Roma (50 km)
Skizze s. vorige Seite

Sie verlassen Ladispoli in Richtung Süden zunächst auf dem Zubringer zur Via Aurelia. Noch am Rande des in den letzten Jahren starker Bautätikeit unterliegenden Ladispoli zweigt die Etappe rechts ab, dem Hinweis Palo folgend. Ab Palo verläuft die Strecke entlang der Bahntrasse auf einem gut zu radelnden festen Sandweg, der für Fuß- und Fahrradverkehr frei ist. Auf diesem erreichen Sie eine erst vor wenigen Jahren errichtete "Marina" in einer für diese Art von Siedlungsbau recht einfachen Ausführung. Am Kreisverkehr angelangt überqueren Sie die Bahngleise und erreichen die Via Aurelia. Dieser folgen Sie in Richtung Roma, vorbei am Campingplatz "Marina di Roma" (Passoscuro), bis zur Überführung der Autostrada. Hier zweigen Sie rechts auf die Nebenstraße nach Fregene ab. Sie überqueren ein weiteres Mal die Bahntrasse und biegen im folgenden Maccarese links auf die Via Portuense ab. Schnurgerade durch die Versorgungsflächen Romas folgen Sie der Straße bis zu deren Ende; hier zweigt die Etappe links ab (*in Gegenrichtung:* Hinweis Fregene). Sie überwinden zwei gleich aufeinander folgende Überführungen und gelangen somit rechts auf die stark befahrene Via Magliana, deren Verlauf Sie direkt ins Zentrum der Hauptstadt Italiens führt.

(*In Gegenrichtung:* Von der City radeln Sie mit dem Strom des Tibers bis zur Ponte Testaccio. Von hier führt Sie die V.d. Stradivari zur Via Ettore Rolli, wo Sie links abzweigen und geradewegs über die Piazzas della Radio und Antonio Meucci zur Via della Magliana gelangen. Nachdem der meiste Verkehr von der Autostrada aufgenommen wird, unterquert die Straße nach einer scharfen Rechtskurve die Bahntrasse, wo Sie gleich links in die Via dei Tempo degli Arvali abzweigen.)

Roma

Roma lebt, schon 2½ Jahrtausende, aber wie. Aus eigener Kraft wäre sie ein Nichts, doch dank des beständig fließenden, frischen Blutes aus den von ihr abhängigen Gebieten wuchs sie aus den sumpfigen Niederungen des Ur-Tibers empor.
Die Schilfhüttenbewohner von Ur-Roma wußten schon, ob bewußt oder unbewußt sei dahingestellt, um die Vorzüge des Lebens der Vampire. Sie ließen sich ihre Hütten von der etruskischen Intelligenz auf eine solide städtische Basis stellen und Entwässerungsanlagen sowie einen Marktplatz, das spätere Forum Romanum, bauen, um sich nach wenigen Jahrzehnten ihrer Lehrmeister und Herrscher zu entledigen. Ihr Selbstbewußtsein und ihre militärischen Fähigkeiten wuchsen in so atemberaubender Geschwindigkeit, daß sie in der Folge ihre Meister ohne große Mühe im gesamten Mittelitalien unterwarfen und deren Kultur so vollständig aufsogen, daß zu den Etruskern heute mehr offene Fragen als Antworten existieren.
Insofern ist das Bild von der sagenhaften Gründung Roms sogar stimmig, nur saugten die Römer, verkörpert durch Romulus, nicht an den Zitzen der Wölfin, sondern die Völker in der Nachbarschaft aus. Krieg für Krieg bemächtigte sich Roma nach und nach sämtlicher Länder entlang der Küsten des Mittelmeers, bezwang sogar einst mächtigere Gegner wie Karthago oder ihnen kulturell überlegenere Völker wie die Griechen und nutzte deren Kraft und Wissen für noch imposantere Eroberungen. Im Gegensatz zu anderen Kriegsmächten beließ Roma es aber nicht bei einmaligen Unterwerfungen und Plünderungen, sondern etablierte seine Herrschaft durch eine Vielzahl neugegründeter Städte und konnte so die Besiegten dauerhaft (teilweise über Jahrhunderte) ausbeuten. In der Zentrale dieses riesigen Reiches häuften sich unermeßliche Reichtümer an, und Arbeit - womöglich gar körperliche - war für RömerInnen undenkbar. Stattdessen huldigte man an der Hälfte der Tage des Jahres seinen Göttern, Herrschern und deren Feldzügen in so berühmten Monumentalbauten wie dem Colosseum oder der Kampfarena Circus Maximus. Um den BürgerInnen die Schlachten an den Grenzen des Reiches zu demonstrieren, baute man gar riesige Wasseranlagen für die Schauspiele der Kriegsschiffe - eine frühe Vorwegnahme der heute üblichen Kriegsberichterstattung im TV.
Aber Roma kann auch auf eine demokratische Vergangenheit verweisen, die ihren baulichen Ausdruck im Forum Romanum schon ca. 650 v.u.Z. fand. Nach dem Sturz der etruskischen Könige wurde die Republik ausgerufen und Jahrhunderte später zumindest formal auch unter den Kaisern

aufrechterhalten - dies mündete in solch sinnige Titel wie "Erster unter Gleichen" oder verlieh dem Octavianus den Titel des "Augustus" (Der Erhabene) und gar göttliche Würde, die der "bescheidene" Augustus aber ablehnte. Reste des Forum Romanum sind noch heute zu bewundern, wer aber die ganze Pracht genießen möchte, muß sich in den von den Faschisten geplanten und begonnenen südwestlichen Vorort Esposizione Universale di Roma (EUR) begeben und dort das *Museo della Civiltà Romana*, piazza G. Agnelli, aufsuchen, denn in dessen Räumen findet sich ein Modell des Antiken Roms zu Zeiten Konstantins, also des 4. Jh. u.Z. Einen von modernen Gebäuden ungetrübten Eindruck römischer Marsch-Wege bietet die *Via Appia* südlich der Innenstadt, die im ursprünglichen Zustande erhalten werden konnte und beidseitig von Gräbern reicher RömerInnen gesäumt wird. Sie beginnt an der Porta San Sebastiano und führt an der gleichnamigen Katakombe vorbei, an deren Stelle sich in der Antike die Gruft von Petrus und Paulus befunden haben soll. Die Katakomben waren übrigens einzig Begräbnisstätten der Christen und nicht die legendären Zufluchtsstätten während der Christenverfolgungen.

Dem Kaiser Konstantin wird die Erkenntnis zugeschrieben, daß die den geistigen und leiblichen Genüssen verschriebene Stadt nicht nur unregierbar wurde, sondern vor allem unproduktiv war. Vielleicht liegt die Ursache aber in den Strukturen des Römischen Reiches selbst, das von der alten Zentrale - für ihn - nicht mehr zu kontrollieren war, denn der erste Christ auf dem römischen Thron zog sich mit der Förderung des Papstes und den ersten christlichen Kirchen den Zorn des (fast) allmächtigen Senates zu. So verlegte der der Legende nach kühle, höhnische, schwer zu durchschauende Konstantin mit der Begründung, auf Geheiß seines obersten Christengottes zu handeln, seinen Kaisersitz in das alte Byzanz, das per kaiserlicher Anordnung denn auch prompt seinen Namen erhielt. Konstantinopel symbolisierte die Absage an Roma, an die republikanisch-patrizierhafte Staatsordnung und an das Zentrum des an Bedeutung allmählich verlierenden westlichen Teils des Römischen Reiches. Mit Konstantin zogen Spitzenbeamte und zahlreiche andere hochqualifizierte Bürger Roms, und während Konstantinopel so auf dem fruchtbaren Boden am völkerverbindenden Brückenkopf zu noch größerer Blüte gedieh, verlor die alte Zentrale ihren Glanz. Der Sieg des Christentums war aber in der neuen Hauptstadt der Welt noch nicht endgültig, denn der Christ Konstantin weihte die Stadt der antiken Schicksalsgöttin Tyche, entweder weil der Kaiser selbst nicht so recht wußte, für welchen Glauben er sich entscheiden sollte, oder - wahrscheinlicher - weil er auf diesem Wege sowohl die Anhänger der aufstrebenden Religion als auch die Verehrer der althergebrachten Götter hinter sich wußte. So blieb er bis zuletzt der Pontifex maximus der Heiden und der Christen, also der höchste Priester der Römer und gleichzeitig der erste der neuen Religion - die späteren Päpste machten sich diesen Titel zu eigen.

In Roma selbst errang das Christentum ungeahnte Höhen der Macht; 408 u.Z. wurde gar ein Gesetz erlassen, das den Heiden ihren gesamten Besitz raubte und in der Folge zum Abriß zahlreicher Tempel führte, aus deren Resten die Heiligtümer der neuen Glaubensbewegung entstanden. Mit den alten Säulen schufen sich die Päpste die Monumente ihrer Macht, wie *San Pietro* (Peterskirche), *San Giovanni in Laterano* (südöstlich der City) oder *Santa Maria Maggiore* (nahe des Hauptbahnhofs), die den Anspruch Roms, nicht völlig in die Bedeutungslosigkeit versinken zu wollen, symbolisierten. Selbst die Stürme der Völkerwanderungen und die Plünderungen überstand die altehrwürdige Stadt durch die kämpferischen Christen, und trotz ungeheueren Bevölkerungsrückgangs konnte sich Roma durch deren Machtwillen bis ins Mittelalter retten. Zwar war sie wieder nicht in der Lage, sich aus eigenem Vermögen am Leben zu erhalten, denn ein aufstrebendes Handels-Patriziertum wie beispielsweise in den toskanischen Stadtrepubliken fehlte gänzlich, doch erhielt sie als Zentrum der Christenheit beachtliche Zuwendungen aus allen Filialen der Glaubensgemeinschaft. So konnten die in ihrer Macht von niemandem in der Stadt beschnittenen Päpste sich in aller Ruhe dem Ausbau ihrer Residenzen, wie dem *Vatikan*, dem Bau ihrer privaten Familienpaläste und schließlich und letztendlich - wenn das Vermögen hierfür noch ausreichte - der Errichtung von Straßen, Wasserleitungen etc. für die Stadt widmen. So entstanden inmitten der Trümmer des antiken Roms Adelspaläste - alle Päpste entstammen einem Kardinalskollegium, dessen Mitglieder fürstlichen Rang besitzen mußten -, die an Monumentalität und Aufwand diejenigen aller anderer Städte bei weitem übertrafen. In der Stadt konnte sich eine Idee am Leben erhalten, die ihr von der Bevölkerungszahl und wirtschaftlichen Macht gar nicht mehr zustand, nämlich jene, dieser Welt voranzustehen, sie zu ordnen und sie zum "gemeinsamen Heil" zu führen. Dieser Heilsgedanke paßte vortrefflich in die Glaubensvorstellungen und Machtgelüste der Päpste, so daß sie diese Ideologie Roms stützten, wo sie nur konnten.
Doch selbst die weitreichenden Verbindungen der Priesterfürsten konnten den notwendigen Geldfluß nach Rom nicht zu jeder Zeit gewährleisten, so daß die Verhältnisse in Roma immer unerträglicher wurden und sich die Päpste schließlich in den Schutz des französischen Königtums, das mit angemessenem Druck nachzuhelfen wußte, nach Avignon flüchten mußten. Als sie 1420 die Aura Roms wieder eingefangen hatte, mußten sie in eine völlig darniederliegende Stadt zurückkehren. Es lebten nur noch ca. 20000-30000 Menschen innerhalb der aurelianischen Mauer - zum Ver-

gleich: innerhalb dieser hatten zu den Hoch-Zeiten des Römischen Reiches schon einmal über 1 Millionen Menschen gelebt!
Die Päpste mehrten ihren Besitz sodann durch zahlreiche Kriege mit den Fürstentümern und Stadtrepubliken Italiens, erweiterten also mit dem Kirchenstaat nicht nur ihren Einflußbereich, sondern eroberten sich vor allem neue Gebiete zum Geldeintreiben und verfielen auch zwecks der Beschaffung von Finanzmitteln auf so genial einfache Ideen wie den Ablaßhandel. Dieses Vermögen verausgabten sie zu einem beachtlichen Teil für den Ausbau ihres Sitzes in Roma. Über drei Jahrhunderte wurde die Residenz erneuert, erweitert und immer pompöser ausgestattet; eigene Befestigungsanlagen wurden errichtet und die seit altersher bewährte *Engelsburg* (gleich an den Ufern des Tiber) zur uneinnehmbaren Festung ausgebaut. Während die Engelsburg auf dem Grabmal des römischen Kaisers Hadrian und damit eines Heiden basiert, ruht unter der wohl bekanntesten katholischen Kirche der Welt (angeblich) der Apostel Petrus. Ursprünglich wurde unter dem ersten christlichen Kaiser Roms, Konstantin, auf Bitten des Papstes Sylvester I., eine kleinere Kirche über dem Grabe errichtet, die aber in der Folge vielfach erweitert wurde. Nach und nach entwickelte sie sich nicht nur zum meistbesuchten Wallfahrtsort, sondern auch zu dem Ort, an dem die Kirche ihre weltliche Macht demonstrierte - beispielsweise erhielt Karl der Große anno domini 800 aus den Händen des amtierenden Papstes Leos III. als Weihnachtsgeschenk die Kaiserkrone.
In der Zeit der umfangreichen Ausbauten ab dem 15. Jh. genügte die alte Kirche den repräsentativen Ansprüchen der Päpste schließlich nicht mehr, und so wurde nach ihrem Abriß ab 1506 die heutige *Peterskirche* errichtet. Diverse Künstler durften ihre Ideen verwirklichen; Bramante, Raffael, Antonio da Sangallo wirkten hier, bis der Bau letztendlich von Michelangelo vollendet wurde. Ihm bzw. seinen Entwürfen verdankt die Peterskirche die bemerkenswerte, 132 m hohe Kuppel, deren Wirkung aber schon gut zwei Jahrzehnte später wieder aufgehoben wurde, da der Kirche die mächtige Barockfassade vorgestellt wurde. Es bleibt also dem Betrachter aus der Ferne überlassen, sich die einfache, aber sehr wirkungsvolle Idee von Bramante, dem Konstrukteur des Grundrisses, und Michelangelo in seiner Phantasie auszumalen. Doch nicht nur diese Kirche, sondern beispielsweise auch der vor ihr gelegene gleichnamige Platz mit den auf immerhin 284 Säulen und 88 Pfeilern ruhenden Kollonaden mußte für das Darstellungsbedürfnis, die Machtdemonstration der Päpste herhalten. Die heutige *Vatikanstadt* weist selbstverständlich noch weitere bedeutende Bauwerke (wie den Vatikanischen Palast oder die Vatikanischen Museen) auf, doch sollen an dieser Stelle eher die Eigentümlichkeiten dieses winzigen Staates der Statthalter Gottes auf Erden erwähnt werden - als da wären: der eigene Bahnanschluß, Flughafen (allerdings nur für Helikopter)

und die Vatikan-Post. Daß der Vatikanstaat nicht Italien ist, wird besonders an ebendieser Post deutlich, denn sie steht in dem Ruf, ihre Briefkästen nicht nur pünktlich zu leeren, sondern die Briefe und Postkarten sogar zügig zu befördern.

Der Vatikan wird sowohl mit der Endung -stadt als auch -staat umschrieben, wobei letzteres wörtlich zu nehmen ist; zwar wurde der Kirchenstaat im Zuge der nationalen Einheitsbewegung 1870 offiziell aufgelöst, woraufhin der Papst natürlich die Anhänger des Risorgimento exkommunizierte und sich schmollend in seine Gemächer im Vatikan zurückzog, doch nach 59 Jahren strebte Mussolini einen Ausgleich mit der Kirche an, um "die Innere Front" zu beruhigen, und schloß mit dem Heiligen Stuhl die sogenannten "Lateranverträge". In diesen wird das Rechtsverhältnis zum italienischen Staat geregelt und vor allem das Hoheitsgebiet des Papstes in Form der Vatikanstadt festgelegt. Seit 1929 stellt der Vatikan somit wieder einen eigenen Staat dar, dem die üblichen Freiheiten gewährt sind, wie z.B. die Münzhoheit, ein eigenes Militär bzw. eine Polizei, die von der Schweizergarde verkörpert wird und den Fotoapparaten der Touristen ein allerliebstes Motiv bietet. Wer also auf der Flucht vor der italienischen Polizei ist, der kann sich, um Asyl bittend, z.B. in den Vatikan retten. Ohne von der City den Tiber überwinden zu müssen, kann man sich ebenfalls in den Hoheitsbereich der göttlichen Stellvertreter begeben, indem man die als exterritoriale Gebiete des Papstes deklarierten Basiliken San Giovanni in Laterano, San Paolo fuori le Mura oder Santa Maria Maggiore aufsucht.

Wenn auch ansonsten Bedenken bestehen würden, den Machtbereich des obersten Hirten der Katholischen Kirche auf das gesamte Stadtgebiet Roms zu erweitern, so hätte es aber für die FahrradfahrerInnen und FußgängerInnen doch einen entscheidenden Vorteil - im Vatikan gilt die fortschrittliche maximale Höchstgeschwindigkeit von 30 km/h. Eine entsprechende Ausweitung ist aber kaum mehr erforderlich, da das Chaos, das die allzuvielen PKWs mittlerweile in Roma anrichten, tatsächlich nicht wesentlich höheres Tempo zuläßt. Wie in allen großen Städten besteht das Hauptverkehrsproblem inzwischen aber weniger im fließenden als im ruhenden Automobil. Aufgrund der beengten Verhältnisse sind Parkplätze äußerst rar und werden die Fahrbahnflächen häufig als Ersatzstellplätze verwendet. Das somit perfektionierte Verkehrschaos hat den Bürgermeister in der jüngsten Vergangenheit zu drakonischen Maßnahmen greifen lassen - ab sofort gilt die Fahrerlaubnis nur noch an jedem zweiten Werktag, entsprechend der letzten Ziffer des Autokennzeichens dürfen die RömerInnen ihr Blechhäuflein nur dann verwenden, wenn die "Gerade" oder "Ungeraden" dran sind. Bleibt die Frage, ob die Schilderhersteller stark gestiegene Umsätze verbuchen können und sich die nicht ganz Dösigen ein zweites Paar zugelegt haben.

Die dem Autowahn nicht gänzlich verfallenen RömerInnen fahren aber schon lange nicht mehr mit ihrem privaten KFZ, sondern bedienen sich des großzügig ausgebauten und preiswerten Busliniennetzes, das den weniger Ortskundigen allerdings einige Probleme bereitet. Ein nicht unbedeutender Teil der rund 200 Buslinien erschließt sich nur den Eingeweihten bzw. Gebrandmarkten - ein und dieselbe Nummer, die auf die gleiche Linienführung schließen ließe, steht manches Mal gleich für drei verschiedene Linien. Die Unterscheidung ergibt sich entweder durch einen roten Querbalken auf den schwarzen Zahlen oder ein zusätzliches Kreuz, so daß es nicht genügen kann, sich einfach nach der Nummer des Busses zu erkundigen, will man sich nicht in den Weiten der Stadt verlieren.
Doch das Busfahren gewinnt noch durch andere Faktoren in Roma den Charakter eines Abenteuers; die Hinweisschilder an den Haltestellen können getrost als Kunstwerke bezeichnet werden, doch ist den handgemalten Objekten nur ein geringer Informationswert beizumessen. Denn einerseits sind sie häufig veraltet und andererseits meist nur fünf oder sechs aller Haltestellen bis zum Ziel vermerkt, so daß den FahrerInnen ungeahnte Freiheiten eingeräumt werden. Sollten Sie sich als des Italienischen mächtig an einer Haltestelle (fermata) bei den anderen Wartenden erkundigen, so werden Sie dementsprechend auf etwas eigentümliche Antworten treffen. Sätze wie "Fahren Sie bloß nicht mit dem Verräter der Linie 27" oder "Kommen Sie mit bis zur nächsten fermata, da fährt der 70er, der für uns beide besser ist" sind gar nicht so ungewöhnlich. Auch für unsere Gewohnheiten so unvorstellbare Aktionen, wie scharfes Abbremsen mitten auf der Strecke, um einen Stammgast "einzuladen", gehören im römischen öffentlichen Nahverkehr zum Alltag.
Ihnen als reisende RadlerInnen bietet sich aber natürlich auch die Möglichkeit, sich von piazza zu piazza mit dem Drahtesel zu bewegen; denn so erspart man sich nicht nur eine Bus-Fahrt ins Ungewisse, sondern kann auch die ersten verkehrsberuhigten Zonen im City-Bereich der südeuropäischen Metropole schätzen lernen. Auf den Wegen durch die Stadt werden Sie unwillkürlich immer mal wieder auf einem der zahlreichen Plätze "landen", die traditionell jeweils spezifische Treff- und Handelspunkte darstellen.
So versammeln sich seit Urzeiten die aktiven Gewerkschafter zu Kundgebungen oder bei Generalstreiks auf der *piazza San Giovanni in Laterano*; treffen sich die Frauen zum Kampf gegen das Patriarchat auf der *piazza Esedra*; protestieren die Bürger der Stadt auf dem *Kapitolsplatz* vor dem römischen Rathaus, die weite Freitreppe Michelangelos überflutend, gegen ungerechte Beschlüsse; freut sich (fast) ein jeder heute über das Verkehrschaos auf der *piazza Venezia*, da man ansonsten wohl allzuoft an die Mussolini zujubelnden Massen erinnert würde; oder diente die

piazza Navona in den 70ern den Hippies als Ort der Entspannung inmitten der Pracht der Blumen und "Gräser".

Auf den Entdeckungsfahrten nach den ungezählten weiteren "Schau-Plätzen" der ehrwürdigen Roma, links und rechts der betonierten Tiber-Landschaft, kann für noch akzeptable Lit 2500 der "Nuova Pianta Roma" (neuer Stadtplan Roms) hilfreich sein.

Information: ENIT, via Marghera 2-6, Tel. 4971282; oder die Büros der EPT (Hauptsitz via Parigi 11, Tel. 463748) am Hauptbahnhof - Stazione Termini - auf dem Bahnsteig 20 sowie am Flughafen "Leonardo da Vinci", die Stadtpläne und Verzeichnisse von Hotels und Pensionen bereithalten.
Jugendherberge: Ostello del Foro Italico, viale delle Olimpiadi 61, Tel. 3964709; Casa dello Studente, viale Minestero degli Affari Esteri 5, Tel. 3962951, nur in den Semesterferien; YMCA, piazza Independenza 23c, Tel. 464921; weitere preiswerte Schlafmöglichkeiten bei religiösen Vereinigungen vermittelt das "Pilgerbüro", via delle Conziliazione 10, Tel. 6985036.
Camping: "Camping Tiber", via Tiberina km. 1.400, Tel. 6912314 & 6910733 (ca. 14 km nördlich, mit einem Super-Market und Restaurant, ruhig gelegen); "Roma-Camping", via Aurelia km 8,2, Tel. 6223018 (ca. 6 km westlich); "Camping-Flaminio", via Flaminia Nuova km 8,2, Tel. 3279006 (ca. 5 km nördlich).

Piazza Navona

Kartenskizze Etappen 24, 48, 49 & 51

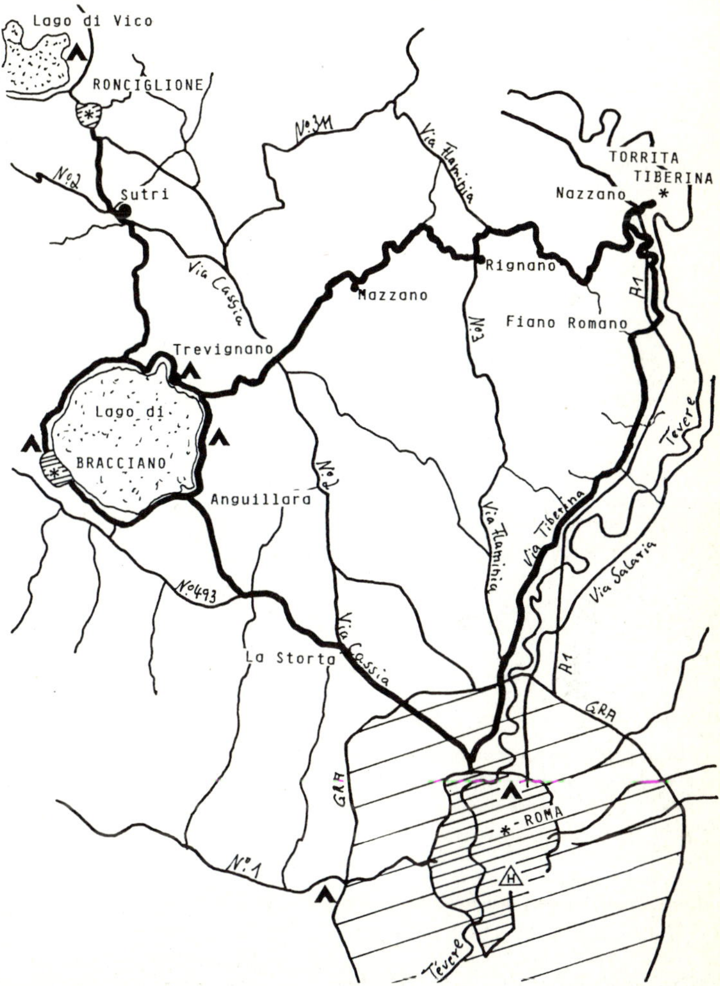

Etappe 24:
Roma - Via Tiberina - Fiano Romano - Torrita Tiberina (50 km)
Skizze s. vorige Seite

Vom Zentrum Romas, der Via Del Corso, radeln Sie über die sich anschließende Prachtachse Via Flaminia, später dem Verkehrsfluß zunächst halbrechts und gleich darauf auf den Corso di Francia folgend. Somit überqueren Sie auf der Ponte Flaminio den Tiber, und ab dort geben Ihnen die blauen Hinweisschilder zur Via Flaminia die rechte Orientierung. Auf dieser autobahnähnlich ausgebauten Schnellstraße (ein 1-2 m breiter Seitenstreifen ermöglicht sicheres Radeln) fahren Sie ca. 3 km bis Prima Porta, wo Sie die wesentlich ruhigere und weniger breit ausgebaute *Via Tiberina* erreichen. Diese Straße bleibt zunächst im ebenen Tal des sich wild windenden Tibers, führt nach Verlassen der Talsohle in die Ortschaft *Fiano Romano,* um sich schließlich noch einmal dem Tiber zu nähern, bevor sie sich in vielen Serpentinen hinauf nach Nazzano schlängelt. Das Erklettern Nazzanos wird mit einer schönen Aussicht von dem ebenfalls hoch oben gelegenen, bald folgenden **Torrita Tiberina** in das Tal des Tibers entschädigt.

Etappe 25:
Torrita Tiberina - Poggio Mirteto - Montenero - Contigliano - Rieti (55 km)
Skizze s. Seite 163

Diese Etappe führt Sie in die karge, wenig belebte Hügelwelt der Monti Sabini, so daß Ihnen viele Stunden ruhigen Radelns geboten werden.
Von dem gleich einer Wächterin hoch über dem Tiber schwebenden Torrita Tiberina verläuft die Etappe hinunter ins Tal des Tibers. Auf dessen gegenüberliegenden Ufer angelangt, halten Sie sich am Abzweig gleich zu Beginn der Statione Poggio Mirtete links, radeln ein Stück parallel zum Fluß, bis es rechts den Hang hinauf nach *Poggio Mirteto* geht und Sie somit dem Lauf des Tibers den Rücken zuwenden. Wenn Sie das alte Mirteto fast erreicht haben, zweigt die Etappe rechts hinunter zum auf einem Tuffelsen erbauten Bocchignano ab. Nun steigt die Straße nahezu ständig an, ohne die hoch oben auf den unwirtlichen Hügelkuppen liegenden Ortschaften Salisano, Mompeo und *Montenero* zu erreichen. Ca. 5 km nach dem Abzweig nach Montenero findet das "Bergan" in den ruhigen Weiten der Monti Sabini sein Ende, und die Straße fällt in den Talkessel Rietis ab.

(*In Gegenrichtung:* Von dieser Hochebene führt Sie der Hinweis Poggio Mirteto auf den rechten Weg.)

Rieti, 402 m ü.N.N., 43000 Einw., Provinzhauptstadt der gleichnamigen Provinz, im Altertum Reate genannt, war der Hauptort der Sabiner, ein von den Umbrern abstammenden Volk, das nach der Sage vom "Raub der Sabinerinnen" Anteil an der Gründung Roms gehabt haben soll. Sie verehrten als den Vater ihrer Götter "Sabinus", angeblich der erste Winzer, der den Menschen mit der Rebe auch die Kultur schenkte. Doch auch die beste Rebsorte wächst nur auf einem fruchtbaren Boden, den die Sabiner denn auch prompt einer Göttin verdankten, die sie "Vacuna" nannten und die ihrer Meinung nach die reichlich vorhandenen Wassermassen in die Schranken verwies. Nördlich der Stadt bestand nämlich im Altertum ein See, der noch wesentlich größer gewesen sein soll als der Lago di Bolsena. Aufgrund dieses Wasserreichtums genoß das Reich der Sabiner den Ruf höchster Fruchtbarkeit und war entsprechend begehrt. Heute kann man zwar noch die Fruchtbarkeit der nördlichen Ebene erkennen, doch wurde der See im 16. Jh. durch Entwässerungsmaßnahmen endgültig ausgetrocknet und der Hauptfluß, der Velino, plätschert heute ruhig dahin.
290 v.u.Z. wurden die Sabiner von Rom unterworfen, aber sie erhielten - im Sinne moderner Ausländerintegration - schon nach 22 Jahren die römischen Bürgerrechte. So konnte sich das Volk großen Einfluß im Römischen Reich sichern und gebar in seiner Hauptstadt Reate beispielsweise die römischen Kaiser Vespasian, Titus und Domitian. Nach dem Zusammenbruch des Römischen Reiches wurde die Stadt in der Völkerwanderungszeit mehrfach zerstört und kam erst zu Beginn des 13. Jh. zur Ruhe, nachdem es seit 1198 dem Kirchenstaat angehörte. Zahlreiche Päpste lebten hier und ließen sich von den streng gläubigen Rietern vor Übergriffen verteidigen.
Rieti besitzt nur noch wenige Monumente seiner glorreichen Vergangenheit, da es im Randbereich der Monte Reatini liegt, eines im übrigen beliebten Skigebiets, wo die Urkräfte der Erde noch leben - das letzte Erdbeben verwüstete 1898 die Stadt. Angeblich soll sogar einmal der Papst Bonifaz VIII. während des Lesens der Messe so plötzlich vom Erdbeben überrascht worden sein, daß er in seinen würdevollen Gewändern flüchtete.
Eines der erhaltenen bedeutenden Gemäuer ist der "Duomo", mit dessen Bau 1109 begonnen wurde und der 1225 vom amtierenden Papst geweiht wurde. Zwar zerstörte das oben erwähnte Beben auch diesen Bau, doch wurde er getreu dem alten wiederhergestellt. Das zugehörige Museo Sacra ist di-do 10-12 und sa & so 16-18 h geöffnet. Gleich nebenan befindet sich der "Bischöfliche Palast" von

1285, mit einer monumentalen, beinahe kirchenartigen gotischen Halle, dessen Front zur piazza Mariano Vittorio die Papstloggia beinhaltet, der für die flüchtigen Päpste bei Festivitäten den würdevollen Rahmen gab. An der benachbarten Seite des Duomo - gleich beim Turm - liegt die piazza Cesare Batisti, die mit dem geschmackvollen Garten des Palazzo Governo aufwarten kann. Seine Loggien zur Gartenseite lassen stilvolles Wohnen seiner Herrschaften erahnen, das heute dem sozialen Wohnungsbau mancherorts gut zu Gesicht stände. Neben den Stadtmauern des 13. Jh. lohnt noch ein Blick auf und in den "Palazzo Comunale" etwa desselben Jahrgangs. Hinter seiner barocken Fassade aus der Mitte des 18. Jh. findet sich unter anderem das "Museo Civico" mit einer Gemäldeausstellung.

In der Umgebung: Ca. 5 km südwestlich liegt einsam zwischen den Steineichen das Kloster "Fonte Colombo", wo Franz von Assisi 1223 mit einigen seiner Mitbrüder wohnte und die Folgen seiner schweren Augenkrankheit auskurierte. Das nach dem Zweiten Weltkrieg rekonstruierte Gebäude liegt neben der 1450 geweihten Kirche und diente Franz von Assisi nach 40tägigem Fasten als würdiger Rahmen zur Niederschrift seiner Ordensregeln. Wie alle Fastenden litt auch er unter Wahnvorstellungen, denn angeblich ist ihm während der Arbeit Christus erschienen, weshalb die Franziskaner später den Ort den franziskanischen Sinai nannten.

Auch ein anderes Ausflugsziel, natürlich wieder ein Kloster, nämlich das "Convento la Foresta", ist eng mit dem Heiligen verbunden. Hier soll es zu einer wundersamen Vermehrung von Trauben gekommen sein, was die Rietiner verständlicherweise in Scharen herbeilockte. Nachdem sie den Reden Franz von Assisis gelauscht hatten und sich segnen ließen, lag ihnen nichts näher, als die leckeren Früchte zu verzehren bzw. abzuernten. Infolge des Massenandrangs wurden die Reben zerstört, was die Rietiner nicht weiter schockierte und nicht an der zufriedenen Heimkehr hindern konnte. Der weise Heilige ließ sie laufen, denn er konnte sich ja auf seine Kräfte verlassen - sein Ghostwriter, Frateleone, beschrieb, daß der Meister durch Gebet und Segen dem Weinberg seine Früchte schlicht zurückgab.

Information: via Cintia 87, 02100 Rieti, Tel. 41146; Büro im Palazzo Communale, piazza Vittorio Emanuele II.

Telefonvorwahl: 0746.

Fahrradservice: ein namenloser Fahrradladen in einer namenlosen Straße, zu finden von der piazza Marconi in Richtung des Zentrums, gleich in der ersten Straße links.

Kartenskizze Etappen 25 - 27

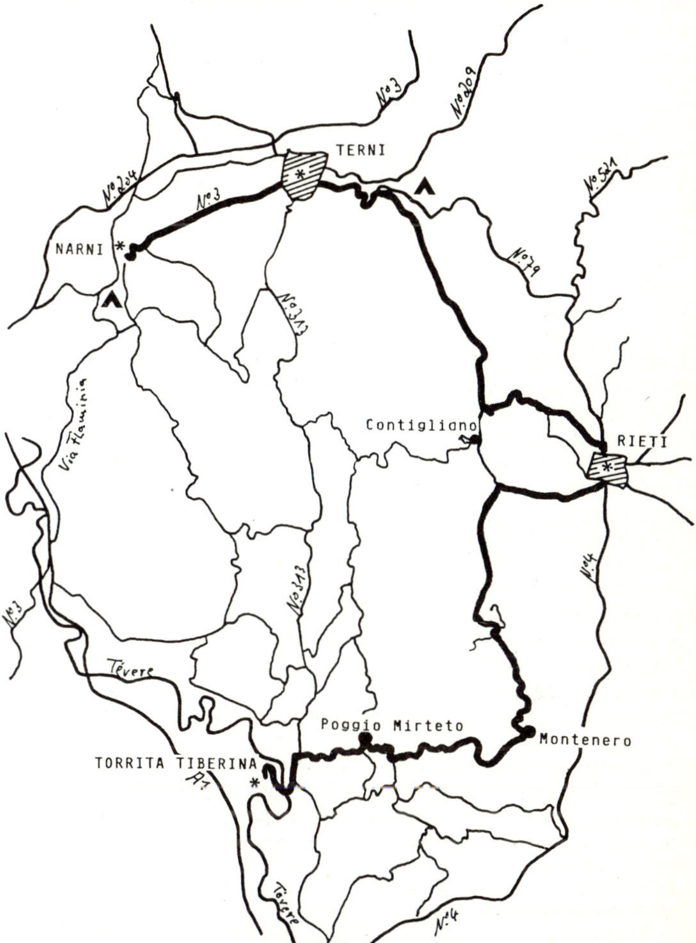

Etappe 26:
Rieti - Terni (35 km)
Skizze s. vorige Seite

Im Zentrum Rietis startend weisen die Straßenschilder "Terni" den Weg. Beim Abzweig nach Gréccio führt die Etappe links und durchkreuzt den fruchtbaren Talkessel, in dem Ihnen weiterhin die Hinweise nach Terni die nötige Orientierung geben.
(*In Gegenrichtung:* In Spinacceto geht es links, dem Hinweis Rieti folgend, ab.)

Wenn Sie denn Talkessel diagonal durchradelt haben, führt die Strecke in ein schmales, ruhiges, fast unbesiedeltes Tal mit bewaldeten Hängen. Mit nur geringem Gefälle schlängelt sich die Straße gen Terni. In Mármore erreichen Sie das Ende dieses Tals.
(*In Gegenrichtung:* Rechts den Hinweisen Rieti/Greccio folgend abbiegen.)

Ab Mármore radeln Sie in eine neue Kulisse; denn schon bald nach den letzten Häusern schauen Sie von weit oben auf das in der Ferne liegende Terni. Die letzten 6 km führen in Serpentinen hinunter in die Provinzhauptstadt.

Terni, 130 m ü.N.N., 111000 Einw., Provinzhauptstadt der gleichnamigen Provinz, gehört heute zu den am stärksten industrialisierten Gegenden Mittelitaliens. Aufgrund der zahlreichen Wasserläufe im Umland - die Braunkohlevorkommen im benachbarten Spoleto fügten einen weiteren begehrten Energieträger hinzu - etablierte sich gegen Ende des vorigen Jahrhunderts die metallverarbeitende Industrie. Die Zerstörungen im Zweiten Weltkrieg führten zu einem modernisierten Wiederaufbau der Industrieanlagen, die nun um die Erzeugung von Edelstahl und Kunststoffen erweitert wurden. Zweites wirtschaftliches Standbein Ternis ist die chemische Industrie, hier werden Düngemittel für Italiens Äcker produziert.
Die Reste des "Anfiteatro Romano" südwestlich des Hauptplatzes, der piazza Repubblica, zur Hälfte umsäumt von den "Giardini Pubblici" (dem öffentlichen Stadtgarten), zeugen von Besiedlung schon zu Zeiten der Römer. Geschätztes Gründungsdatum der ehemals für 10000 Besucher konzipierten Anlage ist das Jahr 32 u.Z.. Die Dimensionen dieser Stätte der Vergnügen sprechen für ein florierendes antikes "Interamma". Heute ist die Anlage nicht zugänglich, nur die Grundform ist erkennbar und etwas schmückendes Mauerwerk

sichtbar. Zum etwas versteckt liegenden Amphitheater gelangen Sie von der piazza Repùbblica über die via Cavour und die via XI Febbraio.
Das Mittelalter, in dem sich die kirchlichen und weltlichen Obersten Ternis mit denen des benachbarten Erzrivalen Narni ständig befehdeten, hinterließ Terni die Kirche "S. Salvatore", eine frühchristliche Basilika (was die Grundfesten des Zentralbaus anbelangt 5. Jh., der rechteckige Vorbau kam im 12. Jh. hinzu). Das verhältnismäßig kleine Gebäude finden Sie vom Hauptplatz über die piazza Europa - der südlichen Verlängerung der piazza Repubblica -, dem sich anschließenden namenlosen Plätzchen und der scharf links abzweigenden via C. Colombo. Ferner blieben der Stadt gleich neben dem römischen Amphitheater der Duomo mit einem romanischen Portal mit Reliefs aus dem 12. Jh., seinem ältesten Teil, und den Erneuerungen des 17. Jh. und als Vertreterin des Gotischen die Kirche "S. Francesco" (1265), mit der "Paradies-Kapelle" am Ende des rechten Seitenschiffes aus dem 14. Jh., erhalten.
Terni stellt einen der seltenen negativen Fälle in Italiens Städtebaukünsten dar; das Zentrum hinterläßt beim Besucher schon beinahe den Eindruck der Verwahrlosung. Durch städtebaulich völlig unangemessene Wohnungsbauprojekte wurde die mittelalterliche Platzabfolge zerstört, so daß sie heute eher chaotisch denn belebend wirkt. Der teils miserable Zustand der mittelalterlichen Wohnhäuser - sonst in Italien fast nie zu sehen - läßt denn auch schon erahnen, woher der Wind weht.
In der Umgebung: Ca. 7 km östlich Ternis finden Sie das künstliche Naturspektakel "Cascata delle Mármore". Einst (3. Jh. v.u.Z.) von den Römern zur Bewässerung ihrer Felder angelegt, wird der Wasserfall, gespeist von Nera und Velino und in mehreren Stufen weit über hundert Meter fallend, heute als touristische Attraktion betrieben. An sommerlichen Wochenenden werden die Wässer von 10-13 h & 15-23 h (beleuchtet!) "eingeschaltet", in der Hauptsaison Juli-Aug. auch an Wochentagen 17.00-18.30 h.

Information: viale C. Battisti 5, 05100 Terni, Tel. 43047; Büro gleich nebenan in Haus Nr. 7.

Telefonvorwahl: 0744.

Camping: "Marmore", ampacci, Tel. 67198, Juni-Sept.; "Lago di Piediluco", Tel. 68371, Mai-Sept., am gleichnamigen See.

Fahrradservice: Via Carrara und Viale Luigi Campofregoso.

Etappe 27:
Terni - Narni (12 km)
Skizze s. Seite 163

Die Hinweise der verkehrsreichen SS 3 leiten von dem architektonisch konzeptlosen Gewerbe- und Industriestandort Terni in das in sicheren Höhen errichtete, beim Besucher den Eindruck einer wohlhabenden kleinen Gemeinde erweckende, mit behutsamen planerischen Händen gepflegte Narni.

Narni, 240 m ü.N.N., 21000 Einw., Provinz Terni, konnte sich über die Jahrhunderte sein mittelalterliches Gepräge bewahren. Die Stadt liegt auf einem Bergsporn, über dem Eingang der Nera in ihre enge Schlucht, wo schon die Römer einen ihrer gut ausgebauten Verkehrswege unterhielten. So finden sich hier noch Überreste der "Ponte di Augusto", die ursprünglich 128 m lang und 30 m hoch gewesen sein soll. Wie stabil die Römer ihre Viadukte - zumindest zum Teil - konstruierten, ist an den zwei noch vorhanden Bögen erkennbar. Der größere ist durch ein paar kleinere Maßnahmen zudem so geschützt worden, daß er vielleicht noch einmal zweitausend Jahre hält; selbst die "Bruchstücke" der eingestürzten Bögen am Ufer des Flusses erwecken noch heute den Eindruck von grundsolider Bauweise. Dem heutigen Betrachter stellt sich unwillkürlich die Frage, weshalb ein solch famoser Verkehrsweg im Mittelalter nicht gepflegt und gehegt wurde.
Narni wird von der "Rocca" (1370) überragt, die aus dem Stadtkern über die Via del Monte erreichbar ist. Von ihr bietet sich ein herrlicher Blick auf die mittelalterliche Altstadt und die bedeutendsten Bauten, darunter der "Dom" (begonnen im 11. Jh., mit einer Renaissance-Säulenhalle aus dem 15. Jh., und 1497 mit dem romanischen Hauptportal und dem Bogengang beendet) und der "Palazzo del Podestá". Der heute zum Palazzo Comunale Umbenannte wurde aus drei Gebäuden des 13. Jh. zusammengefügt und im 15. Jh. dem Zeitgeschmack durch die Montage von Kreuzfenstern angepaßt. Heute dient das Gebäude einerseits als Rathaus und daneben als "Pinacoteca"; den Innenhof schmücken römische und mittelalterliche Marmortafeln und Fundstücke.
Einen guten Eindruck mittelalterlicher Stadtbaukunst vermittelt ein Spaziergang durch die strada Mazzini, die von zahlreichen Gebäuden des 13. Jh. und mittelalterlichen Geschlechtertürmen gesäumt wird.
Im übrigen ist Narni ein gutes Beispiel, um zu zeigen, daß es mög-

lich ist, in mittelalterlich geprägten Städten zeitgemäßes Leben zu verwirklichen. So strotzt beispielsweise die strada Mazzini nur so vor modernen Geschäften mit teils beachtlichem Angebot, wie man es in einem derart kleinen Städtchen nicht vermuten würde.

Information: piazza dei Priori 18, 05035 Narni, Tel. 715362.

Telefonvorwahl: 0744.

Camping: "Monti del Sole", Strada di Borgheria, Tel. 746336, April-Okt. (etwa 4km höher bei dem Örtchen Borgheria gelegen)

Etappe 28:
Terni - Crocemaroggia - Spoleto (35 km)
Skizze s. Seite 171

Auf der SS 3, die so reichlich bemessen ist, daß die zahlreichen motorisierten Nebenbuhler nicht zu nahe kommen, sind zwei Drittel der Gesamtstrecke durch ein waldreiches und enges Tal bergan zu radeln. Die Bar "Belli", am höchsten Punkt gelegen, lädt zu einer Verweil ein. Von hier sind die noch verbleibenden 8 km zum noch zwischen grünen Hügeln verborgenen Spoleto eine leichte rollende Übung.

Spoleto, 396 m ü.N.N., 38000 Einw., Provinz Perugia, wird überragt von der auf einer Felsterrasse Mitte des 14. Jh. von M. Gattapone errichteten "Rocca". Das Bergkastell diente im Erzbischofssitz Spoleto dem päpstlichen Statthalter als Residenz und schon einigen Päpsten als Sommerfrische. Doch in der Chronologie Spoletos kommen die Kirchenoberhäupter eigentlich erst zum Schluß. Es begann sein Dasein als wichtige römische Siedlung, als da wäre heute noch zu besichtigen: das im Norden der Altstadt zwischen gleichnamiger Straße und dem Flüßchen Tessino gelegene "Anfiteatro", das aber weitgehend um- und überbaut ist und sich daher dem Auge des heutigen Betrachters entzieht. Wer einen Blick auf die Grundmauern werfen möchte, wagt sich in den Innenhof des Hauses Nr. 21 in der via Antifeatro, hält sich rechts und gleich wieder links und steht vor den Zeugen der Geschichte. Im Süden an der piazza Liberta befindet sich das gut erhaltene bzw. restaurierte (jederzeit für Veranstaltungen wieder nutzbare) "Teatro Romano"; nur ein kleines Stück östlich - in gleichnamiger Straße - der 23 u.Z. aus einem einzigen Bogen errichtete "Arco di Druso", der Triumphbogen, dessen Pendant einem schon auf dem Weg dorthin "begegnet" - der Arco Romano, ein unscheinbares Tor in der engen Gasse, das nur durch die grob behauenen Steine auffällt. Teilweise sind die Reste des "rö-

Piazza in Narni

mischen Tempels" aus dem 1. Jh. durch den Bau von S. Ansano (11.-12. Jh.) - gleich neben dem Drusus-Bogen - überbaut worden. Auch die "Ponte delle Torri", eine 80 m hohe und 230 m weit das Tal des Tessino überspannende Brücke, aus dem 14. Jh. basiert auf römischem und langobardischen Unterbau.
Bevor Spoleto zum Zentrum des Kirchenstaates wurde, verbrachten langobardische Herzöge "fette" Jahre innerhalb der polygonalen Stadtmauer. Seit 1198 saßen die Geistlichen jedoch fest im Sattel.
Im alten Teil Spoletos sind ihre Häuser denn auch heute noch zahlreich vertreten. Angeführt vom "Duomo" aus dem 12. Jh., unterhalb der Rocca errichtet, mit einer reich gestalteten Fassade, die auf einer Renaissance-Säulenhalle ruht, und einem barockisierten Innern, das bemerkenswerte Beispiele der Renaissancemalerei von Filippo Lippi, Pinturicchio und Spagna enthält. Der großzügige Vorplatz des Duomo läßt nicht nur die Fassade so recht zur Geltung kommen, sondern stellt mit seiner flach abfallenden langen Treppe - der via dell'Arringo - eine beachtenswerte städtebauliche Leistung dar, die zu einer beschaulichen Radlerrast einlädt. "San Gregorio Maggiore" im Norden an der piazza Garibaldi ist aus dem selben Jahrgang, jedoch nicht so reich geschmückt und ausgestattet. "San Pietro" im Süden, schon vor den Toren der Stadt, wurde im 3. Jh. begonnen, aber auch erst wie die beiden Erstgenannten im 12./13. Jh. fertiggestellt und reichlich mit Reliefs behangen.
Gleich in der Nähe des Doms ist neben dem Teatro Melisso (mit dem entsprechenden Café "Del Teatro") in einem Palast aus dem 14. Jh. das "Museo Civico" (Städtisches Museum) mit römischen Inschriften, frühchristlichen Sarkophagen und Marmortafeln des Mittelalters und der Renaissance untergebracht. Der Eingang liegt etwas versteckt - vom Dom in Richtung der langen Treppe blickend, gelangen Sie, sich rechts eben dieser haltend, zum Zugang um die Ecke.
Wer direkt am Dom die paar Stufen abwärts geht, entdeckt zur Belohnung das bemerkenswerte Rückgrat des Baptisteriums und alten Theaters. Um das starke Hanggefälle auszugleichen und genügend "Baugrund" zu gewinnen, wurden sieben mächtige Bögen gemauert. Der Aufwand rechtfertigte sich vermutlich auch, um der Domfassade den rechten Vorplatz zu schaffen - denn eine freie Lage am Hang hätte den damaligen Vorstellungen nicht entsprochen.
Daß sich Spoleto zu einer wichtigen Adresse für Reisende entwickelt hat, liegt wohl nicht zuletzt daran, daß der amerikanische Komponist italienischer Abstammung Giancarlo Menotti das "Festival dei Due Mondi" Ende der 50er Jahre schuf, anläßlich dessen alljährlich

im Juni und Juli Opern, Theaterkonzerte und Balettaufführungen in Spoleto stattfinden.
Information: piazza della Libertá 7, 06049 Spoleto, Tel. 49890 od. 28111.
Telefonvorwahl: 0743.
Camping: "Monteluco", Tel. 0742/28158, Mai-Sept; "Petrognano il Spoleto" ca. 6 km nördl.; "Il Gerasone" ca. 9 km nördlich zwischen San Brizio und Bruna.
Fahrradservice: via Guviemo Maconi 84.

Etappe 29:
Spoleto - Bruna - Trevi - Foligno (30 km)
Skizze nebenstehend

Vom Zentrum aus radeln Sie zunächst in Richtung des Bahnhofs Spoletos, doch noch vor Erreichen dieser zweigt die Etappe links ab, bei den Hinweisen nach Montefalco/Castél Ritaldi.

Durch eine weite Argrarebene, eingerahmt von Höhenzügen, die auf der östlichen Seite bis über 1000 Meter Höhe reichen, führt Sie die Strecke durch die bäuerlichen Steindörfer Brizio, *Bruna,* an dessen Dorfkirche Sie rechts abzweigen, Castél San Giovanni (im Dorfe geht's einmal links ab) und San Lorenzo zu dem auf der Talsohle gelegenen Trevi Bargo, das vom alten Trevi aus sicherer Höhe bewacht wird.

Trevi, 412 m ü.N.N., 7200 Einw., Provinz Perugia, besetzt mit seinen Bauten einen kegelförmigen Hügel oberhalb des Plateaus von Spoleto. Drei gewichtige Bauwerke dominieren im Erscheinungsbild Trevis: die sakralen Monumente "S. Francesco", Gotisches aus dem 13. Jh. mit etwas jüngeren Fresken im Innern, und "S. Emiliano", von dessen romanischem Ursprung im 12. Jh. noch die drei Apsiden an seiner rechten Seite erhalten sind, mit einem Sakramentsaltar von Rocco da Vicenza (16. Jh.), sowie das Haus des Rates der Stadt, dem "Palazzo Comunale" (15. Jh.), in dem die Pinacoteca mit einer Gemäldesammlung der Umbrischen Schule und eine archäologische Abteilung untergebracht ist (geöffnet wochentags 8-14 h).
Information: im Gewölbe des Palazzo Comunale.

In Trevi Bargo erreichen Sie nach der Ruhe in den Weiten der Äcker die stark frequentierte SS 3, zu der sich bis S. Eráclio keine Alternative bietet. In S. Eráclio biegen Sie noch einmal links ab und erreichen somit etwas ruhiger das Zentrum Folignos.

Kartenskizze Etappen 28, 29 & 54

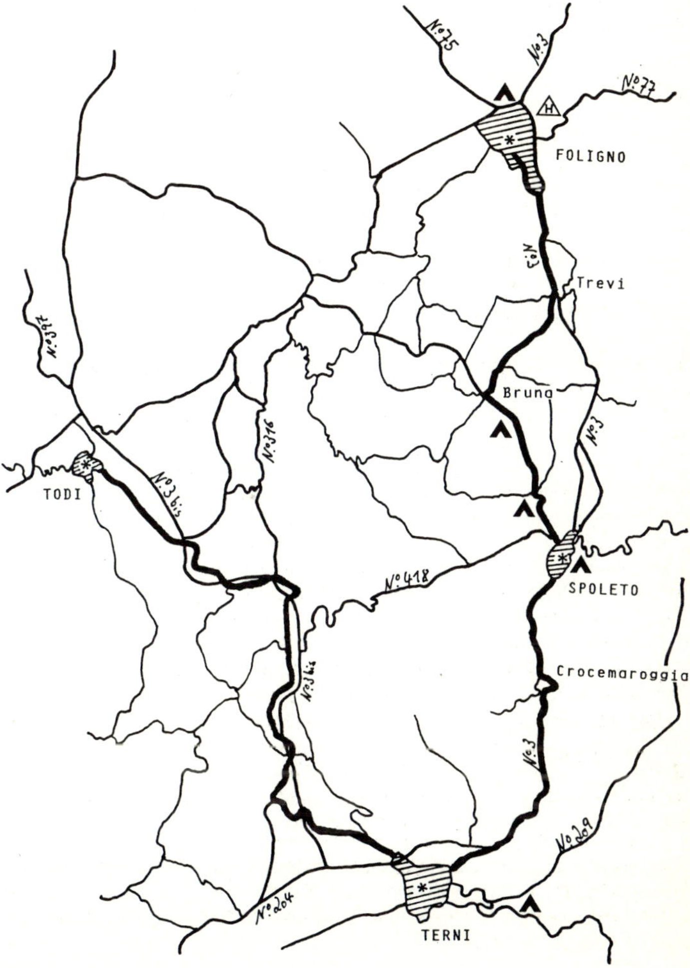

Foligno, 234 m ü.N.N., 53000 Einw., Provinz Perugia, stellt sich heute dem Besucher als ein kleines modernes Städtchen dar, dessen Lebendigkeit durch die Funktion, als Knotenpunkt der Eisenbahn zu dienen, angekurbelt wird; die Nord-Süd-Strecke wird hier um die Variante nach Osten zur Adria nach Ancona erweitert. Daß Folignos Bedeutung weit in die Vergangenheit reicht, bezeugt die Tatsache, Bischofssitz zu sein, und daß das dazugehörige Haus der Repräsentation, der "Duomo", im Zentrum des alten Kerns an der piazza Repubblica, schon 1133 begonnen wurde. Auch wenn er seinen Abschluß, die Kuppel, erst Mitte des 16. Jh. erhielt und auch im 18. Jh. noch Umbauarbeiten über sich ergehen lassen mußte, so sind die reich verzierte Querschiffassade sowie das Portal mit seinen aus der Antike übernommenen Gestaltungselementen mit rotem und weißem Marmor-Mosaiken doch heute gut anzuschauen.
Gleich daneben befindet sich die "Pinacoteca" im Palazzo Trinci (14./15. Jh.), die neben Exponaten der im 15. Jh. in Foligno tätigen Malschule originale Freskendekorationen sowie eine archäologische Sammlung ausstellt (geöffnet im Sommer tägl. 9-13 & 15.00-19.30 h, an Sonn- und Feiertagen nur vorm., Eingang über den Hof und die Freitreppe).
Gegenüber fand das Haus für die Repräsentation der Bürger seinen Platz, der "Palazzo Comunale" mit klassizistischer Fassade und einem zinnengekrönten Turm aus dem 15. Jh.
Neben den Künsten des Malens und Bildhauens wurde in Foligno als eine der ersten Stätten Italiens seit 1470 das Know-How für das Drucken von Büchern entwickelt. Wer einen kleinen Bummel durch die Welt des Konsums nicht scheut, dem sei Foligno ans Herz gelegt. Entlang der verkehrsberuhigten Hauptgeschäftsstraße, dem Corso Cavour, finden sich in oft originalgetreu erhaltenen Häusern diverse Boutiquen etc. in hochmoderner Aufmachung - eine eigenwillige, aber gelungene Komposition.

Information: via B. Cairoli 69, 06034 Foligno, Tel. 50493 od. 60165, (das Büro ist an der Porta Romana 126, Tel. 60459).

Telefonvorwahl: 0742.

Camping: "Umbria", Chiona SS km 75, Tel. 651772, Mai-Mitte Okt., 3 km nördlich.

Jugendherberge: via Corso Nuovo 11.

Fahrradservice: via 20. Settembre (nahe der piazza Repubblica); via Corso Nuovo (vis à vis der Jugendherberge).

Etappe 30:
Foligno - Spello - Assisi (15 km)
Skizze s. Seite 176

In der Altstadt Folignos startend verlassen Sie diese in nördlicher Richtung auf der Viale Firenze, bis Ihnen der Hinweis nach Perugia den Weg nach rechts weist. Ab hier führen Sie die Hinweise zum Camping "Umbria" über die SS 3 und somit auf die parallel zu dieser Schnellstraße verlaufende Nebenstraße nach Spello.

Spello, 280 m ü.N.N., 7600 Einw., Provinz Perugia, macht schon vor seinen Portas auf seine lange Geschichte aufmerksam. Diejenigen, die nach Norden auf der alten Straße nach Assisi, der via Centrale Umbra, Spello verlassen, streifen kurz darauf das romanische Kirchlein "S. Claudio" (12. Jh.) sowie die römischen Ausgrabungsstätten, die Reste des freigelegten "Anfiteatro Romano". Unmittelbar vor den Toren des Städtchens liegen die Gebäude und der Park "Villa Fidelia" mit der *Collezione Maria Teresa Straca Coppa e Francesco Coppa*, die für italienische Verhältnisse in recht ungewöhnlichem reinsten Barock gestaltet sind (geöffnet do & so 10-13 & 16-19 h). Spello stellt sich auch heute noch mit seinen engen dunklen Gäßchen, den gut erhaltenen bzw. wiederhergestellten "Porta Consolare, Urbica und Venere" - sie bilden die Stadtzugänge von Süden und Westen - und der die Gebäude einrahmenden Stadtmauer dar, als sei die Zeit seit dem Mittelalter stehen geblieben. Die "Porta Urbica" ist römischen Ursprungs und für Radler leider eine Sackgasse, da die steil ansteigenden Treppen ein Rollen verhindern. Die "Porta Venere" ist für Radler - entgegen der Einbahnstraße - über eine sehr steil ansteigende Straße zu erreichen, und stellt ein Konglomerat aus einem dreibogigen römischen Tor mit mittelalterlichen Türmen und vorgelagertem Tor aus dieser Zeit dar. Auch die nördlichen Tore "Fontevecchia" und "Arco Romano" sind nur mit größerem Kraftaufwand für Radler zu erklimmen. Zeugen einstiger kirchlicher Macht sind "San Maria Maggiore" mit dem gedrungenen Glockenturm (12.-13. Jh.) und "S. Andrea", nur wenig weiter nördlich gelegen, mit sakralen Kunstwerken benachbarter Werkstätten des 14. & 15. Jh. und Fresken von Pinturicchio aus dem 16. Jh.
An der Stelle, wo sich einst die römische Akropolis erhob, stehen heute die Reste der Burg eines früheren Kardinals. Das "Belvedere" ist den Touristen verschlossen, da der ehemalige Eingang heute als Tür der Kirche San Severino dient. Dennoch lohnt es sich, den Vorplatz aufzusuchen, wenn die Augen einmal wieder in die Ferne

schweifen wollen oder der ehemalige Eingang der Akropolis betastet werden soll - gleich vis à vis ist der römische Triumphbogen erhalten.

Camping: "Umbria", Chiona.SS km 75, Tel. 0742/651772, Mai-Mitte Okt., 3 km nördlich Foligno.

Von Spello gelangen Sie, immer auf der Nebenstraße bleibend (die Straßenkarte von Kümmerly + Frey ist hier ungenau), bis in das vom Heiligen Franziscus häufig aufgesuchte, weit oben im Hang errichtete Assisi.

Assisi, 424 m ü.N.N., 25000 Einw., Provinz Perugia, eine Gründung der Römer, wovon einige Reste antiker Bauwerke (wie das "Anfiteatro Romano) zeugen, ist in der gesamten christlichen Welt durch seinen berühmtesten Sohn, den Heiligen Franziskus bekannt. Er wirkte in der glorreichsten Phase der Stadt, die ihr Ende durch den Aufstieg Perugias fand. Er wurde 1181 geboren und entschied sich 1206 für ein Leben in Armut und Demut, verschrieb sich der Mission und predigte auf seinen Reisen Brüderlichkeit und Nächstenliebe. Dabei kam er weit herum, sogar bis nach Ägypten, und empfing schließlich 1224 auf dem Monte della Verna die sogenannten Wundmale von Christi. Nach der damaligen Zeitrechnung verschied er am 4.10.1226, weshalb die Gläubigen alljährlich an diesem Datum seines Wirkens und Schaffens gedenken.

Schon auf seinen ersten Wanderungen schlossen sich ihm Gefährten an, die er alsbald jeweils zu zweit als Prediger oder Krankenpfleger aussandte. Damit diese den rechten Weg nicht verließen, verfaßte er für ihr Zusammenleben eigens spezielle Regeln, die er hauptsächlich aus einigen Abschnitten des Evangeliums zusammenstellte. Der Papst bestätigte die Reinheit dieser Regelungen, so daß sich in den folgenden Jahren in ganz Italien, später in fast allen anderen europäischen Ländern, franziskanische Brudergemeinschaften zusammenfanden. Seine Jugendfreundin Klara von Assisi übernahm die Ordensregeln für die sogenannten Klarissinnen, so daß sich die Vorstellungen des Heiligen Franziskus noch schneller verbreiteten. So verwundert es nicht, daß Franz von Assisi schon kurz nach seinem Tod ein beliebtes Objekt der Kunstschaffenden wurde.

Hervorstechendes Beispiel ist hierfür die Kirche *San Francesco*, mit deren Bau schon zwei Jahre nach seinem Tod begonnen wurde. Das Gebäude wurde in den folgenden Jahrhunderten fast gar nicht verändert, so daß es heute eines der bedeutendsten Zeugen der sakralen Baukunst des Mittelalters darstellt. Der Bau besteht aus zwei übereinanderliegenden Kirchen, wovon die Unterkirche das eigentliche Heiligtum darstellt, deren Innenraum - in strengen romanisch-gotischen Formen gehalten - nur spärlich beleuchtet wird und so im krassen Kontrast zur hell erstrahlenden Oberkirche steht. Beide werden durch kostbare Fresken geschmückt, wovon hier der Zyklus von Giotto mit Darstellungen des Lebens des Heiligen Franziskus hervorgehoben sei. Zur Gesamtanlage ist auch der "Tesoro", die Schatzkammer, gehörig, in der diverse sakrale Kunstwerke von teils überragender Bedeutung aufbewahrt und präsentiert werden. In luftiger Höhe auf den flach in die Ebene fließenden Hang gebaut, bietet sich von dem die Kirche umgebenden Platz ein windiger Weitblick in die Ebene - wenn er nicht von den zahlreichen Touristen verstellt wird!

Von der großartigen Kirche führt die via San Francesco ins Zentrum, vorbei an den mittelalterlichen Häusern und Palästen bis zum Hauptplatz der Stadt, der piazza del Comune. Hier befinden Sie sich über dem ehemaligen römischen Forum, an dessen Nordseite Reste des "Tempio di Minerva" erhalten sind. Dies ist ein Tempel aus der römischen Kaiserzeit, der später von übereifrigen Christen zu einer Kirche um- und ausgebaut wurde.

Westlich des Platzes befindet sich das "Museo Civico" in der ehemaligen romanischen "Krypta San Nicolo", wo der heilige Franziskus den Stellen aus dem Evangelium lauschte, die sein weiteres Leben entscheidend bestimmen sollten. Das Museum widmet sich ansonsten hauptsächlich der Antike (tägl. außer mo 9.30-12.00 & 15.00-19.00 h, an Sonn- und Feiertagen nur vormittags, den Eingang finden Sie an der via Portica). Am Hauptplatz, der piazza del Comune, befindet sich ferner im Hause Nr. 6 die örtliche Pinacoteca, Eintritt Lit. 2000.

Assisi steht entsprechend seiner Bedeutung in starkem Gegensatz zu den sonst eher ruhigen Bergstädten bzw. -dörfern. Selbst in der Nebensaison kommen hier bereits so viele Touristen zusammen, daß die unzähligen Souvenirläden nicht nur geöffnet sind, sondern auch dem starken Andrang kaum gewachsen scheinen. Das Angebot ist auffällig unterschiedlich, den vielen Nepp-Läden stehen solche mit sehr edler Auslage, den Allerwelt-Bars solche im modernsten italienischen Chic gegenüber - Assisi ist eben eine sehr wohlhabende Stadt, auch Tourismus kann reich machen.

In der Umgebung: Südwestlich von Assisi erhebt sich aus dem modernen Industrievorort San Maria Degli Angeli die gleichnamige Kirche, die angeblich über der Stelle errichtet wurde, wo der Franziskanerorden gegründet wurde und der Heilige Franziskus verstorben sein soll.

Wer die "stillen mußvollen Stunden" des Franziskus' nachempfinden möchte, der mache sich per pedes auf den Weg zum wild zerklüfteten, von Eichenwald umrahmten "Eremo delle Carceri", in der der Heilige von Ruhe umgeben sich von seinen Wanderungen erholte.

Information: Piazza del Comune 8, 06081 Assisi, Tel. 812450, geöffnet tägl. 9-13 & 16-19 h.

Telefonvorwahl: 075.

Camping: "Fontemaggio", Tel. 813636, ganzjährig, an der Straße nach Eremo Carceri, östlich gelegen.

Kartenskizze Etappen 30 & 31

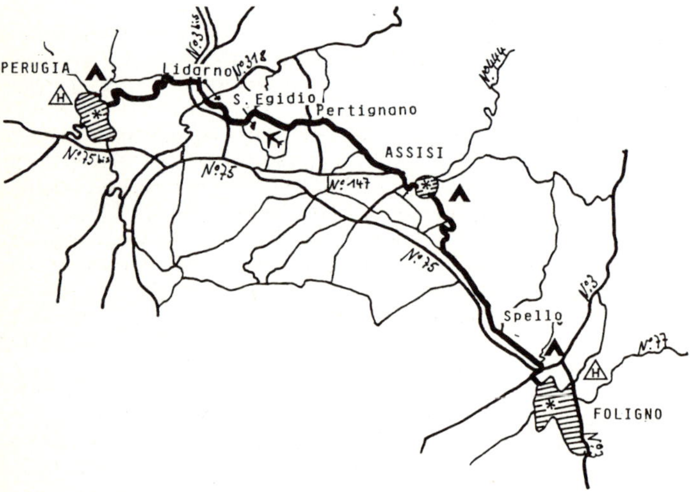

Etappe 31:

Assisi - Pertignano - S. Egidio - Lidarno - Perugia (25 km)

Von der Doppelkirche San Francesco führen Sie die Hinweise nach Perugia hinab in die Hochebene. Am Abzweig nach *Pertignano* verlassen Sie die Hauptstraße und radeln über verkehrsarme Nebenstrecke durch Pertignano, in dessen Ortsmitte Sie zunächst links dem Hinweis **Perugia** und gleich darauf wieder rechts dem weißen Hinweis Aeroporto folgen, um somit das auf einem Wein- und Olivenhügel errichtete *S. Egidio* zu errei-

chen. Von hier führen Sie die blauen Hinweise hinab zur E 45. Nach nur wenigen hundert Metern auf dieser verkehrsreichen Straße können Sie wieder auf eine ruhige Nebenstraße nach *Lidarno* ausweichen. In Lidarno zweigen Sie links ab und radeln auf einer schnurgeraden Allee parallel zur Autostrada. Sich immer rechts davon haltend, richten Sie sich erst nach dem zweiten Hinweis nach Perugia, der Sie unter der Autostrada zum ca. 8 km langen Anstieg in die einstige Etrusker-Metropole und heutige Studentenstadt hindurchführt.
(*In Gegenrichtung:* Von der Porta Pesa in Perugia startend führt Sie die Via del Pasticio hinab in das Tal des Tévero. Später geben die Hinweise zur E 45 die Orientierung, die Sie auch unterqueren.)

Perugia, 493 m ü.N.N., 144000 Einw., Provinzhauptstadt der gleichnamigen Provinz, ist ein geradezu fantastisches Anschauungsobjekt für das Gefüge einer mittelalterlichen Stadt. Aus dem Tal des Tiber kommend, bedeudet der Besuch Perugias für Radler, die Mühen von 300 Höhenmetern zu überwinden. Doch die Anstrengung wird belohnt, denn der alte Kern, hoch auf einer Hügelkuppe thronend, ist ein einzigartiges Erlebnis. Der Wechsel kleiner verschachtelter selbst zum Mittagssonnenstand schattenspendender Gassen und unregelmäßig vieleckiger piazzas mit Prunk und Gloria vergangener Zeiten versetzt wohl jeden in Stadtbaukunst noch Unbewanderten schier in Erstaunen.
Die Stadt wurde unter dem Namen "Perusia" von den Etruskern gegründet und war Mitglied im Zwölfstädtebund. Teile der heutigen Altstadt weisen noch immer den Grundriß der Etrusker auf; einziges erhaltenes Bauwerk ist allerdings ein Teil der Stadtmauer mit ihren Toren. Die etruskische Befestigung wurde im 13. & 14. Jh. u.Z. erweitert und verstärkt, so daß das antike Original nur an wenigen Stellen besichtigt werden kann. Die Etrusker hinterließen der Nachkommenschaft ca. 5 km östlich des Stadtkerns mit dem "Ipogeo dei Volumni" ein prachtvolles Beispiel für ihre herrschaftlichen Grabanlagen. Über eine steile Treppe gelangen Sie in das Atrium, das die Grabkammern erschließt. In einer davon zeugen sieben prachtvolle Urnen von den hohen Künsten des ausgestorbenen Volkes. Interessierte können das Wesen der Etrusker ferner im "Museo Archeologico Nazionale dell'Umbria" weiter erforschen; denn es widmet sich in seinen Abteilen besonders diesem Volke und zeigt eine reiche Urnensammlung, umfangreiche Inschriften und Bronzestatuetten. Darüber hinaus beherbergt das Museum Dependencen zur römischen und Frühgeschichte (geöffnet tägl. außer mo 9-13 h, am südöstlichen Rand der Altstadt an der piazza D. Bruno).

Die Vorherrschaft der Etrusker wurde 295 v.u.Z. von den Römern gebrochen. Unter ihnen verlor die Stadt an Bedeutung, litt - wie andere Städte auch - unter den Wirren nach dem Untergang Roms und kam Mitte des 8. Jh. unter die Fittiche des Papstes. Die kirchlichen Herrscher waren allerdings so weise, der Stadt ihre freiheitliche Verfassung weitestgehend zu belassen, so daß sich Perugia in der Folge zu einem der ersten Gemeinwesen Italiens mit einer unabhängigen Verwaltung entwickelte, das seinen Herrschaftsbereich mit Macht auf die umliegenden Gebiete auszudehnen suchte. Mit Erfolg: im 14. Jh. beherrscht Perugia fast die gesamte Fläche des heutigen Umbriens. Sehr zur Freude des Papstes, der nach wie vor oberster Herr im Hause war und den sich die Bürger durch häufige exzellente Gastfreundschaft gefügig hielten. Dank der so stetig anwachsenden Macht entstanden in dieser Zeit viele der noch heute erhaltenen Prachtbauten, darunter besonders die sakralen Monumente - bei der Nähe zum Statthalter Gottes auf Erden eigentlich kein Wunder. Nach vorübergehenden Unruhen im 15. Jh., bei denen sich Bürger und Adelige blutige Schlachten lieferten, erlangte Perugia als Nebenprodukt die Unabhängigkeit vom Kirchenstaat. Unter dem Geschlecht der Baglioni kehrten Ruhe und eine kurze Phase der Blüte ein, bis 1540 der Papst dem Treiben ein Ende setzte und Perugia seine Freiheit endgültig an den Kirchenstaat verlor. Die Wirren der Zeit beflügelten die Künstler zu wahren Höhepunkten und entwickelten neue Stile und Methoden der Malerei, die schon bald die Entwicklung im gesamten Italien beeinflußten und so berühmte Persönlichkeiten wie Raffael hervorbrachten. Den geneigten Lesern sei der Besuch der "Galleria Nazionale dell'Umbria" empfohlen, denn sie behandelt in erster Linie die Entwicklung der Malerei in Umbrien vom 13.-18. Jh. (tägl. 9-14 h). Die Galleria ist im 3. Geschoß des "Palazzo Comunale", auch Palazzo dei Priori genannt, gleich an der piazza IV. Novembre, untergebracht. Der Palast wurde in mehreren Abschnitten binnen 150 Jahren errichtet und wird zu den prächtigsten italienischen Stadtpalästen der Gotik gezählt.
Heute wird das Leben auf Perugias Fußwegen in unüberschaubaren Maßen von alljährlich in die Stadt strömenden StudentInnen beherrscht. Der Magnet "Ausländeruniversität" strahlt weit in die Welt, zieht Sprachlernwillige aller Nationalitäten an. Das bunte Völkergemisch treibt allabendlich durch die Gassen der Altstadt, hoffend ein Plätzchen in einer der - nur in einer bescheidenen Auswahl vorhandenen - Stätten der Kommunikation zu ergattern (sprich Kneipen und Weinlokale). Die Ausländeruniversität ist verwaltungsmäßig streng von der eigentlichen Universität getrennt; hat doch die eine

schon ihren 750. Geburtstag hinter sich, während die andere erst 1925 gegründet wurde. Auch wenn die für die Gäste die jüngere ist, so ist das Gebäude, das sie für ihre Kurse zu besuchen haben, einer der alten palazzi, der wohl schon mit seiner Monumentalität so manchem Wissensdurstigem einiges an Mut, die Ehrfurcht zu überwinden, abverlangt hat.

Information: Corso Vannucci 94a, 06100 Perugia, Tel. 23327, geöffnet tägl. 8.30-13.30 & 16-19 h, so nur vorm.

Telefonvorwahl: 075.

Camping: "Paradis D'Ete", Strada Fontana 29, Tel. 79617, ganzjährig; "Il Rocolo", Olmo Fontana, Tel. 7985500, Juni-Sept.

Jugendherberge: via Bontempi, nahe der piazza IV. Novembre (dem Hauptplatz).

Etappe 32:
Perugia - Monte Melino - Magione - Torricella (30 km)
Skizze s. Seite 181

Der Start in Perugia stellt eine komplexe Aufgabe dar, den rechten Weg zum schilfgesäumten Lago di Trasimeno zu finden! Zunächst rollen Sie bergab in Richtung "Stazione" und richten sich im folgenden nach den blauen Hinweisen zur A 1 (Firenze - Roma). Bei der Unterquerung eines Autostrada-Zubringers folgen Sie geradewegs dem Hinweis "Ferro di Cavallo" und erreichen die Hinweise nach Arezzo. Die verkehrsreiche Straße - leider bietet sich keine Alternative - führt immer parallel zur A 1. Bald nach Unterquerung dieser zweigen Sie links ab, in die Ruhe, die *Monte Melino* und *Monte Sperello* umgeben. Nach entspannenden Kilometern erreichen Sie bei *Magione* die Hauptstraße, biegen hier links ab in Richtung Chiusi und gelangen bei *S. Savino* zur Uferstraße des Lago di Trasimeno, die Sie nach *Torricella* führt.

Etappe 33:
Torricella - Monte del Lago - Savino - Castiglione del Lago (31 km)
Skizze s. Seite 181

Immer entlang des Seeufers, vorbei an unzähligen Bäumen der Olive - nur selten entfernt sich die Straße einmal dem Ufer - gelangen Sie nach Castiglione del Lago.

Castiglione del Lago, 304 m ü.N.N., 14000 Einw., Provinz Perugia, ist die größte Stadt am **Lago di Trasimeno** und liegt auf einer Halbinsel an dessen Westufer. Nahe deren äußersten Spitze ermöglicht die als Garten gestaltete "piazza Gramsci" einen geruhsamen Blick auf den See. Er ist mit einer Fläche von 128 km^2 der größte Mittelitaliens und weist nur die lächerliche Tiefe von 6 m auf. Den wenigen und dazu unbedeutenden Zuflüssen stehen zwei künstlich angelegte Abflüsse gegenüber, von denen einer schon von den Römern erbaut wurde; der andere wurde entsprechend den technischen Möglichkeiten der Zeit im 19. Jh. unterirdisch angelegt. Trotz des geringen Austausches der Wassermassen weist der See einen beachtlichen Fischreichtum auf, den die wenigen am Ufer lebenden Menschen noch nicht erschöpfen konnten. Wer näheres über das Seeleben erfahren möchte, sollte sich nach San Feliciano am Ostufer begeben; denn dort gibt es das "Museo della Pesca", das außer mi tägl. 9.30-12.30 & 16-19 h geöffnet ist. Die meisten der kleinen Ortschaften liegen auf felsigen, in den See hineinragenden Hügeln und haben nur geringe überregionale Bedeutung. Vor über 2200 Jahren stattete allerdings die große Geschichte dem Lago di Trasimeno einen Besuch ab; 217 v.u.Z. schlug Hannibal hier eine seiner berühmtesten Schlachten und brachte den stolzen, siegesbewußten Römern eine vernichtende Niederlage bei.
Im Ort lohnen der "Palazzo Comunale", gleich an der piazza Gramsci, mit seinen Fresken aus dem 16. Jh. und die Ruine der mittelalterlichen Burg einen Besuch.

Information: piazza Mazzini 10, 06061 Castiglione del Lago, Tel. 953583 & 952184.

Telefonvorwahl: 075.

Camping: "Listro", Tel. 951193, April-Sept.; "Lido Trasimeno", an der Nationalstraße 71, Tel. 954120, April-Sept.; "Badiaccia", Tel. 954147, April-Sept; ferner: "Agilla", Tel. 849251, April-Sept.; "Porto Cervo", Tel. 849259, April-Sept. (sehr klein!); "Riva Verde", Tel. 849190, April-Sept., alle am Ostufer bei S. Feliciano; "Cerquestra", Tel. 8400100, April-Sept.; am Ostufer bei Monte del Lago; "Eden Park", Tel. 843320, ganzjährig; am Ostufer bei Torricella; "Polvese", Tel. 848200, Mai-Sept.; "Villagio", Tel. 848238, April-Sept., beide am Südufer bei Sant'Arcangelo; "Da Clito", via del Lavoro, Magione, Tel. 843712, April-Sept.

Kartenskizze Etappen 32 - 34

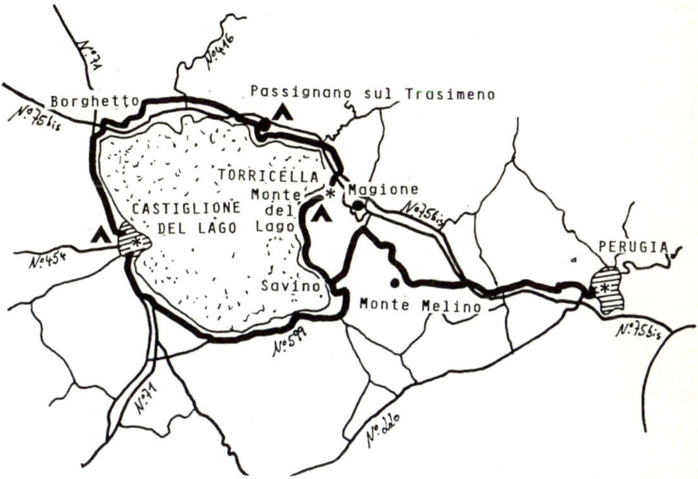

Etappe 34:
Torricella - Passignano sul Trasimeno - Borghetto - Castiglione del Lago (30 km)

In der ebenen Uferzone bleibend, mit der Autostrada um den Ausblick auf den See streitend, erreichen Sie Passignano sul Trasimeno.

Passignano sul Trasimeno, 289 m ü.N.N., 4500 Einw., Provinz Perugia, schwimmt auf einer ins Trasimenische Meer ragenden Landzunge am nördlichen Ufer. Die Skyline Passignanos wird schon seit Jahrhunderten von der alles andere Alte und Neue überragenden Burgruine bestimmt. Neben dem gut erhaltenen historischen Kern lädt die Strandpromenade zu einer Verweil ein, denn von hier läßt sich gut die Ruhe des wassergefüllten Kraters tanken. Wer länger ausspannen möchte, hat die Möglichkeit, per Boot einen Ausflug auf die westlich gelegene zweitgrößte Insel des Sees, *Isola Maggiore,* zu machen, auf der neben Abgeschiedenheit uralte Fischerhütten und zwei Kirchen des 13. & 14. Jh. zu finden sind. Im übrigen existieren Fährverbindungen zwischen Passignano, Tuoro, Castiglione del Lago, San Arcángelo, San Feliciano, der Isola Polvese und der schon erwähnten Isola Maggiore (nähere Informationen erhalten Sie bei der Direzione Servizio Navigazione, Tel. 827157). Die Fähren verkehren von Mai-Sept. nach Fahrplan und befördern teilweise auch Fahrräder.

Information: piazza Garibaldi, Tel. 847495.

Telefonvorwahl: 075.

Camping: "Kursaal", Tel. 827182, April-Sept.; "Europa", Tel. 827403, April-Okt., beide östlich des Ortes.

Ab Passignano sul Trasimeno entfernt sich die Straße der Uferzone, und Sie gewinnen einiges an Höhenmetern, bis Sie an einer zur Rast einladenden Bar mit schönem Ausblick ankommen, dem Kreuzungspunkt mit der folgenden Etappe. Entweder Sie nehmen die nördliche Möglichkeit nach Arezzo oder zweigen hier links ab in das ca. 50 Höhenmeter tiefer gelegene *Borghetto*. Bald nach den letzten Häusern dieses Örtchens erreichen Sie die Hauptstraße, die Sie nach Castiglione del Lago führt.

Etappe 35:

Castiglione del Lago - Terόntola - Ossáia - Cortona - Fratta S. Caterina - Le Capanacce - Castroncello - Manciano - Frassineto - Olmo - Arezzo (45 km)

Skizze s. Seite 186

Castiglione und damit den Lago di Trasimeno verlassen Sie gen Norden auf der Superstrada. An der nordwestlichen Spitze des Sees angelangt zweigen Sie rechts ab in das ruhige Borghetto, erklimmen sich eine schöne Aussicht, bevor Sie an den Abzweig nach **Arezzo** gelangen. Links hinab rollen Sie in eine fruchtbare Ebene; an der nördlichen Grenze *Terόntolas* erreichen Sie wieder die Superstrada.

(*In Gegenrichtung:* Am Ortsschild Terόntolas führt Sie der Hinweis Perugia nach links auf die SS 75.)

Sie biegen rechts ab und folgen ein kurzes Stück der verkehrsreichen Straße, bevor Sie wieder rechts abzweigen und auf einer ruhigen Nebenstraße über *Ossáia* das hoch über der Ebene thronende Cortona erreichen.

(*In Gegenrichtung:* Auf der Serpentinenstraße verlassen Sie Cortona und folgen den Kehren bis zum Hinweis Perugia, an dem Sie links abbiegen. Die Serpentinen verlassen Sie beim Abzweig nach Mercatale/San Angelo.)

Cortona, 494 m ü.N.N., 23000 Einw., Provinz Arezzo, schon aus der Ferne gut zu sehen, liegt auf einem hochaufragenden Bergsporn. Cortona gehört zu den ältesten Städten Italiens und war unter dem Namen "Curtuns" Mitglied des Zwölfstädtebundes der Etrusker. Die Etrusker umgaben ihre Stadt mit einer mächtigen Mauer, deren Reste in der noch heute existierenden Stadtbefestigung erhalten sind, besonders deutlich zu sehen bei der "Porta Colonia", dem nördlichen Stadttor. Hierzu müssen Sie sich auf die Straße außerhalb der Stadtmauern - die viale D'Mura Etrusche - begeben, von wo Sie die riesigen etruskischen Quadersteine als Basis der Felsbrockenmauer des Mittelalters erkennen können. Die Wallanlagen schmückte das alte Volk mit qualitätvollen Bronzearbeiten, die heute im "Museo dell'Accademia Etrusca" bewundert werden können (geöffnet April-Sept. tägl. außer mo 10-13 & 16-19 h). Das Museum ist eine Stiftung aus dem 18. Jh. und im "Palazzo Pretorio" zu Hause, an der piazza Signorelli gelegen, der im 13. Jh. erbaut und in der Renaissance dem damaligen Geschmack angepaßt wurde. Entsprechend dem Namen stellt das Museum nicht nur etruskische Altertümer aus, sondern widmet sich auch deren Erforschung. Prunkstücke der Ausstellung sind eine bronzene Lampe aus dem 5. Jh. v.u.Z. und eine Bronzestatuette, die den Blitze schleudernden Jupiter darstellt. Neben den etruskischen Exponaten zeigt das Museum auch Gegenstände und Gemälde aus der ägyptischen und römischen Antike. Besondere Abteilungen stellen Münzen und Medaillen sowie Gemälde italienischer Künstler aus dem 13.-17. Jh. aus.
Dank der Lage auf einem Felsvorsprung bietet sich von den Stadtmauern ein hervorragender Blick über die weite Senke der Chiana. Dieser Umstand mag dazu beigetragen haben, daß die Stadt ihre Bedeutung selbst unter den wechselnden Herrschaften über die Jahrtausende retten konnte. 1411 kam Cortona unter die Herrschaft von Firenze und erlebte eine neue Blütephase. Ein Werk dieser Zeit ist der unweit nördlich der piazza Signorelli gelegene "Duomo Santa Maria". Er ruht auf den Grundfesten einer romanischen Kirche und wurde von dem Florentiner Renaissancebaumeister Guiliano da Maiano erbaut. Entgegen der bei den meisten mittelalterlichen Repräsentationsgebäuden üblichen grundsoliden Bauweise, scheint

beim Duomo eine bestimmte Sparsamkeit von Nöten gewesen zu sein; deutlich sind Abnutzungserscheinungen zu sehen - das Portal des Haupteingangs mußte gar mit Backsteinen abgefangen werden. Gleich gegenüber steht die aus architektonischer Sicht beachtenswerte ehemalige "Chiesa del Gesú", also die Jesus-Kirche. Das Gebäude besteht aus zwei übereinandergebauten Schiffen, ein Umstand, der nur von Südwesten anhand der Gewölbestruktur erkennbar ist; die pragmatische Veranlagung der Bauherren und -meister ist an der Westseite gut ablesbar, denn die Stadtbefestigung stellt die tragende Außenmauer dar. Heute beherbergt der Bau in seinem oberen Schiff das "Museo Diozesano" mit sakralen Exponaten (geöffnet tägl. 9-13 & 15-17 h). Hervorgehoben seien an dieser Stelle die Werke eines Sohnes der Stadt, die Altartafeln von Luca Signorelli (1441-1523), dem zu Ehren der schon erwähnte Platz benannt wurde.

Den Freunden italienischen Kirchenbaus bietet die Stadt mit San Francesco, San Domenico, San Nicoló und Santuario di Santa Margherita noch genügend Anreize zu einem längeren Verbleib. Nahe der Letztgenannten liegt hoch über dem Stadtkern in der nordöstlichen Ecke der Stadtmauer die "Fortezza Medicea", der ehemalige Tummelplatz florentinischer Herrscher. Von hier bietet sich zwar die beste Sicht auf die Stadt und die Umgebung; sie muß aber mit einem mühevollen Aufstieg bezahlt werden - die Fortezza liegt gut 150 m höher als die Stadtmitte; das Gebäude selbst dient heute der landwirtschaftlichen Lehre und Forschung.

Den Interessenten etruskischer Baukultur empfielt sich eine eher gemächliche Abfahrt nach Arezzo, denn noch am Rande des heutigen Stadtgebietes verweist ein unscheinbares Schild auf das Etruskergrab "Sodo". Über einen Trampelpfad kommt man zu demselben, Besichtigung nur nach Voranmeldung bei der Touristeninformation.

In der Umgebung: In genau der entgegengesetzten Himmelsrichtung liegt die Porta Sant'Agostino, durch die Sie zur südlich der Stadt gelegenen "Grotte des Pythagoras" (Tanella di Pitagora) gelangen. Die Grotte ist ein etruskisches Grab aus dem 4. Jh. v.u.Z. mit kreisförmigem Grundriß und sechs Nischen für Urnen. Zwar könnte man aufgrund der regelmäßigen Formen der Grabkammern eine Verbindung zu dem berühmten Griechen vermuten, doch ist dies historisch nicht belegt und wohl eher ein Zufall.

Östlich der Stadt ist ein weiterer prächtiger - vom florentinischen Stil beeinflußter - Bau (aus dem 16. Jh.) beachtenswert, dessen zierlicher Garten mit seinen schönen Arkaden vom mächtigen zinnengekrönten Turm bewacht wird. Der "Palazzone Passerini" wurde unter der Mithilfe des erwähnten Malers Luca Signorelli erstellt, der angeblich 1532 bei der Arbeit vom Gerüst stürzte und an den Folgen starb. Mit dem Begriff "Palazzone" grenzt sich das Gebäude von den gewöhnlichen palazzi ab, "Palazzone" bedeutet "Großer Palast".

Information: via Nazionale 70, 52044 Cortona, Tel. 603190 (Büro an der piazza Signorelli 10, Tel. 63056).

Telefonvorwahl: 0575.

Jugendherberge: "Ostello Giuventu San Marco", via Giuseppe Maffei.

Fahrradservice: via Nazionale 78.

Die Etappe führt ab hier über viele kleine Bauerndörfer und Einsiedeleien fernab der Superstrada durch verkehrsarme und flache Landschaft. Die Serpentinenstraße bringt Sie hinab ins Tal; auf ungefähr halber Höhe zweigt die Etappe am Hinweis "Arezzo" rechts ab. Auf Talbodenhöhe angelangt, kreuzen Sie geradewegs die SS 71 und setzen die Fahrt nach *Fratta S. Caterina* fort. Vorbei an so manchem "stillgelegten" toskanischen Hof erreichen Sie auf asphaltierter Straße das aus einem großen Gutshof bestehende *Le Capanacce*. Hier zweigt die Etappe an der zweiten(!) Kreuzung rechts ab, um geradewegs nach *Castroncello* zu führen. (*In Gegenrichtung:* Wenn die Straße nach Castroncello scharf rechts abknickt, geht es links ab und gleich an der folgenden Gabelung wieder rechts.)

Wenn Sie Castroncello durchradelt haben, zweigt die Etappe links ab, und Sie gelangen nach *Manciano*. An dessen Dorfkirche zweigen Sie links ab, und am Ende eines kleinen Hanges - nur wenige Kilometer von Manciano entfernt - geht es scharf rechts, zunächst auf einen schottrigen, später aber asphaltierten Fahrweg nach *Frassineto*.

(*In Gegenrichtung:* Am Anfang der Schotterpiste führt Sie die asphaltierte Straße links den Hang hinan.)
Frassineto wird in einem Bogen an dessen Westseite umradelt, und Sie gelangen dem Verlauf der Hauptstraße folgend auf die Straße nach Rigutino (blauer Hinweis).
(*In Gegenrichtung:* Wenn die um Frassineto führende Straße scharf nach rechts abknickt, führt die Etappe geradeaus weiter auf die schmalere[!] asphaltierte Straße.)

Kartenskizze Etappen 35, 41 & 62

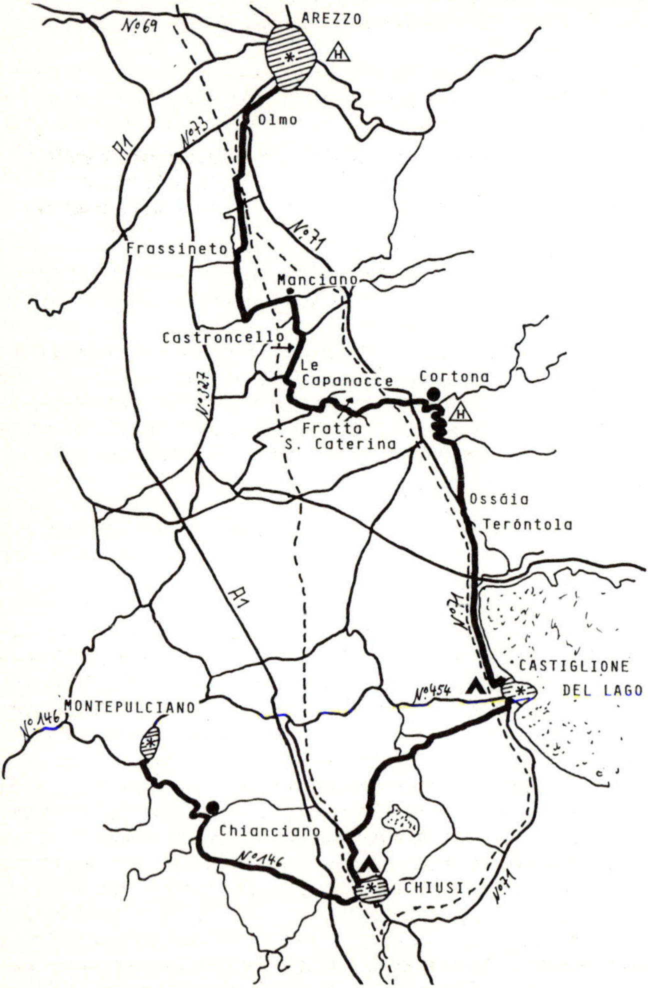

Doch schon an der ersten Kreuzung - noch vor dem Unterfahren der Bahngleise - zweigen Sie wieder links ab, um nahezu bis Arezzo auf einer absolut ruhigen Nebenstrecke Ihren Radelspaß zu haben. Die letzten Kilometer führen noch einmal über die viel befahrene SS 71.

(*In Gegenrichtung:* Arezzo verlassend weisen Ihnen zunächst die blauen Straßenschilder "Perugia" den Weg. Wenn die SS 71 in der ersten Arezzo folgenden Ortschaft, *Olmo*, scharf links abknickt, können Sie an einer der folgenden zwei Kreuzungen rechts abbiegen, um auf die nur wenige Meter entfernt, zunächst parallel verlaufende Nebenstraße zu gelangen.)

Arezzo, 296 m ü.N.N., 92000 Einw., Provinzhauptstadt der gleichnamigen Provinz, erhebt sich am Hang eines sanften Hügels über die Täler des oberen und mittleren Arnos sowie die sich nach Süden erstreckende weite fruchtbare Ebene des Chianatals. Der alte Teil der Stadt umfaßt die höchstgelegenen Gebäude, die von einer in der Grundform ein Fünfeck bildenden Stadtmauer umschlossen werden. Von den "ehrwürdigen" sakralen und adeligen Monumenten aus betrachtet, fließen die neuen Stadtteile in die tiefer gelegene Ebene hinab.

Regionalpatrioten Aretiniens sind stolz, behaupten zu können, daß ihre "Metropole" älteren Ursprungs ist als das ansonsten alles in den Schatten der Bedeutungslosigkeit drängende Rom. Schon im 7. Jh. v.u.Z. siedelten Etrusker auf dem fruchtbaren Boden und ließen ein Zentrum der Metallverarbeitung erblühen. Seinen Boom erreichte Arezzo im 5. Jh. v.u.Z. als Mitglied des etruskischen politischen und kulturellen Städtebundes, dem sogenannten Zwölfstädtebund. Die auch heute noch weithin geschätzten Aretiner Kunsthandwerke bauen also auf einer schon Jahrtausende währenden Tradition auf, die heute im "Museo Archeologico Mecenate" anhand der dort ausgestellten Exponate nachvollzogen werden kann. Das Museum ist im ehemaligen Kloster San Bernardo untergebracht, das Mitte des 16. Jh. von Olivetanermönchen auf den Ruinen des römischen Amphitheaters errichtet wurde, dessen korallenfarbige aretinischen Vasen aus dem 1. Jh. v.u.Z. bis 1. Jh. u.Z. die wohl meisten Besucher anlockt (geöffnet tägl. außer mo 9-14 h, an Sonntagen bis 13 h). Das einmal bis zu 10000 Zuschauer fassende "Teatro Romano" maß solch gewaltige Dimensionen, daß Mönche in Teilen der ehemaligen Tribüne Unterschlupf fanden. Im 2. Jh. u.Z. errichteten es die Römer, also zu einem Zeitpunkt, als sie schon lange das Geschehen in Arezzo bestimmten; im 3. Jh. v.u.Z. befestigten sie die etruskische Siedlung zu einer ihrer zahlreichen Militärstationen, mit Namen "Arretium".

Erst die Verlagerung der Verkehrsader Via Cassia (die Verbindung Roms mit seinen nördlich des Apennin gelegenen Befestigungen) führte zu einem starken Einbruch im bis dahin florierenden Handel Arezzos. Der wirtschaftliche Niedergang sowie die Verwüstungen der Völkerwanderungszeit ließen nur noch wenige Spuren der "antiken Größe" zurück.

Das heute gut erhaltene Ensemble der Altstadt stellt die Dokumentation der Macht von Kirche und bedeutender Geschlechter seit dem Mittelalter dar. Die Altstadt zeugt also in erster Linie von den Kirchen-Mächtigen des Mittelalters, die mit zahlreichen Kämpfen gegen die benachbarten expansionshungrigen toskanischen Städte die Selbständigkeit der Stadt bis ins 14. Jh. halten konnten, sowie von den sich dann anschließenden wechselnden Stadtherren unter Florentiner Regie. Zahlreich werden Ihnen die "stillen" Zeugen - wenn auch nicht mehr ganz authentisch, da oftmals wiederhergestellt - bei einem Gang durch den alten Kern Arezzos mit seinen winkeligen, engen Gassen erscheinen. Einige Beispiele seien hier genannt: gleich am Hauptplatz, der "piazza Grande", die älteste erhaltene Kirche der Stadt, die romanische "Santa Maria" mit noch einigen Sockelsteinen aus dem 12. Jh., stellt sich heute weitgehend im restaurierten Zustand von 1863 dar. Ferner wird die abschüssige piazza von mittelalterlichen Geschlechtertürmen, palazzi und Bürgerhäusern (man höre und staune, mit Holzbalkonen) der vergangenen beiden Jahrhunderte gesäumt; die Nordseite des Platzes schmückt ein langer Arkadengang, eine Rarität in Arezzo. Wer sich an vergangener Pracht gar nicht satt sehen kann, dem sei der "Corso Italia" als weitere Bummelstrecke empfohlen. Als größte überdachte Versammlungsstätte erhebt sich am höchsten Punkt der Stadt am nördlichen Ende des Corso der Duomo. Die wechselvollen Jahre Arezzos ließen es nicht zu, daß dieses - wohl einmal von nahezu allen Bürgern als wichtigstes betrachtete - Gebäude ab 1277 in einem Zuge errichtet wurde. Die "ewige" Baustelle lag oft Jahrhunderte brach, und erst Anfang des 20. Jh. erhielt der Duomo den Anzug, in dem er sich uns heute darstellt, d.h. Fassade und Rosette wurden erst zu diesem Zeitpunkt realisiert. Ein Umstand, der dem heutigen Betrachter verborgen bleibt, da der verwendete Sandstein schon beträchtliche Verwitterungsspuren aufweist.

Gleich zu Füßen des Doms breitet sich der "Passegio del Prato" aus, die grüne Oase Arezzos, auf dessen schattigen Plätzchen wohl schon so manches Mittagsschläfchen gehalten wurde. Der Garten erstreckt sich bis zur südöstlich gelegenen "Fortezza" (im 16. Jh. von Cosimo I. auf etruskischem Erstbesiedlungsboden erbaut), von deren geschliffenen Resten (18. Jh.) sich zwar ein weiter Blick in die Landschaft bietet, von der Altstadt aber nur die Dachlandschaft zu sehen ist, da im Laufe der Zeit diverse Nadelhölzer mit Erfolg die Fortezza an Höhe zu übertrumpfen suchten. Ein Problem, das sich infolge des hohen Motorisierungsgrades und der damit verbundenen Luftverschmutzung vielleicht schon bald von selbst löst.

Fast am nördlichen Ende der via Garibaldi, die sich ringförmig durch die gesamte Altstadt zieht, Ecke via Lorentino, befindet sich ein prächtiges Exemplar Arentiner palazzi, der palazzo Bruni-Ciocchi. In der ehemaligen Residenz vorübergehender Stadtherrn aus der Mitte des 15. Jh. ist heute die "Galleria e Museo Medioevale e Moderno" untergebracht. Die Pinakothek stellt Gemälde aus dem 13.-19. Jh. - in erster Linie aretinischer und toskanischer Meister - aus, das Museum zeigt Skulpturen und andere Kunstgegenstände vom Mittelalter bis Barock (geöffnet tägl. außer mo 9-19 h, an Sonntagen bis 19.30 h). Wer sich noch ein Stückchen weiter bemüht, kann ein komplett renoviertes, zinnengekröntes Stadttor, die "Porta Lorentino" (in der gleichnamigen via), bewundern.

Information: piazza Risorgimento 116, 52100 Arezzo, Tel. 23952 od. 20839
Telefonvorwahl: 0575.
Jugendherberge: "Borgo Unto", nahe der piazza Grande, derzeit im Umbau.
Fahrradservice: via Lorentino 82.

Etappe 36:
Arezzo - Castiglion Fibocchi - Loro Ciuffenna - Castelfranco di Sopra - Pián di Scó - Reggello - Donnini - S. Éllero - Pontassieve - Rosano - Firenze (85 km)

Die Etappe führt Sie weitestgehend durch, von jahretausendelanger Arbeit zahlloser Bachläufe hervorgerufene, wellige toskanische Hügellandschaft. Im Norden Arezzos finden Sie den von dem den alten Teil Arezzos um-
Skizze

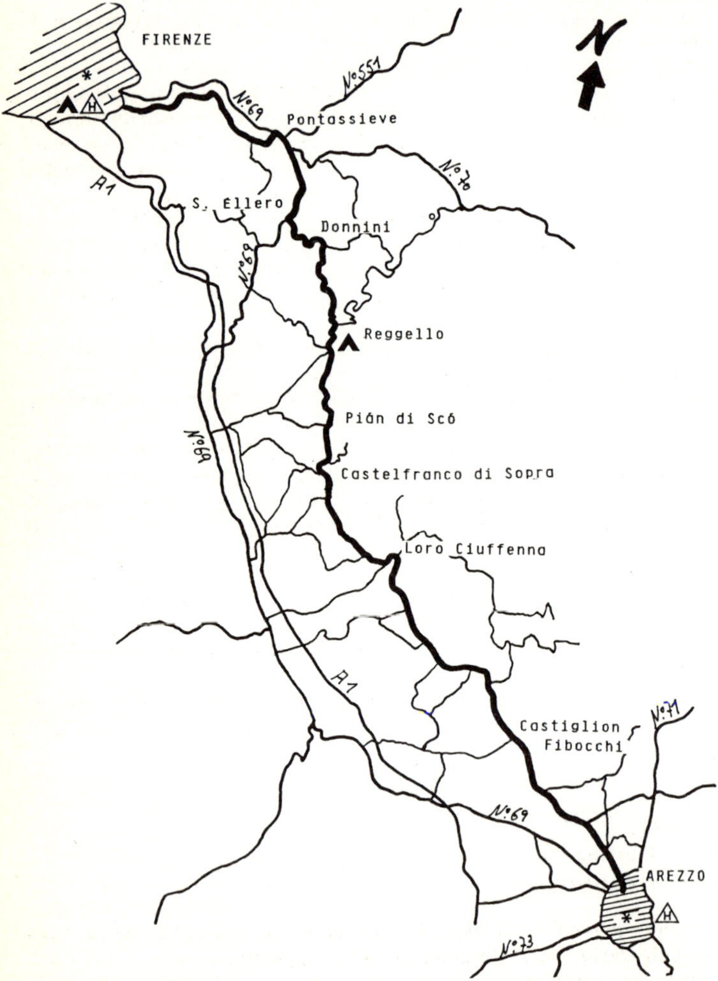
FIRENZE
N
No 551
No 69
Pontassieve
No 70
A1
S. Ellero
Donnini
No 69
Reggello
Pián di Scó
No 69
Castelfranco di Sopra
Loro Ciuffenna
A1
Castiglion
Fibocchi
No 71
No 69
AREZZO
No 73

schließenden Drei-Viertel-Straßenring führenden Abzweig nach *Castiglion Fibocchi*. Über Castiglion Fibocchi, *Loro Ciuffenna*, vorbei an *Castelfranco di Sopra* und *Pián di Scó* erreichen Sie *Reggello*.

Camping: "Lo Scoiattolo", strada per Consuma, Reggello, Tel. 055/862026, Ende Juni-Anfang Sept., nahe der Ortschaft Vallombrosa.

Die sehr ruhige Straße schlängelt sich auf nahezu gleicher Höhe - einiges über dem Flußbett des Arnos liegend und somit herrliche Weitblicke bietend - durch die von unzähligen Bächen zerfurchte, fruchtbare Landschaft. In der Dorfmitte Reggellos zweigt die Etappe zunächst links ab (in Richtung Firenze), und gleich an der nächsten Kreuzung geht es wieder rechts beim Hinweis *S. Éllero*. Ab *Donnini* fällt die Straße recht steil ab hinein ins Tal des Arno. Sie erreichen die Hauptstraße bei der Stazione *S. Éllero*. (*In Gegenrichtung:* Am Hinweis Donnini verlassen Sie die Hauptstraße.) Der Hauptstraße folgen Sie, bis Sie am Ortsbeginn **Pontassieves** die Sieve überquert haben.

Das Leben der Bürger von **Pontassieve** (108 m ü.N.N., 20000 Einw, Provinz Florenz) wird weitestgehend vom Pflanzen und Pflegen der Reben bestimmt. Einen der Höhepunkte an Lebendigkeit stellt hier im oberen Arnotal im Mai die Weinmesse "Toscanello d'Oro" dar.

In der Umgebung: Bei einem längeren Aufenthalt bietet sich ein Spaziergang zum am südlichen Ufer des Arno gelegenen Benediktinerinnenkloster "Santa Maria di Rosano" an. Das Gebäude wurde ursprünglich im 12. Jh. errichtet, im 16. & 18. Jh. jeweils verändert und erweitert.

Gleich nach der Flußüberquerung geht es links ab nach *Rosano* und damit auf die andere Uferseite des Arnos. Die somit erreichte Straße führt Sie bis ins Zentrum *Firenzes* (s. Beschreibung vor Etappe 1). Leider ist es mit der Ruhe ab S. Éllero vorbei, denn auch diesseits des Arnos spielt sich viel Verkehr ab.

(*In Gegenrichtung:* Aus dem Zentrum Firenzes dem Arno gegen die Fließrichtung folgen und nach den Hinweisen Bagno a Ripoli und Rosano schauen.)

Etappe 37:

Firenze - San Casciano - Tavarnelle - Poggibonsi (40 km)

Skizze s. Seite 195

Die Etappe beginnt in der Altstadt Firenzes an der Ponte Vecchio auf der linken Seite des Arno. In dessen Fließrichtung gelangen Sie über die Via S. Iacoppo und deren Verlängerungen zur Via d'Serragli, deren Verlauf Sie links folgend zur SS 2 Cassia führt. Der Verkehr auf der SS 2 Cassia läßt spürbar nach, wenn am Rande des Siedlungsgebietes Firenzes der Anfang des Raccordos, der Schnellstraße für die Vierrädrigen, erreicht ist. Nahezu ruhig wird es in dem engen waldigen Tal des Greve, wenn Sie den Abzweig nach der gleichnamigen Stadt passiert haben. Bald danach verlassen Sie das Tal des Flüßchens, und ein langer Anstieg nach *S. Casciano* beginnt. Von dort geht es steil hinab ins weite Tal der Pesa. Nach einigen ebenen Kilometern gelangen Sie zur zweiten Hürde dieser Etappe, dem steileren Anstieg nach *Tavarnelle,* das Tal der Pesa verlassend und den Rand der Weinhänge des Chiantis streifend.

Camping: "Del Chianti", via Roma 137, Tavarnelle Val di Pesa, Tel. 055/8077009, ganzjährig.

Jugendherberge: via Roma 137.

Von Tavarnelle führt die Straße nahezu ständig bergab nach Poggibonsi.

Poggibonsi, 116 m ü.N.N., 24000 Einw., Provinz Siena, entwickelte sich zu einer modernen Industriestadt, da es verkehrsgünstig an einem Straßenknotenpunkt liegt. Die Bürger handeln überwiegend mit Wein und produzieren darüber hinaus Landmaschinen, Möbel und kunstvolle Glasvasen. Einen Blick lohnen die Kirche "San Lorenzo" und die unvollendete "Rocca Poggio Imperiale", die für Cosimo I. entworfen wurde.

Der die Stadt nach Süden verlassende Radler passiert kurz nach dem Stadtgebiet eben diese Rocca und das auf einem Hügel liegende Franziskanerkloster "San Lucchese", in dessen gotischer Kirche schöne Fresken das Auge des Interessierten zu fesseln vermögen. Der mühsame Anstieg auf den Hügel wird also östlich mit der "Unvollendeten", westlich mit der sakralen Kunst entlohnt.

Fahrradservice: an der piazza Berlinguer.

Etappe 38:

Poggibonsi - Monteriggioni - Siena (27 km)

Von Poggibonsi radeln Sie vorbei an Wald und Wiesen, wobei immer wieder kurze, spitze Hügelketten überquert werden müssen, auf der ruhigen SS 2 - der Raccordo übernimmt die Motorisierten nahezu restlos - hinauf nach Siena, das, versteckt in den Hügeln gelegen, unvermittelt erreicht wird.

Kartenskizze Etappen 37 & 38

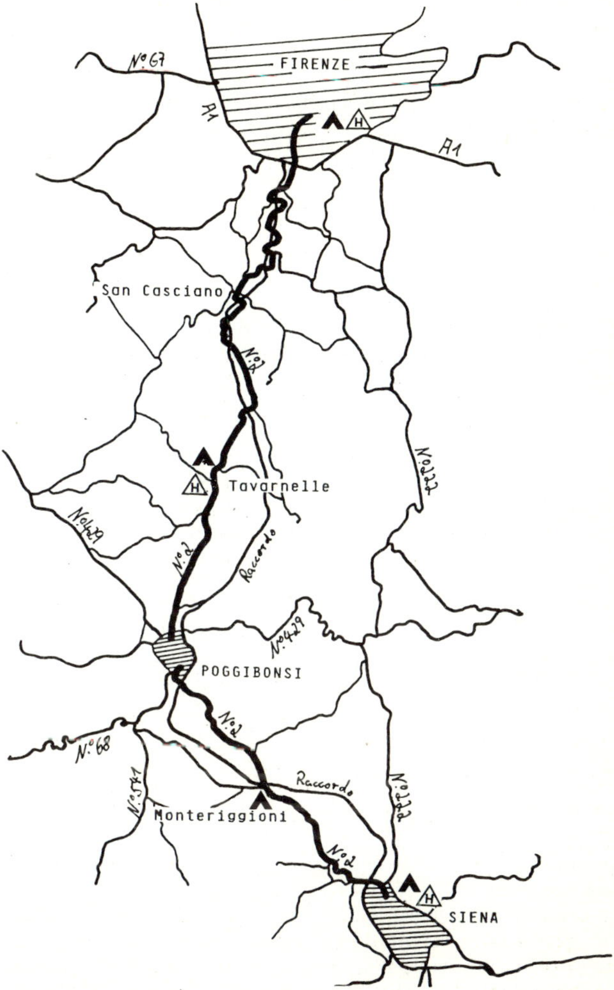

Monteriggioni, 274 m ü.N.N., 6000 Einw., Provinz Siena, liegt noch heute unzersiedelt einsam auf einem Hügel und grüßt die von Süden kommenden Radler schon von weitem mit seinen 14 mächtigen Wehrtürmen. Diese sind Teil der vollständig erhaltenen 570 m langen Stadtbefestigung, die zu Beginn des 13. Jh. von den Sienesen zur Verteidigung gegen die Konkurrenz aus dem Norden - natürlich Firenze - erbaut wurde.

Siena, 322 m ü.N.N., 65000 Einw., Provinzhauptstadt. Die Blütezeit Sienas, als Tuchweber und -färber das Leben in der Stadt bestimmten, ist heute nicht mehr in Angesicht der alten Produktionsstätten (-häuschen) nachzuempfinden. Einen Hauch, wie es wohl in den mittleren Jahrhunderten unseren Jahrtausends in Sienas Gassen gebrodelt und gerochen haben mag, vermitteln heute wohl am ehesten die ärmeren Viertel, in den noch die mittelalterlichen Brunnen plätschern und die sich, der sommerlichen Mittagsglut frei ausgesetzt, still entlang der Stadtmauer über die Hänge ausdehnen - eine von den mit den touristischen Leckerbissen besetzten Hügelkuppen weit abgeschiedene, andere Welt.
Auch von der Phase, als der Adel all seine Macht über Siena ausschütten konnte, ist in der heutigen Silhouette der Stadt nichts übrig geblieben. Das Miniatur-Manhattan des 13. & 14. Jh. - gemeint sind die zahlreichen Flucht- und Wohnstätten der damaligen großen Adelsfamilien, die Geschlechtertürme - ist mittlerweile in Gänze abgetragen.
Siena, ein im Altertum unbedeutendes Nest, erlangte erst ab dem 8. Jh. u.Z. allmählich an Bedeutung. Nachdem Bischöfe zunächst im 10. Jh. die Macht über die Stadt erringen konnten, bewirkte die Schenkung der Ländereien Mathildes, Markgräfin von Tuszien, an die Päpste, den allmählichen Aufstieg der Stadtstaaten. Nach dem Tode der Gräfin erreichte auch Siena die Unabhängigkeit und erfuhr eine große politische und wirtschaftliche Blüte. Der sich daraus ableitende Machthunger fand seine Grenzen in den konkurrierenden Städten Firenze, Lucca und Pisa, mit denen sich die Sienesen häufig vernichtende Schlachten lieferten. So errangen die Sienesen beispielsweise 1260 einen überragenden Sieg und konnten Firenze beinahe in die Knie zwingen, mußten jedoch schon neun Jahre später ihrerseits eine vernichtende Niederlage hinnehmen. Die Konkurrenz gründete zu dieser Zeit auch in der unterschiedlichen Orientierung der jeweiligen obersten Herrn der beiden Städte; Siena fühlte sich zunächst den Ghibellinen, Firenze den Guelfen verpflichtet. Die

Auseinandersetzungen dieser beiden Parteien nahmen ihren Ausgang bei den Kämpfen zwischen den Anhängern der Welfen und denen der Staufer und entwickelten sich ab Mitte des 13. Jh. zu landläufigen Bezeichnungen für die päpstlich gesinnten Gegner des Kaisertums, die Guelfen, und die Anhänger des Reiches, den Ghibellinen. Trotz des Untergangs der Staufer, der kaiserlichen Gegner des Papstums, wurden die Bezeichnungen in den oberitalienischen Städten beibehalten und standen fortan als Synonyme für die Vertreter verschiedener politischer und sozialer Auffassungen. Die Guelfen sahen sich als Vorreiter für freiheitliche bürgerliche Ordnungen, die Ghibellinen als Bewahrer der überlieferten Hierarchie, an deren Spitze der Adel stand.
Nicht nur die Kämpfe mit den Florentinern, sondern auch die Pest von 1348 setzten Siena einen schweren Schlag zu. Dem Konto der Pest wird das Mißlingen des größten Bauvorhabens der Stadtgeschichte überhaupt zugeschrieben; nachdem Firenze 1296 seinen Domneubau begann, beschlossen die Sienesen, die Erzrivalen mit einem weit gewaltigeren Bau zu übertreffen, und beabsichtigten, einen derart monumentalen "Duomo" zu errichten, bei dem der bestehende Dom nur noch als Querschiff getaugt hätte. Die Pest bewirkte ferner eine jahrzehntelange Zerrüttung des sozialen Gefüges, an dessen Ende die guelfisch gesinnten Bürger die Macht über die Stadt erlangen konnten. Unter diesen Priori konnte sich Siena gegen die zahlreichen Versuche der päpstlichen und kaiserlichen Statthalter, die Herrschaft über die Stadt zu erlangen, erfolgreich bis zur Mitte des 16. Jh. erwehren. 1555 eroberten dann aber die spanischen Truppen Kaiser Karl V. nach mehreren vergeblichen Versuchen die Stadt und traten sie 4 Jahre später an den Herzog Cosimo I. ab, womit Siena unter die Herrschaft der verhaßten Florentiner kam - Cosimo I. gehörte der jüngeren Linie der Medici an. Entsprechend der Herkunft dieses Adels und wohl vor allem der früheren Konkurrenz der beiden Städte wurde Siena in der Folge gezielt vernachlässigt und sank auf die Stufe einer Provinzstadt ab. Das trug mit dazu bei, daß das gotische Stadtbild mit seinen hervorragenden Bauwerken bis heute erhalten blieb.
Der hervorstechendste Bau der Stadt ist der an ihrer höchsten Stelle errichtete "Duomo", mit dessen Bau in seiner heutigen Form 1229 begonnen wurde. Beeindruckend ist schon die dreigiebelige Fassade in rotem, grünem und weißem Marmor mit reichem Skulpturenschmuck. Auch im Innern herrscht das edle Baumaterial vor, und die weißen und schwarzen Schichten gliedern das Bauwerk sehr streng. Die beiden bedeutendsten Kunstwerke im Innern sind die

achteckige Kanzel und vor allem der Fußboden des Domes, der einen einzigartigen Schmuck darstellt. Fast 200 Jahre ließ man sich mit den Marmoreinlegearbeiten Zeit und stellte in teils großartiger Qualität die mittelalterliche theologische Deutung der Geschichte des Christentums dar. Deutlich erkennbar ist die Verfeinerung der Techniken in der Marmorbearbeitung; während in den Anfängen (etwa ab 1370) die Zeichnungen in den Stein geritzt und die Rillen mit Asphalt ausgefüllt wurden, verlegten die Künstler später den Marmor in ähnlicher Weise wie bei der Intarsientechnik.

Im "Anbau", in Wahrheit erster Bauabschnitt des unvollendeten, neuen Domes, ist das "Museo dell'Opera Metropolitana" (Dommuseum, geöffnet tägl. 9.00-19.30 h, Lit. 4000) untergebracht, das überwiegend Exponate aus dem Dom präsentiert, darunter z.B. die Originalfiguren der Fassade von G. Pisano, dessen Name schon seine Herkunft verrät und der zusammen mit seinem Vater den Sienesern die hohe Schule der Pisaner Baukunst näher brachte.

Im Zentrum der Altstadt, die zur Freude der Fußgänger und Radler für den privaten KFZ-Verkehr gesperrt ist, wofür sich die Autos in den ihnen verbliebenen Straßen mit um so mehr Lärm rächen, liegt die "piazza del Campo", die von dem gotischen "Palazzo Pubblico" beherrscht wird. Trotz des wuchtigen Baus des Rathauses vermittelt der Platz mit seinem in Stil, Form und Maß nahezu einheitlichen Gebäuden und den schmalen zu ihm führenden Gassen (die das Betreten zu einer Überraschung werden lassen) eher den Charakter einer Arena, als den eines Großstadt-(Verkehrs-)Platzes. Alles überragend erhebt sich an einer Ecke des Rathauses der "Torre del Mangia", der mit seiner Höhe von 102 m nicht nur einen wunderschönen Blick über die Stadt bietet, sondern dessen Bau im Mittelalter als so risikoreich galt, daß seine Erbauer nur mit Glück der Verwahrung in der "Klapsmühle" entgingen. Allen Unkenrufen zum Trotz stellten sie den Turm aber binnen 10 Jahren fertig und überzeugten die Zweifler durch seine mittlerweile über 600jährige Standfestigkeit (tägl. 10-18 h, Eintritt Lit. 2500).

Während die zahlreichen Museen diverser Städte der Toskana sich mit Gemälden zweiter Garnitur der Sieneser Schule zufrieden geben müssen, wartet das Innere des Palazzo mit zahlreichen Original-Fresken auf, die einen Eindruck vom Stolz der mächtigen Bürger Sienas des 14. & 15. Jh. vermitteln können. Der Palazzo beherbergt das kleine "Museo Civico", das neben einem Überblick über die Stadtgeschichte eine Münzsammlung zeigt (mo-sa 9.30-18.45 h, so 9.30-12.45 h., Eintritt Lit. 5000, ermäß. Lit. 2500).

Umfangreichstes Museum der Stadt ist die "Pinacoteca Nazionale" im Palazzo Buonsignori, via San Pietro, südöstlich des Doms gelegen (di-sa 8.30-19.00 h, so 8.30-13.00 h, Eintritt Lit. 3000). Der elegante Bau steht in der Qualität den Exponaten in seinem Innern in nichts nach; die große Sammlung stellt den wohl besten Überblick über die Sieneser Schule dar, die sich in der Gotik zur höchsten Blüte entwickelte und selbst dann noch anhielt, als anderenorts schon die Renaissance die Kunst bestimmte.

Es würde den Rahmen dieses Reiseführers sprengen, die zahlreichen Palazzi und Kirchen der Stadt vorzustellen, deren baukünstlerische Wert hiermit natürlich nicht in Frage gestellt werden soll - doch eine reine Aufzählung der Namen und Baualter würde ihrem Wert nicht gerecht.

Eine kleine Besonderheit sienesischer Kultur sei hier noch erwähnt; dank des Besitzes der in der Nähe liegenden Silberminen, der Gruben von Montieri, erblühte früh das Geschäft mit dem Geld. Die Sieneser Bankhäuser zählten nicht nur zu den zahlungskräftigsten Europas, sondern mehrten ihren Reichtum noch durch die umfangreiche Vergabe von Krediten. Selbstverständlich war man sich nicht zu schade, extrem hohe Zinsen zu kassieren, ein Umstand, der den Franziskaner Bernardino zu der Idee anregte, ein öffentliches Pfandhaus zu gründen. Dieses vergab Kredite zu tragbaren Bedingungen und stellt die älteste gemeinnützige Bank Italiens dar. Die "Monte di Pietà" existiert noch heute unter dem Namen Monte dei Paschi di Siena.

Der "Palio" ist ein weit über Sienas Stadtgrenzen hinaus bekanntes Fest mit einer nun fast 800 Jahre zurückreichenden ununterbrochenen Tradition. Er erhielt seinen Ursprung in einer Prozession - erstmalig in den Geschichtsquellen am 14. August des Jahres 1200 erwähnt -, bei der sich die Sienesen sowie Bürger, Adel und Bewohner benachbarter, unterworfener Städte zusammenfanden, um ihre Loyalität dem Stadtoberen (anfänglich war es der Bischof) gegenüber zu bekunden, darüber hinaus ihre Ergebenheit für die Heilige Jungfrau, die Beschützerin und symbolische Herrscherin von Siena, zu bezeugen. Somit hatte die Prozession - derartige fanden auch in anderen Teilen Europas statt - ursprünglich die Aufgabe, die soziale Ordnung und Hierarchie innerhalb der Stadt immer wieder zu festigen. Erst später, als Siena seine Selbständigkeit verlor, trat der Bestandteil "Pferderennen" des Festes immer stärker in den Vordergrund. Inwieweit heute noch bei den zweimal im Jahr stattfindenden palii (Juli und August) Ergebenheit gegenüber den Kirchenoberen oder Ehre und Stolz zwischen den um den "palio" (Fahne) wetteifernden Reitern aus den einzelnen Bezirken Sienas (contrade) -

die einmal jede für sich die Freiheit der Selbstverwaltung innerhalb der freien Stadt Siena genossen - von Bedeutung sind, ist für den fremden Reisenden wohl nur schwerlich einzuschätzen; aber die palii sind allemal ein bleibendes Erlebnis.

Information: via di Città 5, 53100 Siena, Tel. 47051; Büros: via Città 43, Tel. 42209; piazza del Campo 55/6, Tel. 283004 & 280551.

Telefonvorwahl: 0577.

Jugendherberge: Ostello dell Gioventu, via Fiorentino 17.

Camping: "Colleverde", strada Scacciapensieri, Tel. 280044, Ende März-Ende Okt. Als Ausweichmöglichkeit bietet sich nur der 15 km nördlich gelegene Platz in Monteriggioni, Tel. 743047, Juni-Anfang Sept.

Fahrradservice: via Camollia 213 & 206, nahe der gleichnamigen Porta.

Etappe 39:
Siena - Asciano (25 km)

Die Etappe beginnt am Hauptbahnhof von Siena, das Sie entlang der Gleise Richtung Südosten verlassen. Automatisch gelangen Sie auf die Hauptstraße und folgen deren Verlauf, werden zunächst unter und später über Bahngleise geführt. Bald nach der Überführung zweigt die Etappe rechts ab in die Hügelwelt der Le Crete nach Asciano.

Asciano, 200 m ü.N.N., 6200 Einw., Provinz Siena, wird noch heute von seiner Stadtmauer aus dem 14. Jh. umgeben und war im Mittelalter zunächst im Besitz der Sieneser, später der Florentiner. Neben der Kollegiatskirche aus dem 11. Jh. befindet sich das "Museo di Arte Sacra" mit Kunstwerken der Sieneser Schule aus dem 14. & 15. Jh. Ferner bietet das kleine Örtchen ein Etruskermuseum, in dem die Ausgrabungsfunde der Nekropole "Poggio Pinci" ausgestellt werden (Besichtigung auf Anfrage).

Etappe 40:
Asciano - S. Giovanni d'Asso - Trequanda - Montepulciano (35 km)

Von Asciano führt Sie eine ruhige Nebenstraße in das südlich gelegene *S. Giovanni d'Asso*. In der Ortschaft zweigen Sie links ab und radeln durch weite Getreidefluren, die die runden Kuppen rechts und links überziehen, in das auf den ersten Blick unscheinbare Montisi. Dieses kleine Dorf stellt aber dem Reisenden in der ansonsten nur dünn besiedelten, untouristischen Landschaft immerhin ein Restaurant mit Zimmervermietung

in Aussicht (allerdings nur für volle Geldsäckerl). Unweit vor Erreichen Trequandas zweigt die Etappe am Hinweis nach Pretoio rechts ab. Die Straße schlängelt sich über - zumindest in der ersten Jahreshälfte - weiche grüne Hügel, die Futterstätten für Kuh und Schaf. Bei den nächsten Abzweigen geben die Hinweise nach Pienza Orientierung, bis Sie an den Abzweig nach Montepulciano gelangen.
(*In Gegenrichtung:* Zunächst immer in Richtung Torrita di Siena und später nach Trequanda.)
Von hier radeln Sie über den sich nach links erstreckenden Hügelkamm geradewegs auf das sich in der Ferne hoch oben auf einer Kuppe erhebende alte Städtchen zu.

Kartenskizze Etappen 39, 40 & 56

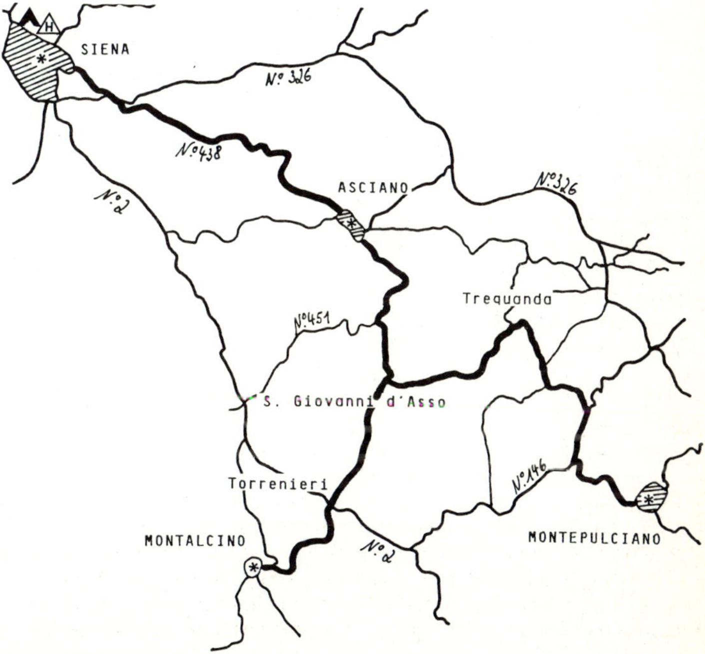

Montepulciano, 605 m ü.N.N., 16000 Einw., Provinz Siena, wurde vermutlich im 6. Jh. v.u.Z. von dem mächtigen Etrusker Porsenna gegründet und später zu einem römischen Militärlager umgestaltet. Die Bewohner bezeichnen sich selbst als "Poliziani", womit sie sich noch heute auf den römischen Namen der Stadt "Mons Policianus" beziehen. Größere Bedeutung erlangte der Ort aber erst nach dem 8. Jh. u.Z., in dem er mit einer Mauer umgeben wurde. Im 13. Jh. wurde Montepulciano freie Kommune und ging mal freiwillig Bündnisse mit Siena oder Firenze ein oder wurde ansonsten von einer der beiden mächtigeren Nachbarinnen schlicht unterworfen. Unter seinen mächtigen Adelsgeschlechtern, die hier länger als anderenorts die Macht innehalten konnten, waren viele bedeutende Künstler tätig, so daß Montepulciano heute stattliche Bauwerke aus der Renaissance und dem Barock vorweisen kann.

Schon der Hauptplatz der Altstadt, die "piazza Grande", bietet mit dem Duomo, dem Palazzo Comunale, einem strengen wuchtigen Bau aus dem 15. Jh. (s. nebenstehendes Foto), und den Palazzi della Pretura, Tarugi und Contucci ein beeindruckendes Panorama. Die Palazzi Contucci und Tarugi werden Antonio da Sangallo, dem Älteren (1455-1534), zugeschrieben, der der aktivste Architekt in Montepulciano war und dessen Hauptwerk die 2 km nordwestlich der Stadt gelegene Kirche "Madonna di San Biagio" ist. Der Florentiner schuf hier über einem sogenannten griechischem Kreuz, d.h. mit vier gleich langen Armen, einen Kuppelbau, der zu den vollkommensten Renaissance-Zentralbauten dieser Art gezählt wird. Das streng geometrische Gleichgewicht wird allerdings durch eine kleine Unvollkommenheit gestört; denn von den zwei geplanten freistehenden Türmen wurde nur einer bis zur Spitze fertiggestellt.

Die Stadt bietet noch weitere Palazzi, von denen hier der "Palazzo Neri Orselli" hervorgehoben sei, denn dieser - in der via Ricci 10 - beherbergt das "Museo Civico". Das Museum widmet sich hauptsächlich Gemälden aus dem 13.-17. Jh. und hier besonders Künstlern der Toskana und Umbriens (geöffnet tägl. außer mo & mi 9.20-13 & 16-19 h). Entsprechend dem Rang der Bauwerke und vor allem deren Ensemble dieser "genießt" die Stadt beachtlichen kulturellen Andrang, so daß die Auslagen bzw. das Angebot der Geschäfte und Bars, aber noch nicht die Preise, entsprechendes Niveau aufweisen.

Information: via Ricci 7, 53045 Montepulciano, Tel. 757935, geöffnet di-fr 10-13 & 16-19 h).

Telefonvorwahl: 0578.

Etappe 41:
Montepulciano - Chianciano - Chiusi (22 km)
Skizze s. Seite 186

Vom begehrten Ausflugsziel radeln Sie mehr abwärts als hügelan auf der belebten - aber auch ausreichend ausgebauten - Nationalstraße 146 über die beiden, in ihrem äußeren Erscheinungsbild kraß gegensätzlichen **Chiancianos**. Nach Osten erstreckt sich das enggassige alte, und vorbei an den nach Westen im weiten Bogen stehenden zahlreichen Hotels und Pensionen, die die vielen Kur- und Badegäste Chianciano Thermes aufnehmen, gelangen Sie in das viel ruhigere **Chiusi**.

Chianciano Terme, 550 m ü.N.N., 7000 Einw., Provinz Siena, darf sich - wie es der Name schon andeutet - zu den bedeutendsten Thermalbädern Italiens zählen. Malerisch in den sanften Hügeln der südöstlichen Toskana gelegen, zog der Ort mit den Heilwässern schon die Etrusker und Römer an. So berichtete bereits Horaz, einer der namhaften Dichter des alten Rom, der sich dank der Förderung Maecenas ganz der Dichtung widmen durfte, kurz vor der Zeitenwende von den Linderung gewährenden Wassern der chiancianischen Quellen, derer vier existieren und gegen Leber- und Galleleiden, Herz- und Gefäßkrankheiten und Störungen des Verdauungsapparates eingesetzt werden.
Der erwähnte Maecenas, mit Vornamen Gaius, war ein römischer Ritter etruskischer Herkunft, der im 1. Jh. v.u.Z. als Vertrauter des Kaisers Augustus zu Wohlstand gelangte. Er war in hohem Maße an der Literatur interessiert und versammelte in seinem Palast die bedeutendsten Dichter seiner Zeit, so den genannten Horaz, Vergil, Properz und andere. Ob seiner großzügigen Förderung der schreibenden Zunft nennt man einen freigebigen Gönner der Künste noch heute "Mäzen".
Auch im Mittelalter plagten sich die Menschen mit den Unzulänglichkeiten ihrer Körper und schrieben den Quellen beinahe magische Kräfte zu, so daß sich die Städte Orvieto, Siena und Montepulciano leidenschaftlich um die Herrschaft über das Städtchen stritten.
Der Ausbau zum großzügigen Kurort erfolgte dennoch erst zu Beginn des 20. Jh. und ließ bis auf den heutigen Tag eine moderne Kurzone mit über 200 Hotels und Kuranstalten entstehen, die sich im Bogen über ca. 3 km spannen und so den örtlichen automobilen Verkehr bis auf großstädtisches Niveau heben. Nördlich des Kurbezirks liegt die in Teilen noch ummauerte Altstadt, wo neben dem Pa-

lazzo del Podestá mit seiner schmucken Fassade das "Museo d'Arte Sacra" mit seinen Exponaten zur sakralen Kunst aus dem 14.-15. Jh. einen Besuch lohnt.
Den an einem längeren Aufenthalt in Chianciano Interessierten stellt das Städtchen wegen des Kurbetriebs ein für italienische Verhältnisse recht umfangreiches Spazierwegenetz zur Verfügung; für die Abende wird selbstverständlich das kurorttypische Veranstaltungsprogramm geboten, um den Möchtegern-Kurschatten genügend Raum zum Balzen zu geben.
Information: Via Giuseppe Sabatini 7, 53042 Chianciano Terme, Tel. 63538; Büros an der piazza Italia (Tel. 63167) und der piazza Antonio Gramsci (Tel. 63953) sowie im Parco Stabilimento Acqua Santa (Tel. 64054).
Telefonvorwahl: 0578.

Chiusi, 398 m ü.N.N., 9200 Einw., Provinz Siena, ist ein unbedingtes Muß eines jeden Etruskerfans. Das etruskische "Chamars" war im 7. & 6. Jh. v.u.Z. eine der bedeutendsten Städte der Etrusker und natürlich Mitglied im Zwölfstädtebund. Einer der Könige von Chamars, nämlich Porsenna, erwirkte sogar die Unterwerfung Roms, wofür sich die Nachfahren der damaligen dortigen Schilfhüttenbewohner aber im 3. Jh. v.u.Z. rächten und die Etruskerstadt in ihr sich entwickelndes Imperium Romanum integrierten. Die Bedeutung, die Macht und der Reichtum der ehemaligen Herrscher der Stadt kann leicht ermessen werden, wenn man die annähernd 400 etruskischen Grabstätten in der näheren und weiteren Umgebung von Chiusi besucht. Die bedeutendsten Nekropolen sind die "Tomba del Colle", die "Tomba della Scimmia" (Grab des Affen, so nach einem Detail der Wandmalereien genannt) und die "Tomba del Granduca". Wer die einzelnen Stätten nicht aufsuchen mag, kann sich über die etruskische Gräberkunst im "Museo Nazionale Etrusco" (gegenüber dem Dom, geöffnet mo-sa 9.00-13.40 h, so 9.00-12.40 h) informieren, denn hier werden in einer gut aufbereiteten Sammlung die Ausgrabungsfunde der Gegend präsentiert. Die Kenner der Kultur des geheimnisumwobenen Volkes werden ihre Aufmerksamkeit besonders den sogenannten Kanopen schenken; diese für Chiusi charakteristischen Urnen wurden mit Deckeln verschlossen, die in der Form eines Porträts des Verstorbenen ausgestaltet wurden.
Nach dem Untergang der Etrusker bauten die Römer das nunmehr "Clusium" genannte Städtchen zu einem Stützpunkt an der Kreuzung zweier ihrer Straßen aus. Aus dieser Phase blieb der Nachwelt

allerdings nur sehr versteckt ein kleiner Rest erhalten - der Dom wurde auf Resten römischer Bauten im 12. Jh. errichtet und besitzt innerhalb seiner drei Schiffe 18 antike Säulen. Das Dommuseum, "Museo della Cattedrale" - gleich neben dem Dom -, wird derzeit umfangreich restauriert.

Information: im Bahnhof, 53043 Chiusi, Tel. 20006.

Telefonvorwahl: 0578.

Camping: "Pesce d'Oro", Sbarchino, Tel. 21403, ganzjährig; "La Fattoria", Paccianese, Tel. 21407, Mai-Okt.; "Degli Ulivi", via Lelite 40, Macciano, Tel. 274202, Mai-Okt.

Etappe 42:
Chiusi - Ficulle - Allerona - Orvieto (55 km)
Skizze s. Seite 207

Die Hinweise nach Perugia führen Sie von Chiusi zunächst den Hügel hinab. Noch vor der Stazione zweigt die Etappe rechts ab bei den Hinweisen nach Cetona in ein Agrar- und Verkehrstal. Schnellbahntrasse, Autostrada sowie Feld und Flur fristen hier in trauter Dreisamkeit ihr Dasein. Vor Unterqueren der Bahntrasse (Achtung Karte falsch - hat die neue Schnellbahntrasse noch nicht aufgenommen!) zweigen Sie dem Hinweis Ponticelli folgend links ab. Immer auf Höhe der Talsohle, die Dörfer zur Linken und Rechten entweder in die Hänge gebaut oder auf den Hügelkämmen errichtet, erreichen Sie das Ende der Straße und zweigen links ab nach *Ficulle* zur Nationalstraße 71.
(*In Gegenrichtung:* Von der Nationalstraße geht es links ab in Richtung Fabro und gleich nach Überqueren eines Kanals rechts in Richtung Ponticelli.)
Die Nationalstraße 71 ist ab hier für den Radler unproblematisch zu benutzen, denn sie ist - geradezu passend zu der nur wenig besiedelten Hügelwelt - nahezu verkehrsfrei, da die Autostrada den KFZ ein wesentlich schnelleres Vorankommen ermöglicht. Zunächst führt ein langer Anstieg zum bald nach Ficulle in den ruhigen Hügeln gelegenen gleichnamigen Paß, nach dessen Überquerung Sie rechts ab auf einer Nebenstraße vorbei an einer bestens erhaltenen Burganlage in der Ortschaft Sala hinab nach *Allerona* rollen. Die Straße zieht sich entlang des Hanges durch das Weingebiet Orvietos, das schon von Ferne sichtbar, hoch oben auf einem Tuffkegel errichtet auf seine Besucher wartet.
(*In Gegenrichtung:* Gleich zu Beginn Alleronas führt die Etappe an einer T-Kreuzung rechts ab - nicht weiter in den Ort hinein - unter einer Eisenbahntrasse hindurch zum langen Anstieg über Sala nach Ficulle.)

Orvieto, 325 m ü.N.N., 23500 Einw., Provinz Terni, liegt hoch über dem Tal der Páglia auf einem Felsplateau aus Tuffstein. Der lotrecht abfallende Stadtfels erlitt in den vergangenen Jahrzehnten mehrere bedrohliche Felsabbrüche, so daß sogar die UNESCO zur Hilfe gerufen werden mußte. Zur Rettung der Stadt erwog man die Sperrung für den Autoverkehr und verwies auf die Seilbahn zum/vom Bahnhof im Tal. Aber wie immer ist die Autolobby - so auch hier - mächtiger gewesen, und von der Seilbahnidee blieb nichts übrig; schade!

Orvieto ist eine Gründung der Etrusker, deren Siedlung namens "Volsinii" 280 v.u.Z. von den Römern erobert und weitgehend zerstört wurde. In den folgenden zwei Jahrhunderten sollen die Römer die reichen Kunstschätze der Stadt systematisch abgetragen und über 2000 Statuen entwendet haben. Wie das Wörtchen "sollen" andeutet, liegen die Historiker diesbezüglich miteinander im Streit.

Die Auseinandersetzungen nehmen ihren Anfang schon bei der Frage, ob die sagenumwobene reiche Etruskerstadt "Volsinii" hieß und an der Stelle des heutigen Orvieto lag, oder den Namen "Velzna" trug und etwas nördlich des heutigen Bolsena zu finden war. Die These, daß es zwei verschiedene bedeutende Städte der Etrusker gewesen seien, wird durch Berichte über die Eroberungsfeldzüge der Römer gestützt, nach denen sie 280 v.u.Z. zunächst "Volsinii" und 265 v.u.Z. schließlich "Velzna" erobert haben sollen. Etwas verdächtig erscheint auch der Umstand, daß die Römer die überlebenden Etrusker in das Gebiet des heutigen Bolsena umgesiedelt und der Siedlung den Namen "Volsinii Novi" gegeben haben sollen, wenn das alte Volsinii über 20 km nordöstlicher lag.

Die Stadt erlangte im 11. Jh. die Unabhängigkeit und verschwendete ihren Wohlstand in zahlreichen Kriegen mit den Nachbarn um einen Zugang zum Meer. Auch im Innern zermürbte die Konkurrenz der Welfen und Ghibellinen das Gemeinwesen, so daß es schließlich seine Freiheit verlor und seit Mitte des 14. Jh. fast ohne Unterbrechung dem Kirchenstaat angehörte.

Die bedeutendsten Bauwerke der Stadt entstanden in der Phase der Unabhängigkeit, in der sich Orvieto weltoffen gab und viele bedeutende Künstler der Zeit beschäftigte. Das ehrgeizigste Projekt der Stadtväter war der "Duomo", dessen Bau 1290 begonnen wurde und erst nach über 200 Jahren abgeschlossen wurde. Dafür wurde es aber ein besonders prachtvolles Objekt, das im Grundriß romanisch, im übrigen aber gotisch ist. Die dreischiffige Basilika schmückt eine gewaltige, farbenreiche Westfassade mit drei Portalen, und auch das Innere weiß mit wertvollen Fresken berühmter

Künstler, wie z.B. Luca Signorelli, zu überzeugen. Die piazza del Duomo selbst besticht durch ihre großzügige Anlage und zieht die Touristen in so großer Zahl an, daß die Souvenirläden wohl kaum über mangelnden Umsatz zu klagen brauchen - sehenswert ist diese Stätte dennoch. Wer sich an den Auswüchsen des Tourismus noch ein wenig laben mag, dem sei ein Gang durch die via del Duomo empfohlen, denn dort zeugt das Angebot wunderschöner Teller vom hochentwickelten Geschmack der Besucher der Stadt.
Rund um den Dom befinden sich auch die Museen der Stadt, so das "Museo dell'Opera del Duomo" (südlich) mit sakralen Gegenständen, Gemälden und etruskischen Sarkophagen. Weiteres archäologisches Material wird im "Museo Civico" im benachbarten Palazzo Faina ausgestellt, darunter besonders die Funde der Ausgrabungen der etruskischen Nekropolen etwas außerhalb der Stadt, wo man diverse attische und korinthische Vasen und Skulpturen fand (beide tägl. außer mo 9-13 & 15-18 h).
Trotz der zahlreichen kriegerischen Auseinandersetzungen im Mittelalter konnte die Stadt ihr damaliges Gepräge erhalten und bietet neben dem Domviertel mit der "piazza del Popolo" mit dem entsprechenden Palast, der derzeit aufwendig saniert wird, und der "piazza della Repubblica" zwei weitere typische mittelalterliche Platzanlagen. Auch ansonsten wird der Kern Orvietos durch die mittelalterlichen Gebäude bestimmt - selbst entlang der Hauptgeschäftsstraße, dem Corso Cavour, mit ihren teils eleganten Geschäften herrschen die uralten Häuser vor. Die Ränder des Felsplateaus wurden überwiegend erst später bebaut bzw. fielen in Teilen der Abrißbirne zum Opfer, so daß beispielsweise die Bereiche entlang der via Roma in reinster faschistischer Form erstellt wurden und heute sinngemäß dem Militär dienen.
Wer die Stadt Richtung Westen zum Lago di Bolsena verläßt oder von dort kommt, radelt am Eingang des städtischen Friedhofs vorbei, dessen teils monströse Grabhäuser Erinnerungen an die Nekropolen der Etrusker wachrufen.

Information: Piazza del Duomo, Casella Postale 77, 05018 Orvieto, Tel. 42562.

Telefonvorwahl: 0763.

Camping: "Orvieto", Lago di Corbara, Tel. 0744/957351, Ostern-Dezember.

Fahrradservice: "E. Fiorenzi", gleich an der Porta Romana.

Kartenskizze Etappen 42, 43 & 53

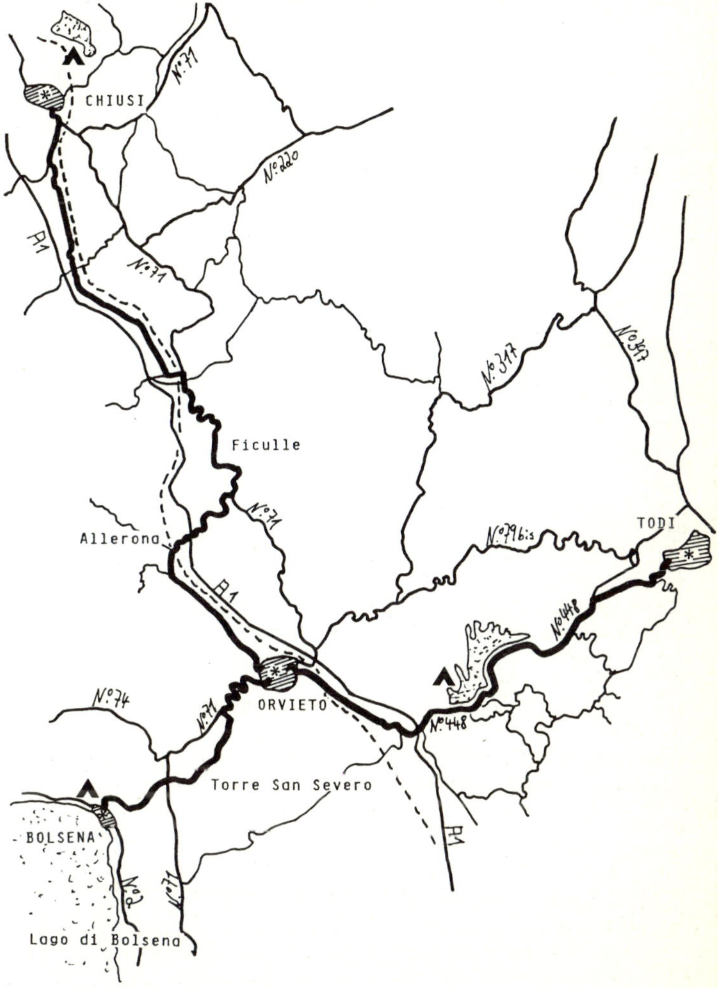

Etappe 43:
Orvieto - Torre San Severo - Bolsena (25 km)
Skizze s. vorige Seite

Der Schwung von Orvieto hinab ins Tal reicht leider nicht aus, um die Serpentinen auf der gegenüberliegenden Seite ohne weiteren Energieaufwand errollen zu können. Die Führung der Straße in vielen Windungen erleichtert jedoch den somit "abgeflachten" Anstieg Richtung Bolsena und zum gleichnamigen See. Wenn die meisten Höhenmeter auf der nicht übermäßig frequentierten Nationalstraße 71 erklommen sind, lohnt der Abzweig über *Torre San Severo* geradelt zu werden. Zunächst also am Hinweis Porano links ab und gleich nach wenigen Metern rechts in die sanft hügeligen Weidegründe und Getreidefelder, von denen das Dorf fernab des Tourismus- und Gewerbeverkehrs umgeben wird. Vom Kraterrand geht es hinab nach Bolsena, wobei gleich zwei an der Straße liegende Terrassen zum Ausblick einladen.

Bolsena, 350 m ü.N.N., 4000 Einw., Provinz Viterbo, wurde teils an den Ufern des gleichnamigen Sees, teils - vor allem seine alten Bauten - in den Hängen der Monti Volsini errichtet. Den - wie oben beschrieben - aus Orvieto anreisenden Besucher empfängt das Städtchen mit seinen hervorstechendsten Bauten, der Rocca und der Kirche (...und der obligatorischen Bar, die die weniger eiligen Radler zu einer weiteren Rast an den Hängen einlädt). Der **Lago di Bolsena** ist mit 115 km^2 der größte italienische Kratersee und bis zu 146 m tief. Berühmt ist die Stadt bei den gläubigen Katholiken für das sogenannte "Blutwunder von Bolsena". Der mit dem Ruf der Ungläubigkeit umgebene Priester Peter von Prag hielt auf einer Reise nach Rom in Bolsena in der Kirche "Santa Cristina" eine Messe, bei der sich die Hostie in wirkliches blutendes Fleisch wandelte. Der Anlaß verleitete den amtierenden Papst Urban IV., im nahegelegenen Orvieto nach Sicherstellung der Sakralgegenstände gar das Fronleichnamsfest auszurufen und zieht noch heute Pilgergruppen an.

Telefonvorwahl: 0761.

Camping: Entlang des Seeufers gibt es zahlreiche Campingplätze: "Lago", via le Cadorna 6, Tel. 799191, ganzjährig; "Cappelletta", via Cassia km 116,5, Tel. 98543, Mitte Mai-Sept.; "Romantic Chez Vous", via Cassia km 116, Tel. 98203, Mitte Mai-Sept.; "Pineta", via le diaz 48, Tel. 989801, April-Sept.; "Val di Sole", via Cassia 117,8, Mai-Sept.; "Village-Camping Lido", via Cassia km 111, Tel. 98258, April-Sept.

Fahrradservice: "Atala", gleich auf der Hauptstraße am Hauptplatz.

Kartenskizze Etappen 44 - 47 & 52

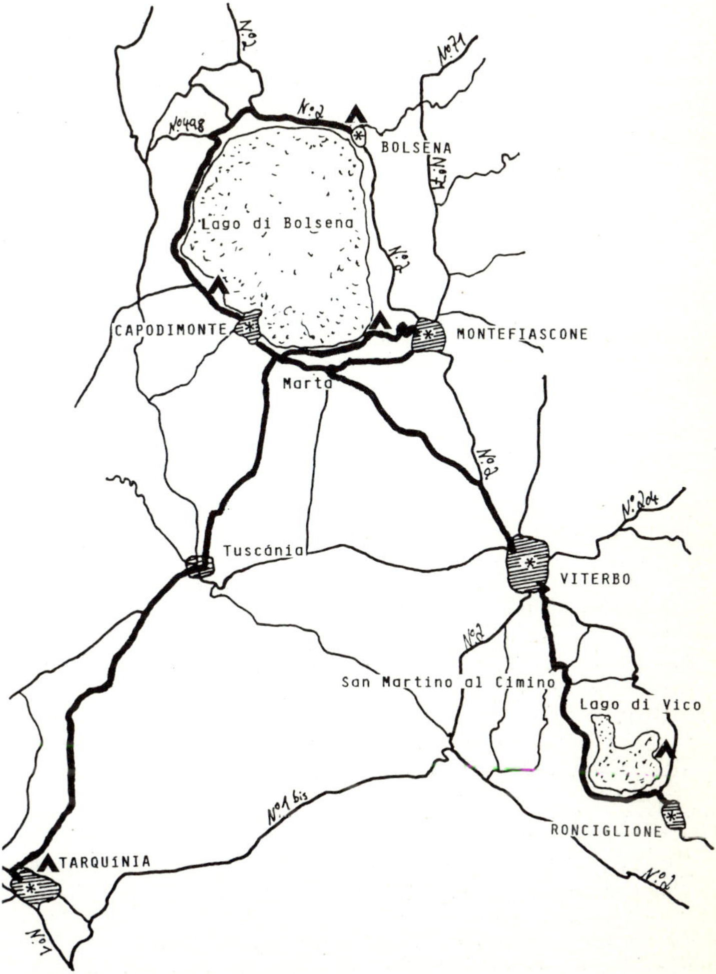

Etappe 44:
Bolsena - Capodimonte (25 km)
Skizze s. vorige Seite

Von Bolsena aus, entgegen des Uhrzeigersinns, führt die gutausgebaute Nationalstraße 2 in Richtung Acquapendente durch die sanft zum See hin abfallenden Hänge des ehemaligen Kraters geradewegs durch die Gemüse- und Obstländereien der hiesigen Bauern. Am Abzweig nach Gradoli geht es ein erstes Mal links ab und am blauen Hinweis nach *Capodimonte* ein zweites Mal. Auf einer schmalen asphaltierten Nebenstraße können Sie somit - immer auf der Höhe des Sees bleibend - dessen westliches Ufer erradeln. Lediglich bei dem archäologischen Fundort Visentium im Südwesten schwenkt die Straße vom Ufer ab, um über den steil in den See abfallenden Hügel zu führen. So erreichen Sie das geradezu vorwitzig in den See ragende Capodimonte.
Camping: San Larezzo, Capodimonte.

Etappe 45:
Capodimonte - Montefiascone (13 km)
Skizze s. Seite 209

Von Capodimonte führen die Hinweise Richtung Viterbo über das Örtchen Marta zum Abzweig nach Montefiascone, das Sie auf einer fast stetig ansteigenden Straße hoch über dem See schwebend erreichen.
Die Alternative von Marta über die Via Spiaggio gleich entlang des Sees ist nur etwas für Breitbereifte(!) - da weitestgehend unbefestigte Fahrbahn geboten wird. Die letzten Meter führen über eine Serpentinenstraße in vielen Windungen hinauf in das auf dem Kraterrand errichtete Montefiascone. (*In Gegenrichtung:* Die Alternative "Seeuferweg" finden Sie von Montefiascone, indem Sie zunächst die Straße nach Bolsena wählen, von der der weiße Hinweis "Al Lago" hinunter zum selbigen führt. Die den Asphalt Bevorzugenden richten sich beim Verlassen von Montefiascone nach den Hinweisen "Valentano".)

Montefiascone, 561 m ü.N.N., 12000 Einw., Provinz Viterbo, wurde zwar erst zur Zeit der Goteneinfälle im 5. Jh. u.Z. erwähnt, liegt jedoch mit großer Wahrscheinlichkeit auf geschichtsträchtigem Boden. Historiker vermuten, daß der Ort an der Stelle liegt, an der die Etrusker ihrer Gottheit Voltumna huldigten. Sie muß höchste Verehrung erfahren haben, denn alljährlich versammelten sich an dem Ort

ihres Heiligtums die Repräsentanten des Zwölfstädtebundes, um hier ihre inneren Rivalitäten für Stunden beizulegen.
Montefiascone war im Mittelalter eine der Städte, auf deren Loyalität sich die Päpste verlassen konnten. So ließen diese ab 1261 ein Papstschloß auf dem Stadthügel errichten, das die meisten Päpste der folgenden Jahrzehnte als Sommerresidenz nutzten, denn Rom konnten sie nur kurz oder gar niemals betreten, da es von inneren Unruhen erschüttert wurde. Die Überreste des Papstschlosses lassen noch heute eine französische "Handschrift" erkennen; das Schloß wurde unter der Leitung Urban IV. erbaut, des ersten des französischen Geschlechts der Anjou, die hundert Jahre lang das Papsttum beherrschten und als potente Macht gegen die Staufer nach Italien gerufen worden waren.
Die Stadt liegt inmitten weitläufiger Weinberge, deren Erträge Kenner der Szene zu wahren Freudenausrufen animieren. In der Kirche "San Flaviano" liegt einer der glühendsten Verehrer des hiesigen Weines begraben, der laut der Legende sich im Jahre 1111 dem Zug des deutschen Kaisers nach Rom anschloß, und somit die Möglichkeit erlangte, seinem Lieblingshobby - dem Weintrinken - auch in Italien nachzugehen. Als Mitglied der wohlhabenden Fuggerfamilie aus Augsburg konnte er sich selbstverständlich einen Diener leisten und trug diesem auf, ihm jeweils einen Tag vorauszureiten, um die Güte der Weine schon einmal zu testen. Überzeugte die Qualität den Diener, so klassifizierte er diesen mit der lateinischen Bezeichnung "est", was landläufig gern mit "er ist es" übersetzt wird. Die Güte des Rebensaftes in Montefiascone riß ihn gar zum dreifachen Ausruf des Wörtchens hin, so daß sein Herr hoffen durfte, nun etwas gar Einzigartiges kosten zu können. Verhieß schon der Name der Stadt Größeres, "Flaschenberg", so erst recht die Schwärmereien seines Dieners. Also ließ sich der Fugger nicht lumpen und trank so viel des geistigen Getränks, daß er daran verstarb. Die traditionsbewußten Weinbauern nennen deshalb noch heute ihr Spitzenprodukt "est est est".

Camping: "Amalasunta", via Lago, Tel. 0761/85294, Juni-Sept., entsprechend seinem Namen direkt am See, unterhalb des Stadthügels!
Fahrradservice: via Oreste Borghesi, Straße Richtung Bolsena.

Etappe 46:
Capodimonte - Viterbo (25 km)
Skizze s. Seite 209

Diese Etappe zieht sich über flachwellige, weite Getreidefelder. Ab der Weggabelung der Nationalstraße 2 mit der Straße nach Valentano werden die letzten Kilometer der ansonsten gut zu radelden Strecke sehr belebt; Viterbo ist halt Provinzhaupstadt. Bei Ihrem Eintreffen bietet Ihnen der kleine öffentliche Park am Rande der Altstadt Gelegenheit, wieder Ruhe zu finden.

Viterbo, 325 m ü.N.N., 59000 Einw., Provinzhauptstadt der gleichnamigen Provinz, zu Zeiten der Etrusker eine kleine Siedlung, wurde unter dem Namen "Vicus Elbii" von den Römern befestigt. Größere Bedeutung erhielt Viterbo aber erst im 8. Jh., als der Langobardenkönig Desiderius die Ortschaft zum Stützpunkt wählte, um von hier Rom zu erobern. Ein Unterfangen, das ihm mißlang, denn schon ein Jahr später hatte Karl der Große die Langobarden auch in Latien endgültig unterworfen. Er schenkte die Stadt dem Papst Hadrian I., unter dem die Bürger der Stadt begannen, sich einerseits mit der weltlichen Seite der Kirche zu arrangieren, ihr andererseits aber bürgerliche Freiheiten abzupressen. Viterbo nutzte hierzu die Konflikte Roms mit den Päpsten und entwickelte sich so zur wichtigsten Stadt des Kirchenstaates. Gingen die Päpste nach Meinung der Viterbesen zu weit, waren sie sich nicht zu fein, Koalitionen mit den Kaisern einzugehen. So stand Viterbo immer wieder in erbittertem Gegensatz zu Rom, den Päpsten und den Kaisern, je nachdem "woher der Wind gerade wehte".
Trotz der umfangreichen Zerstörungen zum Ende des Zweiten Weltkrieges ist die Altstadt reich an alten Bauwerken, da die Schäden weitestgehend behoben wurden. Prunkstück der Stadt ist der "Palazzo Papale" (Papstpalast) mit seiner gotisch verzierten Loggia, der ab 1257 für die bis 1281 hier ständig residierenden Päpste erbaut wurde. Neben dem nach neunjähriger Bauzeit fertiggestellten Palast befindet sich der romanische "Duomo" mit seinem gotischen Campanile. Der auch als Kathedrale San Lorenzo betitelte Dom beherbergt am Eingang einen Grabstein für Papst Johannes XXI., dem einzigen Portugiesen unter all den Päpsten, dessen nur achtmonatige Regierungszeit durch eine einstürzende Zimmerdecke beendet wurde! Neben einem Blick auf den "Palazzo Comunale" und die Kirche "Santa Maria Nuova" lohnt vor allem ein Spaziergang durch den Altstadtteil "San Pellegrino", der sein mittelalterliches Aussehen mit

Häusern aus dem 13. Jh., Außentreppen und Geschlechtertürmen bewahren konnte.

In der Umgebung: Einen ganzen Tag benötigt man für einen Ausflug ins Reich der Etrusker südwestlich von Viterbo. Über das kleine Städtchen *Vetralla* erreichen Sie auf der Nationalstraße 2 die Ortschaft *C. le Cinelli*, von wo eine Nebenstraße zu den monumentalen Tempelgräbern Nórchias führt. Die Grabstätten werden der Stadt **Orche** zugeschrieben, die schon im 9. Jh. v.u.Z. bestanden haben und vor allem eine von den anderen Etruskersiedlungen stark abweichende Kultur gehabt haben soll. So erweckt die Anlage der einzelnen Gräber hier den Eindruck einer streng hierarchisch geordneten Gesellschaft, die ähnlich der ägyptischen allein für die schönsten Gräber ihrer Herrscher lebte. Hiermit aber stehen die "Gräber von Norchia" im starken Kontrast zu den Anlagen anderer etruskischer Städte, so daß berechtigterweise die Frage aufgeworfen wurde, ob man überhaupt von *den* Etruskern sprechen könne oder nicht vielmehr die einzelnen Stämme jeweils eine Welt für sich waren, deren einzige Verbindung in der Verherrlichung der gleichen Götter lag.

Information: piazza dei Caduti 16, 01100 Viterbo, Tel. 226161, nahe dem Busbahnhof im Tal zwischen der Alt- und Neustadt.

Telefonvorwahl: 0761.

Etappe 47:
Viterbo - San Martino al Cimino - Lago di Vico - Ronciglione (25 km)
Skizze s. Seite 209

An der die Altstadt begrenzenden piazza S. Sisto beginnen die Etappe und die Straße Via Santa Maria in Gradi, die Sie zunächst in Richtung Ronciglione führt. Nach wenigen hundert Metern zweigen Sie rechts ab und folgen dem Hinweis *San Martino al Cimino*. Nun gilt es, über das beschauliche San Martino - wobei es sich lohnt, geradewegs durch das noch stadtbetorte Dörfchen und somit seine lange rechteckige piazza zu radeln - den steilen Anstieg (die Karte Kümmerly + Frey unterschlägt an dieser Stelle einige Steigungsangaben) zum Lago di Vico zu bewältigen. An dem nach San Martino folgenden Abzweig, wo der höchste Punkt erreicht ist, geht es in brausender Fahrt rechts hinab zum Westufer des Sees und somit nach Ronciglione.

Lago di Vico in 507 m ü.N.N. werden die Wassermassen genannt, die den antiken Krater, des ehemals dampfenden Vulkans Cimino, heute füllen. Gesäumt von Wäldern und Villen sowie dem am Nordufer sich erhebenden Monte Venere (838 m) und den in dessen Rükken sich aufbauenden Monti Cimini - ebenfalls vulkanischen Ursprungs - gibt er eine herrliche Kulisse für eine Radlerrast. Der Lago di Vico ist der am ruhigsten gelegene der drei Kraterseen und verfügt über zwei gut zugängliche Badestellen; die eine befindet sich in der Südwestecke des Sees, wo die Straße bis nahe ans Ufer führt, und die andere am diagonal gegenüberliegenden Ufer. Hier befindet sich auch der Campingplatz "Campeggio Naturale" (ohne Restaurant und Mini-Market, nur im Hochsommer geöffnet, Tel. 0761/647027).

Ronciglione, 411 m ü.N.N., 7000 Einw., Provinz Viterbo, heute ein Ferienort mit einigen wenigen schönen Gebäuden des Mittelalters, wurde einst von den Päpsten und Kaisern, die nach der in der folgenden Etappe erwähnten Synode von Sutri über Jahrhunderte im Streit lagen, heftig umkämpft.

Etappe 48:
Ronciglione - Sutri - Trevignano Romano - Bracciano (35 km)
Skizze s. Seite 159

Das sich auf dem Kraterrand befindende Ronciglione stellt einen angenehmen Startpunkt dar. Mit viel Schwung erreichen Sie auf der wenig befahrenen Straße das viel tiefer gelegene, in und auf Fels errichtete, ehemals bedeutende Etruskerstädtchen Sutri. Spektakulär sind die senkrecht abfallenden Felsen bis auf den letzten Quadratzentimeter bebaut.

Sutri, 291 m ü.N.N., 3200 Einw., Provinz Viterbo, ist der Legende nach eine Gründung der Pelasger, der sagenhaften Urbevölkerung Griechenlands, in Wahrheit aber wohl eine der Etrusker und mit Sicherheit älter als Rom. 391 v.u.Z. eroberten die Römer die Etruskerstadt, doch gelang dem alten Volk die Rückeroberung nach zwei Jahren - allerdings nur für zwölf Stunden. Zwar konnten die Etrusker in den frühen Morgenstunden die Stadt mit leichter Hand besetzen und die mit den Römern kollaborierende Bevölkerung verjagen, doch begegnete diese auf dem Weg in die Hauptstadt dem "Helden"

Camillus, dem Zerstörer Vejis, der das Ruder für sie herumriß. So entstand das römische Sprichwort "quasi ire Sutrium" (beinahe nach Sutri gehen), das fortan von den Römern für eine Angelegenheit verwendet wurde, die rasch zu erledigen war.
Eine Legende, an die viele gerne glauben.
Nahe der Via Cassia liegt südlich der Stadt das 1835 ausgegrabene etruskische Amphitheater, das im Gegensatz zu den römischen Vergnügungstempeln "nicht Stein auf Stein gemauert", sondern aus dem Tuffstein herausgemeißelt wurde. Noch etwas weiter südlich befinden sich unmittelbar an der Straße beachtliche bis riesige Höhlen, deren ellipsenförmige Anlage ein weiteres, weit größeres Amphitheater vermuten lassen - das historisch aber nicht belegt ist.
Das unscheinbare Städtchen in den Hügeln gilt ferner als die Wiege des Kirchenstaates. Die Langobarden eroberten 728 u.Z. die Stadt und schenkten dem Papst Gregor II. nach fünf Monaten ihre Kriegsbeute. "Schenkten" ist eine höfliche Umschreibung, denn die nach weltlicher Herrschaft süchtige Kirche ließ sich die Gabe eine beträchtliche Summe kosten.
In Sutri soll am 20.12.1046 auf einer dreitägigen Synode die Kirchenreform unter dem Kaiser Heinrich III. ihren Anfang genommen haben. Hintergrund der Reformen waren der Ausverkauf der kirchlichen Institutionen - beispielsweise erhielten die meistbietenden Adeligen jeweils die Kirchenämter in Rom zugesprochen.

Sie verlassen Sutri auf der Hauptstraße Richtung Roma und kommen somit unmittelbar am römischen Amphitheater vorbei. Bald danach geht es rechts ab, dem blauen Hinweis *Trevignano* folgend, in waldreiches Hügelland. Entlang des Ufers des Lago di Bracciano erreichen Sie die gleichnamige Ortschaft, die gut 150 m über dem Seespiegel thronend auf Ihr Ankommen wartet.
Trevignano Romano liegt malerisch auf einer kleinen Halbinsel, von der die Ruinen einer ehemaligen Orsini-Burg die Reisenden grüßt.
Camping: "Internationale Lago di Bracciano", Tel. 06/9019256, Mai-Sept., am Ostufer.

Bracciano, 280 m ü.N.N., 11000 Einw., Provinz Roma, liegt am Westufer des gleichnamigen Sees und wird noch heute von Mauern und Türmen umgeben. In der Stadt dreht sich alles um das Adelsgeschlecht der Orsini, deren Schloß hier besichtigt werden kann. Mit dem Bau wurde 1470 begonnen, und er sollte den Orsini als Festung im Kampf gegen die Colonna dienen. Die Orsini, ein römisches Adelsgeschlecht, zählten sich zu den Guelfen, während die

Colonna zu ihren Erzfeinden, den Ghibellinen, gehörten. Mit diesen stritten sie sich über Jahrhunderte um die Vorherrschaft in Rom so erfolgreich, daß sie 1560 zu päpstlichen Herzögen und Anfang des 18. Jh. gar zu päpstlichen Prinzen erhoben wurden. Das Geschlecht stellte immerhin 5 Päpste, 40 Kardinäle und so nebenbei 19 Heilige.
Der **Lago di Bracciano** ist ein Kratersee von bis zu 9 km Durchmesser und einer maximalen Tiefe von 160 m. Den Spuren der vulkanischen Kräfte, die den See hervorbrachten, kann man in dem am Nordufer gelegenen Vicarello nachgehen, wo warme Quellen für Trink- und Badekuren sprudeln.

Information: via Claudia 72, 00062 Bracciano, Tel. 9023664 & 9024451.
Telefonvorwahl: 06.
Camping: "L'Uliveto", via Settevene Palo km 21, Tel. 9022048, Mai-Sept., 2 km nördlich; "Porticcioli", an gleichnamiger Straße, Tel. 9022292, April-Okt., 1 km; "Roma Flash Sporting Club", via Settevene Palo km 19,8, Tel. 9023669, ganzjährig, 4 km nördlich (mit Seeuferbesitz); am Ostufer: "Parco del Lago", "Aquillare" und "International".
Fahrradservice: via Umberto I (gleich am Fuße des Schlosses)

Etappe 49:
Bracciano - La Storta - Roma (45 km)
Skizze s. Seite 159

Von Bracciano führt Sie die Uferstraße entlang des Sees nach Anguillara, wo Sie dem Lago di Bracciano den Rücken kehrend rechts abzweigen, um über wiesig-wellige Gründe *La Storta* zu erreichen. Von La Storta geht es geradewegs, die letzten Kilometer auf der Via Cassia 2, bis zum Zentrum Roms. Diese Etappe ist an Wochenenden eine stark frequentierte Route von in die "campagna" brausenden Römern!

Etappe 50:
Bracciano - Cervéteri - Ladispoli (25 km)
Skizze s. Seite 150

In Bracciano startend leiten Sie die Hinweise "Roma" zur Kreuzung mit der Nationalstraße 493, die Sie geradewegs überqueren, um auf einer breiten Straße - die ihre Größe wohl strategischen Überlegungen verdankt - vorbei an einem Militärübungsgebiet über flachwellige Landschaft hinab nach **Cervéteri**.

Von diesem Ort, an der Stelle der antiken Stadt "Caere" gelegen, wird vermutet, daß er bereits von den Griechen gegründet wurde und später von den Etruskern unter dem Namen "Cisra" ausgebaut wurde. Die Bürger betrieben eine geschickte Verbindung von Handel und Piraterie, eine für die Etrusker nicht ungewöhnliche Mischung. Die Bürger Caeres waren hierin allerdings besonders erfolgreich, was die Stadt schnell zu einem der bevölkerungsreichsten Orte des Mittelmeerraumes anwachsen ließ. Dank des diplomatischen Geschicks unterhielt man in politischer Weitsicht gute Beziehungen zum aufstrebenden Rom, ohne die Handelsbeziehungen zu den Gegnern des Stadtstaates zu vernachlässigen oder auch mal den Verbündeten zu wechseln. Wegen der vielfältigen Kunst- und Kulturbeziehungen zur hellenischen Welt konnte man sogar eine Universität einrichten, auf die beispielsweise die römischen Adeligen ihre Söhne schickten, um die etruskische Literatur zu studieren. Trotz dieser eigentlich guten Kontakte zu Rom wurde der Stadtstaat im 3. Jh. v.u.Z. nach und nach von den alles beherrschen wollenden Römern (in diesem Falle einmal ohne zu töten) vereinnahmt. Die Stadt versank in völliger Bedeutungslosigkeit, und nur die Nekropolen auf dem nahegelegenen Hügel geben Hinweise auf die einstige Größe. Durch mächtige Gewölbe aus Tuff gelangt man in die Grabkammern der Familien, wo zusammen mit Frau und Mann die Kinder und Diener des Paares begraben wurden. Bis heute weiß die Welt nur wenig über die Vorstellungen der Etrusker vom Leben nach dem Tode, so daß es keine eindeutigen Erklärungen über diese familiären Begräbnisstätten gibt. Während andere Völker in vorchristlicher Zeit monumentale Gräber schufen, um dem verstorbenen "Ich" ein Denkmal zu setzen, verzichteten die Erusker auf persönliche Inschriften und sogar den Namen. Stattdessen geben die wenigen bemalten Stuckreliefs Situationen aus dem täglichen Leben wieder; hier in Cerveteri besonders in der "Tomba dei Rilievi", die allerdings nur mit Führung zugänglich ist.
Die meisten Gräber lassen überhaupt keine Rückschlüsse auf die Toten zu; einziger sichtbarer Unterschied ist die Anlage und Größe der Grabstätten - riesige und kleinere Grabhügel mit ein bis vier Zugängen und Grabhöhlen wechseln mit "Reihenhaus-Gräbern", die den Eindruck von Billig-Friedhöfen aufkommen lassen. Die Ansichten der Historiker über die Hintergründe dieser verschiedenartigen Anlagen gehen wie immer bei dem Thema "Etrusker" weit auseinander; die einen sehen in diesen Unterschieden soziale Disparitäten wiedergegeben, die anderen verweisen auf das differierende Alter und damit "Moden" der Totenbeisetzung.
Die Nekropolen sind in den Sommermonaten tägl. 9-19 h, im Winter nur so 9-16 h zugänglich; Eintritt Lit. 4000.
Fahrradservice:via Setteveni Palo.

In Cervéteri finden Sie gelbe Hinweise zu den ausgedehnten etruskischen Nekropolen, die ca. 1 km außerhalb der Gemeinde liegen und zu einem Aufenthalt einladen. Auch von Cervéteri geben zunächst die Hinweise "Roma" wieder Orientierung, sie führen Sie zur Via Aurelia, der sie links ab für wenige hundert Meter folgen, um dann rechts ab das am Meer gelegene Ladispoli (s. Etappe 22) zu erreichen.

Etappe 51:
Bracciano - Trevignano Romano - Mazzano - Rignano - Nazzano - Torrita Tiberina (65 km)
Skizze s. Seite 159

In Bracciano startend führt Sie die Seeuferstraße über *Trevignano Romano* bis zum Hinweis zur Via Cassia, dem Sie folgend den Kratersee verlassen. Als Alternative bietet sich die Straße entlang des Süd- und Ostufers über Anguillara an, die als Radelerlebnis einen vergleichbaren Genuß darstellt.
Nach der Überquerung der Via Cassia gelangen Sie auf eine ruhige Nebenstraße und begleitet von Wiesen und Feldern nach *Mazzano*. Bis zum auf einem zu allen Seiten steil abfallenden Felsen erbauten alten Calcata verläuft die Strecke nun durch ein zerklüftetes Tal. Auch das folgende Faleria zählt zu den Bauerndörfern mit Geschichte, wie die zahlreichen alten Gebäude bezeugen. An der Piazza Falerias zweigt die Etappe rechts ab (nicht geradeaus den blauen Hinweis nach Civitacastellana folgen!), um somit die Via Flaminia bei *Rignano* zu erreichen. Dieser folgen Sie ein kurzes Stück nach links, um gleich darauf nochmals nach links abzuzweigen und auf verkehrsarmer Straße über die unterschiedlich bestellten flachen Wellen durch *Nazzano* nach Torrita Tiberina zu gelangen.

Etappe 52:
Capodimonte - Marta - Tuscánia - Tarquínia (42 km)
Skizze s. Seite 209

Die Etappe beginnt in Capodimonte, und auf der Hauptstraße geht es zunächst Richtung Viterbo, bis Sie diese links am Abzweig nach *Marta* verlassen. In Marta geht es rechts ab, und den Hinweisen Tuscánia folgend unterqueren Sie die Hauptstraße (hier gibt es keine Auf- oder Abfahrt). Zunächst im Tal der Marta radelnd erreichen Sie später Tuscánia. Ab dort übernehmen die Hinweise Tarquínias (s. Etappe 20) die Führung, um eben dorthin zu gelangen.

Tuscánia, 165 m ü.N.N., 7000 Einw., Provinz Viterbo, liegt malerisch auf einem Tuffplateau inmitten tiefer Schluchten. Die isoliert im Hügelland liegende kleine Landstadt wurde von den Etruskern gegründet und war immerhin so bedeutend, daß sie sich einen eigenen Hafen an der Küste nahe dem heutigen Montalto di Castro leistete. Nebenbei sei erwähnt, daß die Etrusker grundsätzlich keine Hafenstädte bauten, sondern wie hier im Falle Tuscánia die Stadt im Hinterland errichteten, um vor Übergriffen besser geschützt zu sein.
Das im 3. Jh. v.u.Z. von den Römern eroberte Städtchen hinterließ der Nachwelt eine große Zahl von etruskischen Gräbern, darunter Sarkophage aus Terrakotta mit überlebensgroßen Darstellungen der Verstorbenen, von denen einige vor dem städtischen Krankenhaus aufgereiht sind. Ein bedeutsamer, aber die Historiker leider auch verwirrender Fund sind "Würfel" mit Zahlen und Ziffern, die bis heute nicht zu entwirren sind. Weitere Informationen zu diesem alten Kulturvolk finden sich im "etruskischen Museum".
Die bedeutendsten Bauwerke der Stadt sind die Kirchen "San Pietro", aus dem 8. Jh. mit Erweiterungen aus dem 12. & 13. Jh., und "Santa Maria Maggiore", die - ursprünglich ebenfalls im 8. Jh. errichtet - nach der Zerstörung im 13. Jh. wieder aufgebaut wurde.
Der Verbundenheit der Bürger zur Geschichte ihrer Stadt ist es zu verdanken, daß nach den schweren Schäden durch die Erdbeben von 1967 und 1971 nicht nur die Kirche San Pietro, sondern auch ein großer Teil der Altstadt original wiederhergestellt wurden.
Information: Largo Montascide 45, 01017 Tuscánia, Tel. 435417.
Telefonvorwahl: 0761.

Etappe 53:
Orvieto - Todi (38 km)
Skizze s. Seite 207

Zunächst geht es hinab ins Tal der Páglia, wo Sie die Nationalstraße 448 erreichen. Immer dem Verlauf der Hauptstraße folgend überqueren Sie die Autostrada, wechseln in das Tal des Tibers und radeln entlang des Südufers des Lago di Corbara bis zum Abzweig nach Todi. Rechts ab windet sich die Straße hinauf nach Todi.

Todi, 400 m ü.N.N., 17000 Einw., Provinz Perugia, wurde von den Etruskern gegründet, später von den Römern ausgebaut. Todi war im Mittelalter eine blühende freie Stadt und konnte bis heute viele seiner Baudenkmäler erhalten; darunter große Teile der Befestigungsanlagen und neben den staatlichen und kirchlichen Hauptgebäuden vor allem das typische mittelalterliche Stadtgefüge. Selbst am Hauptplatz der Stadt, der "piazza del Popolo", dem höchsten Punkt, herrscht noch heute der mittelalterliche Eindruck vor. Die engen verwinkelten Gassen, Arkadengänge und diversen öffentlichen Brunnen, bestimmen das Bild der Altstadt. Am Hauptplatz befinden sich der "Palazzo del Popolo", ein gotischer Bau mit Zinnenbekrönung, und der "Palazzo del Capitano", der mit dem ersteren durch eine Außentreppe verbunden ist und heute der städtischen Bibliothek, dem Stadtmuseum und der Gemäldegalerie den nötigen Raum gibt. Dominiert wird der Platz vom im 12. Jh. erbauten und später mehrfach veränderten "Duomo". In der zweiten Hauptkirche der Stadt, "S. Fortunato", südwestlich des Stadtkerns befindet sich in der Krypta das Grab des Franziskanerdichters Jacopone da Todi, dem in seinen Werken die große Bandbreite von religiös mystischen Werten bis zur Weltverachtung nachgesagt wird.
Außerhalb der mittelalterlichen Stadtmauern liegt die Wallfahrtskirche "S. Maria della Consolazione", die nach Plänen des Baumeisters Bramante von seinen Schülern errichtet worden sein soll. Bramante, mit bürgerlichem Namen D'Angelo, gilt als Begründer der Architektur in der italienischen Hochrenaissance und entwickelte - teils in Zusammenarbeit mit Leonardo da Vinci - nach dem Studium antiker Bauten für die damalige Zeit revolutionäre Grundrisse und Fassadenaufbauten. Zu Beginn des 16. Jh. trat er in den päpstlichen Dienst und entwarf ab 1506 den Neubau von Roms Sankt Peter. Hier führte er seine Ideen zur Vollendung und ließ auf den quadratischen Zentralbau eine mächtige Rundkuppel über einem griechischen Kreuz vorsehen. In preiswerter Variante wurden die gleichen Vorstellungen von ihm in Todi verwirklicht, und seine Schüler erstellten über dem Zentralbau von "S. Maria della Consolazione" Halbkuppeln auf den vier Kreuzarmen.

Information: via Mazzini 19, 06059 Todi, Tel. 883395; Büro an der piazza del Popolo 38, Tel. 883062.

Telefonvorwahl: 075.

Etappe 54:
Todi - Terni (42 km)
Skizze s. Seite 171

Von Todi führt die Hauptstraße in südöstliche Richtung, bald begleitet von der Bahntrasse und dem "raccordo", über Acquasparta und San Gémini nach Terni (s. Etappe 26), womit Sie tief ins Innere Umbriens vorgestoßen sind.

Etappe 55:
Grosseto - Pagánico - San Angelo in Colle - Montalcino (83 km)

Die Etappe führt in das nur dünn besiedelte Umland Grossetos, im ersten Teil durch das breite, fruchtbare Tal der Bruna, im zweiten hinauf in die toskanische Hügelwelt. Von Grosseto weisen zunächst die Hinweise nach Castiglione della Pescáia den Weg. Nachdem die letzten Häuser passiert sind, radeln Sie auf einer gut ausgebauten Straße gerade auf die sich im Norden aufbauenden Hügel zu, vor deren Erreichen ein trocken gelegter Kanal "durchschnitten" wird. Am Fuße der Hügel zweigt die Etappe rechts ab, den Hinweisen nach Buriano und Vetulónia folgend (einer hoch oben auf einem Hügel errichteten etruskischen Siedlung, s. Etappe 16). Beim mittlerweile von der Autostrada abgehängten Teil der Via Aurelia verspringt die nordwärts führende Straße um ca. 100 m nach rechts. Die Hinweise nach Ribolla geben Orientierung in den Weiten der Felder. Unmittelbar nach Überqueren der Bruna zweigen Sie rechts ab zum Landgut mit Namen "Piàn del Bichi". Gleich beim Gut geht es nochmals rechts ab (Via Pan del Bichi) und an der folgenden Kreuzung gleich bei einem markant rot getünchten Gebäude (mit Bushaltestelle) ein drittes Mal. Ein kleines Stück gen Süden, bevor Sie dem Abzweig links nach Sticciano folgen. Die nur spärlich besiedelte Gegend gibt Gelegenheit für ein ruhiges Radeln auf glatt asphaltierter Fahrbahn.
(*In Gegenrichtung:* In Sticciano geht es rechts ab dem Hinweis Ingegnere folgend.)
Bald hinter Sticciano beginnt die erste Steigung, und kurz vor Erreichen des Scheitelpunktes zweigen wir rechts ab nach **Pagánico**. Hier oben besteht die Welt aus Wald, Feld und ein paar vereinzelten Bauernhöfen mit bescheidener Schaf- und Rinderzucht. Auch wenn es noch nicht weit über seine alte Stadtmauer hinausgewachsen ist, so fristet Pagánico keineswegs ein einsames Dasein. Am gerade sonntagvormittags belebten "Platz des Dorfes" - denn hier steht die Kirche noch mitten im Dorf-Leben -

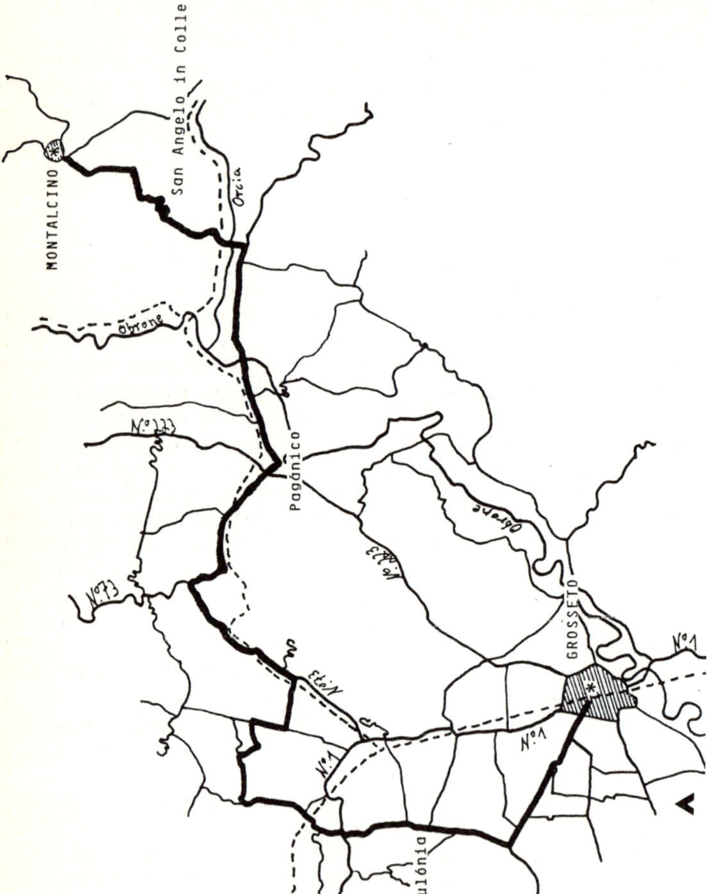
MONTALCINO
San Angelo in Colle
Orcia
Ombrone
N:o 223
Pagánico
N:o 73
Ombrone
GROSSETO
N:o 1
Vetulónia

geht es links ab, und durch das östliche Stadttor verlassen Sie Pagánico auf der Straße nach Castel del Piano (das auch an den nächsten Abzeigen nebst dem Hinweis zum Monte Amiata Orientierung gibt). Die Silhouette des Monte Amiata immer vor Augen bahnen Sie sich in der flachwelligen Landschaft ihren Weg. Erst ab dem Abzweig (links) nach Montalcino beginnt ein langer Anstieg. Auf halbem Wege - vom ärgsten Teil ist schon das meiste geschafft - lädt die Ruhe der kleinen Piazza von *San Angelo in Colle* zu einer Rast in der für den ersten Blick versteckt gelegenen Bar des Dorfes ein. Immer auf dem Hügelrücken bleibend und mit damit verbundenem Weitblick erreichen Sie Montalcino.
(*In Gegenrichtung:* Hinweis nach Grosseto!)

Montalcino, 565 m ü.N.N., 5600 Einw., Provinz Siena, wurde vermutlich schon von den Etruskern und Römern bewohnt und war im Mittelalter Spielball der Mächtigen in Siena und Firenze. So kam es nach der Schlacht von Montaperti im Jahre 1260 unter die Fittiche der Sienesen, die zum Schutz ihrer Macht die mächtige Festung errichteten, die noch heute das Stadtbild beherrscht und ausgezeichnet erhalten ist. Die Trutzburg bewährte sich Mitte des 16. Jh., als Kaiser Karl V. von Spanien die Republik Siena im Sturm eroberte und 600 Sienesen die "Republik Siena in Montalcino" ausriefen, um hier eine Art Exilregierung zu etablieren. Heute können Sie der damaligen Kämpfer für die Freiheit bei einem Glas Wein in der Enoteca gedenken und die Spitzen-Rebensäfte des Weinanbaugebietes Chianti (mit den hier üblichen "Brunellos") genießen. Entsprechend der Qualität der gereichten Weine bietet das Örtchen ein Hotel der gehobenen Preisklasse, das die einzige offizielle Übernachtungsstätte darstellt.
Die Stadt wird noch von der sehr gut erhaltenen mittelalterlichen Stadtmauer mit sechs Toren und einem Teil der ursprünglich 19 Wehrtürme umgeben und stellt den Wissensdurstigen mit dem "Museo Diocesano" und dem "Museo Civico" (täglich außer mo 10-12 & 15-17 h geöffnet) sicherlich zufrieden. Im kirchlichen Museum werden entsprechend den mittelalterlichen Verbindungen zu Siena hauptsächlich sakrale Werke der gleichnamigen Schule präsentiert, das städtische widmet sich eher der weltlichen Seite derselben Kunstschmiede. Wem mehr nach der älteren Geschichte gelüstet, dem sei das "Museo Archeologico" in den ehemaligen Räumlichkeiten der Apotheke des Hospitals empfohlen, denn hier werden prähistorische und etruskische Funde aus der Umgebung ausgestellt.
Information: via Mazzini 41, 53024 Montalcino, Tel. (0577) 84242.

Etappe 56:
Montalcino - Torrenieri - San Giovanni d'Asso - Asciano (30 km)
Skizze s. Seite 199

In rauschender Abfahrt rollen Sie fast bis *Torrenieri*. Geradewegs - vor Erreichen müssen Sie noch ca. 1 km über die fast autobahnartig ausgebaute Nationalstraße 2 - durch Torrenieri hindurch, gelangen Sie durch ein grünes Tal nach *San Giovanni d'Asso*. Von hier führen die Hinweise nach Asciano, dem Etappenziel (s. Etappe 39).

Etappe 57:
Pisa - Cascina - Pontedera (22 km)
Kartenskizze s. Seite 122

Die Nationalstraße 67 führt geradewegs von Pisa über Cascina nach Pontedera. Um dem teils recht starken Verkehr zu entkommen, können Sie als Alternative die ca. 8 km nach Pisa beginnende, südlich gelegene (in der Karte von Kümmerly + Frey "gelbe") Nebenstraße wählen. Schnurgerade, meist begleitet von einem Wassergraben durchläuft der schmale Fahrweg fruchtbares Land. Automatisch gelangen Sie ca. 5 km vor Pontedera auf die Hauptstraße, auf der Sie das Etappenziel erreichen.
Falls Sie die Alternative (mit Namen Via Fosso Vecchio) wählen und dennoch Cascina besuchen möchten, so führt Sie die Via Pacinotti dorthin.

Cascina, 8 m ü.N.N., 35000 Einw., Provinz Pisa, ist alles andere als ein typisches Touristenstädtchen und hat sich ganz der Möbelindustrie verschrieben. In der "Scuola d'Arte del Legno", der Fachschule für Holzarbeiten, ist zwar eine Dauerausstellung von Möbeln untergebracht, wo die ansässigen Betriebe ihre Kunstfertigkeiten zeigen, doch ist sie leider für Einzelreisende nicht zugänglich.
Fahrradservice: Corso Matteotti (Nationalstraße 67).

Foto rechts: In den Straßen von Cascina

Etappe 58:
Pontedera - Forcoli - Castelfalfi - San Gimignano - Poggibonsi (63 km)

Die Etappe beginnt in Pontedera auf der Nationalstraße 67, der Sie zunächst in Richtung Firenze folgen, bis Sie das Flüßchen Era überqueren. Auf der rechten Flußseite angelangt, zweigt die Etappe rechts ab (Hinweis Volterra) und somit in die fruchtbare Ebene von Era und Róglio. Immer auf der rechten Seite der beiden Gewässer bleibend, verläuft die Straße absolut eben unmittelbar entlang der sich nach Osten sanft erhebenden Hügel. Die erste Steigung erwartet Sie auf den letzten Kilometern vor Castelfalfi.

Castelfalfi, 272 m ü.N.N., ist vordergründig nur ein kleines Bergbauerndorf, grüßt seine aus Norden kommenden Besucher heute aber schon mit seinem neuen Wohlstand - dem Centro Direttorio. Im Ortskern, il Borgo, folgt denn auch prompt das komplett restaurierte "Castel" mit der zugehörigen Bar und dem Restaurant. Am Weg liegen ansprechend hergerichtete, teils sogar neugebaute "Reihenhäuschen", die offensichtlich Touristen vorbehalten sind. Selbst die Bar an der Durchgangsstraße ist auffällig neu und großzügig, in ihrem "Garten" beidseits der Straße stehen im Verhältnis zur Größe des Ortes eigentlich zu viele Tische und Stühle.
So darf Castelfalfi zu den zahlreichen kleinen Ortschaften der Toskana gezählt werden, die ohne die Touristen - darunter die deutschen in auffälliger Überzahl - wohl noch immer einen Dornröschenschlaf halten würden. Doch durch die Reisenden wird diesen Orten in nur wenigen Jahren eine neue Zukunft beschert; seien es nun solche auf der Durchreise, die nur für einen cappucino halten, die Besucher von Seminaren und Ferienhäusler oder gar diejenigen, die den toskanischen Wein direkt vermarkten - sie alle bringen den Provinzen in den Hügeln nicht nur radikale Veränderung, sondern eben auch eine neue, zusätzliche Lebensgrundlage.

Von Castelfalfi bis **San Gimignano** geht es durch die hügelige Toskana, mit häufigem Wechsel von rauschenden Abfahrten und kräftezehrenden Anstiegen; die zweite Hälfte der Gesamtstrecke unterscheidet sich somit erheblich von der ersten, was jedoch volle Entschädigung durch die weitreichenden Ausblicke in die schon unzählige Male zu kunstvollen Werken inspirierende Landschaft beinhaltet.

(*In Gegenrichtung:* Zunächst dem Hinweis Certaldo folgen.)

Kartenskizze Etappen 58 & 59

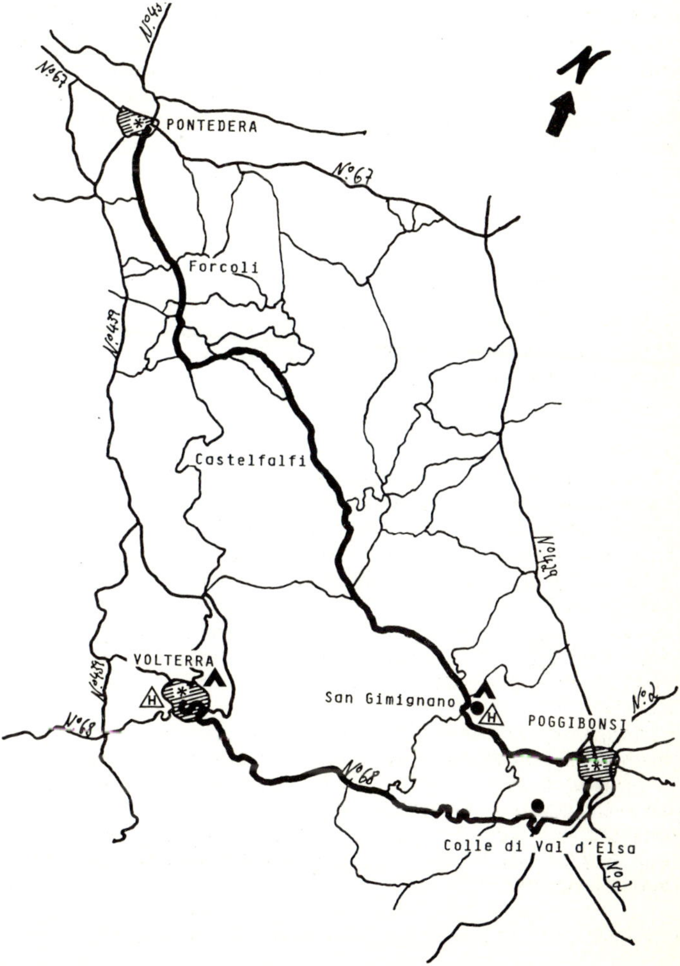

San Gimignano, 332 m ü.N.N., 7500 Einw., Provinz Siena, ist ein Freilichtmuseum, in dem heute vor allem die Touristenbusse eine Rast einlegen, um den kulturhistorisch interessierten Reisenden die Möglichkeit zu gewähren, die steinernen Machtmonumente vergangener Zeiten im bestens erhaltenen Zustand beschauen zu können - in San Gimignano stehen heute noch 14 Geschlechtertürme. Diese Türme sind die steingewordene Manifestation der Konkurrenz der einheimischen Adelsgeschlechter der Stadt, die seit dem 12. Jh. bis zur Mitte des 14. Jh. selbständige Kommune war. Die "Blaublütigen" kämpften um die Vorherrschaft in der Stadtrepublik, wobei sie sich in zwei bitter verfeindete Gruppen spalteten: Die einen folgten den guelfischen Ardinghelli, die anderen den ghibellinischen Salvucci. Die Geschlechtertürme errichteten die Adeligen einerseits als Zufluchtsort, andererseits zur Repräsentation ihrer Macht, weshalb sie sich gegenseitig durch immer mächtigere und höhere Türme zu übertrumpfen suchten; im Mittelalter sollen über 50 dieser Monumente das Stadtbild verziert haben.
Die an der Stelle einer kleinen etruskischen Siedlung erbaute Stadt erlebte ihre Phase der höchsten Blüte während ihrer Unabhängigkeit und profitierte von der sogenannten *Frankenstraße*, die die Händler auf ihren Wegen zwischen Rom und dem Norden nutzten. Die Bürger beteiligten sich erfolgreich am Handel, indem sie im fruchtbaren Umland Safran (Pflanze aus der Familie der Krokusse) anbauten. Doch die Quelle des Wohlstands wurde alsbald in das inzwischen trockengelegte Tal umgeleitet, denn entlang der nunmehr malariafreien Elsa konnten die Händler zügiger ihre Ziele erreichen. So rasch der Aufstieg des Gemeinwesens war, so plötzlich kam auch die Verarmung, die den Bürgern den weiteren Ausbau der Stadt verbot und sie zur reinen Erhaltung des Bestehenden zwang. So blieb der Nachwelt eine typische mittelalterliche Stadt mit vollständiger Stadtmauer und den "Wolkenkratzern" erhalten - in Touristenprospekten deshalb reißerisch als "Manhattan des Mittelalters" bezeichnet. Schon zu Beginn des 17. Jh. erkannten die Stadtväter diese Qualitäten und erließen Verordnungen zum Erhalt der Stadtstruktur, die mittlerweile sogar von der UNESCO so sehr geschätzt wird, daß sie beachtliche Geldsummen zur Konservierung der Substanz bereitstellt.

Foto rechts: Stadttor San Gimignano

Bei einem Rundgang durchs "Museum" sollte man der "piazza della Cisterna" ein längeres Augenmerk gönnen; der Platz hat seinen Namen nach dem im 13. Jh. mitten auf dem dreieckig angelegten Platz erstellten Ziehbrunnen und gewinnt einen Großteil seines Flairs durch die schöne Backstein-Fischgrätpflasterung in seiner Mitte, die ein wenig von der teils erneuerten, parallel verlegten Umrahmung gestört wird. Zahlreiche mittelalterliche Wohntürme säumen die piazza, darunter im Norden der sogenannte "Torre del Diavolo" (Teufelsturm), dem man das Teuflische aber nicht ansieht und dem im Westen die Zwillingstürme der herrschsüchtigen Ardinghelli Paroli bieten. Im Nordwesten schließt sich die "piazza del Duomo" an, die an ihrer Südseite vom ehemals wappengeschmückten "Palazzo del Popolo" beherrscht wird, der heute das "Museo Civico" beherbergt. Über einen malerischen Innenhof gelangen Sie in die "Sala Dante", wo eine Inschrift an den Besuch des Dichters erinnert, bei dem er die Räte der Stadt zu überzeugen suchte, doch bitteschön der guelfischen Liga beizutreten. Die Pinakothek widmet sich hauptsächlich florentinischer und sienesischer Malerei des 13.-15. Jh. und rundet damit das Kunstangebot des benachbarten "Museo d'Arte Sacra" (gleich gegenüber, neben der "Collegiata") ab, das neben Skulpturen aus dem 14. & 15. Jh. Fundstücke aus etruskischer und römischer Zeit ausstellt (geöffnet April-Sept. tägl. 9.30-12.30 & 15.30-18.30 h).

Den Mittelalter-Sehnsüchtigen sei ein Gang durch die "via San Matteo" empfohlen, die nach einem Doppelbogen, Resten eines ehemaligen Stadttores der ersten Befestigungsanlage, beginnt und zur Gänze von mittelalterlichen Häusern und Palästen gesäumt wird. Allerdings wird die "via" von derart zahlreichen modernen Geschäften für den touristischen Bedarf gesäumt, daß das mittelalterliche Gepräge ein wenig gestört wirkt. Die sich über alles erhebende "Rocca" (genauer gesagt, ihre geschliffenen Überbleibsel) lädt zu einem weiten Rundumblick ein und ermöglicht die beste Sicht auf die Skyline des "Manhattan des Mittelalters".

Information: piazza del Duomo, 53037 San Gimignano, Tel. 95321 & 940008.

Telefonvorwahl: 0577.

Jugendherberge: Ostello Giuventu, via delle Fonti 1, Tel. 941991, 75 Betten; angenehmer, modern restaurierter Altbau.

Camping: "Boschetto di Piemma", Santa Lucia, Tel. 940352, April-Sept; "Impoanti Sportivo", südlich der Stadt.

Von San Gimignano führt Sie die Hauptstraße zunächst steil und später flach bergab nach *Poggibonsi*.

Etappe 59:
Poggibonsi - Colle di Val d'Elsa - Volterra (45 km)
Skizze s. Seite 227

Vom Bahnhof Poggibonsis radeln Sie zunächst entlang der Hauptstraße Richtung Siena bis zur Piazza del Mercato - heute Berlinguer. Am südlichen Ende des Platzes wird der Verkehr aufgeteilt, die Hauptstraße wird zur Einbahnstraße, und am folgenden kleinen Platz (die Hauptstraße knickt scharf links ab) geht es rechts ab - ausnahmsweise ein kleines Stück gegen die Einbahnstraße (übertrieben Gesetzestreue dürfen schieben) - und gleich wieder links, dem Hinweis zur "Basilica Lucchese" nach. Hoch oben thront die Basilika in enger Nachbarschaft einer Fortezza über Poggibonsi. Von hier rollen Sie bergab, erreichen die Hauptstraße, auf die Sie rechts abzweigen, und gelangen somit zunächst in das neue, untere Colle di Val d'Elsa.

Colle di Val d'Elsa, 223 m ü.N.N., 16500 Einw., Provinz Siena, dessen Stadtgebiet sich über den beachtlichen Höhenunterschied von 100 Metern erstreckt, besteht aus der überwiegend modernen Unter- und der alten Oberstadt. Die Oberstadt, "colle alto" genannt, empfängt den Besucher mit dem Rest eines mächtigen Stadttores aus dem 14. Jh. und beherbergt in ihrem mittelalterlichen Gepräge einige schöne Paläste. Im "Palazzo Pretorio" ist ein archäologisches Museum untergebracht, das hauptsächlich Fundstücke der Ausgrabungen von Monteriggioni und der Gegend um Volterra zeigt. Die beiden weiteren Standard-Museen italienischer Städte - also das städtische und jenes für sakrale Kunst - beschäftigen sich weitestgehend mit Gemälden der Sieneser und Florentiner Schule und befinden sich in den Palazzi "dei Priori" und "Vescovile".
Die Beliebtheit des Städtchens bei den Touristen ließ die Verwaltung schon zu aufwendigen Bauarbeiten schreiten; für die zahlreichen PKW und Omnibusse wurden eigens eine Tiefgarage und ein Parkdeck errichtet. So wird der Radler für die Mühen des langen Aufstiegs nicht nur durch die schönen Ausblicke auf und in die alte Stadt, sondern auch mit einer fast (auto-)verkehrsfreien Stadt belohnt. Auch die Oberstadt teilt sich in einen älteren und einen neueren Teil, die auf dem Weg zu den altehrwürdigen Gebäuden automatisch durchradelt werden. So gelangt der Reisende über einen Kirchenweg in Form eines Viadukts, das komplett restauriert worden ist, bis auf die aussichtsreiche Spitze des Örtchens.
Information: piazza Arnolfo di Cambio 5, 53034 Colle di Val d'Elsa, Tel. 921692 & 91000.

Telefonvorwahl: 0577.
Fahrradservice: via Ferdinando Livini.

Hier zweigt die Etappe rechts ab, und bergan erklimmen Sie den Hügelrücken, der das Centro Storico trägt, und den weiteren Weg nach Volterra. Auf den nun folgenden gut 30 km sind mehrere Steigungen zu erradeln, von den die letzte zum ehemals Schutz gewährenden, in luftiger Höhe errichteten Volterra sozusagen den krönenden Abschluß darstellt.

Volterra, 555 m ü.N.N., 14000 Einw., Provinz Pisa, zählte seit dem 8. Jh. v.u.Z. unter dem Namen "Velatri" zu den zwölf Bundesstädten der Etrusker. Die Bedeutung zur damaligen Zeit mag der Umfang der Stadtmauer verdeutlichen, dieser soll 9 km - zum Vergleich der mittelalterliche 3,2 km - betragen haben. Ein letzter, etwas verfälschter Rest der etruskischen Befestigung ist südwestlich der Stadtmitte, erreichbar über die via Porta all'Arco, zu sehen. Die großen Quader der seitlichen Stützen des "Arco il Etrusco" und die drei steinernen Köpfe werden auf das 4.-3. Jh. v.u.Z. datiert, der Rest wurde zuerst von den Römern, später im Mittelalter erneuert. Die vermeintlichen Köpfe sind allerdings nur in ihrer Grundform erhalten, die "Gesichtszüge" nicht mehr erkennbar. Auf einer kleinen Gedenktafel wird daran erinnert, daß das Tor vor der Sprengung durch die deutschen Truppen geschützt wurde - klar, die kulturlosen Teutonen hätten auch ein so bedeutendes Relikt der Vorfahren achtlos vernichtet.
Wer dem Leben und Schaffen der Etrusker weiter nachgehen möchte, dem sei der Besuch des "Museo Etrusco Guarnacci" in der via Don Minzoni 11 angeraten (tägl. 9.30-13.00 & 15.00-18.30 h geöffnet). Dank der Sammelleidenschafft des Kirchenoberen Guarnicci wurden die reichen Funde in und um Volterra systematisch zusammengestellt, so daß beispielsweise heute über 600 etruskische Aschenurnen aus Tuff, Alabaster und Terracotta zu bewundern sind.
Außerhalb der Altstadt, die in der Ausdehnung der mittelalterlichen entspricht, finden sich an einigen Stellen Reste der etruskischen Mauern, die an manchen Stellen bis zu 12 m hoch aufragen und an ihrem Fuße bis zu 4 m stark sind.
Nach der Eroberung entwickelten die Römer die Stadt weiter und errichteten beispielsweise ein Amphitheater, das in den 50er und 60er Jahren ausgegraben wurde und nahe der viale F. Ferrucci besichtigt werden kann. Ein schöner Überblick wird von der hochgelegenen via Lungo Lemna del Mandorlo geboten, so daß deutlich der Grundriß des alten Theaters erkennbar ist. Die Ausgrabungen förderten

ferner die Grundmauern eines Bades und einiger Nebengebäude zutage. Um die Geschichtsträchtigkeit der Örtlichkeit zu vervollkommnen, wurden neben den Überresten der Römer prompt solche der Etrusker entdeckt. So wurde ein beachtliches Stück der aus Lehm und Stein bestehenden etruskischen Befestigung freigelegt und hiermit dem heutigen Betrachter verdeutlicht, mit welch ungeheuerem Aufwand das alte Volk seine Stadt sicherte.
Im Mittelalter war Volterra eine selbständige Kommune, verlor aber seine Unabhängigkeit nach langen und schweren Kämpfen 1361 an Firenze. Zwar regte sich immer wieder Widerstand gegen die fremden Herrscher, doch wurde dieser jeweils blutig niedergeschlagen. 1472 ließ Lorenzo il Magnifico sogar zur Strafe die Stadt plündern und in der Folge eine gewaltige Festung zur offensichtlichen Drohung und Erniedrigung errichten. Sie befindet sich auf dem höchsten Punkt der Stadt und gilt als eines der mächtigsten Bollwerke im Stile der Renaissance im gesamten Italien.
Den Stadtmittelpunkt bildet die "piazza dei Priori", die von zwar unterschiedlich gestalteten, aber im Gesamteindruck gleichermaßen herben wie strengen Fassaden der großen Paläste gesäumt wird. Herrschaftlichster Bau ist der "Palazzo dei Preori", der sich rühmen darf, der älteste toskanische Stadtpalast zu sein. Das Gebäude beherbergt die "Galleria Pittorica", die Werke von Künstlern aus Volterra, Siena und Firenze aus dem 13.-15. Jh. zeigt. Dem wuchtigen Baukörper steht der "Palazzo Pretorio" zum Ausgleich gegenüber, im 13. Jh. errichtet, der von einer kleinen Tierfigur überragt wird, die der Volksmund "porcellino" (Schweinchen) nennt. Westlich schließt sich hinter dem Palazzo dei Priori der "Duomo" an, dessen Eingang das Baptisterium gegenübersteht, ein oktagonaler Bau mit farbenfrohen Marmorverzierungen, die zur Seite des Domeingangs leider sehr verwaschen sind.
Auch Volterra besitzt sie, die Geschlechtertürme. Deren bedeutendster Vertreter "Torre Buonparenti" schon vom Hauptplatz aus zu sehen ist. Eine Spezialität dieser Gattung ist in der sich anschließenden via Ricciarelli, die sogenannten "Casa di Riccianelli" (Nr. 4-6), wo die Architekten so nett waren zu berücksichtigen, daß die Augen der Kinder sich in geringerer Höhe als die der Erwachsenen befinden - ihnen zu Liebe sind kleine Fenster unterhalb der eigentlichen Hauptfenster eingebaut worden, die mittlerweile aber trotz der Kinderliebe in Italien zugemauert sind.
In der Umgebung: Daß die Ängste der Bürger Volterras um den Erhalt ihres Stadtberges begründet sind, kann man in der 2 km nördlich gelegenen Schlucht **Le Bálze** leicht nachvollziehen. Dies ist ein

ausgedehntes Erosionsgebiet, an dessen Steilwänden schon bedeutende Kulturleistungen der Menschen "abstürzten". Der Erosion fielen bisher etruskische Nekropolen und Mauern sowie ganze Kirchen zum Opfer. Beispielsweise wurde 1140 bei einem Erdrutsch die Kirche "Santi Giusto e Clemente" fast komplett in die Tiefe gerissen. Einen guten Blick in dieses 'morbide Tal' bietet sich von den Resten einer etruskischen Mauer (unmittelbar am Campingplatz).
Schon einen echten Tagesausflug bedeutet eine Fahrt ins 35 km südlich gelegene Dorf **Larderello**, das Freunden der Urkräfte unserer Erde aber einen netten Spaß bereiten kann. Aus den sogenannten "soffioni" steigt Dampf aus vulkanischen Quellen und unterirdischen Wasseransammlungen empor, dessen Säulen nicht nur weithin sichbar sind, sondern sogar zum Antrieb eines Dampfkraftwerkes genutzt werden. Um die Effektivität des Werks zu erhöhen, leiten kilometerlange Rohrkonstruktionen die dem Boden entströmenden Borsäuredämpfe nach Larderello. So sind die schon von Ferne sichtbaren mächtigen Kühltürme kein Mahnmal für ein versteckt liegendes AKW, sondern das Kennzeichen einer in genau entgegengesetzter Richtung orientierten Energiegewinnung.
Information: via G. Turazza 2, 56048 Volterra, Tel. 86150.
Telefonvorwahl: 0588.
Jugendherberge: via del Poggetto, Tel. 85577.
Camping: "La Balze", Borgo S. Giusto, Tel. 87880, Mai-Sept.

Etappe 60:
Volterra - Capánnoli - Ponsacco - Pontedera (55 km)
Skizze s. Seite 122

Von der Piazza XX. Settembre starten Sie über die Via Gramsci in Richtung Piazza del Duomo. Am Ende der mittelalterlichen Gasse angelangt, folgen Sie rechts der Via Guarnacci zum gleichnamigen Tor. Gleich außerhalb der Stadtmauer geht es links ab, parallel zur Mauer, vorbei an den freigelegten Resten des römischen Theaters. Auf einer langen Abfahrt - zwischendurch können Sie noch einen Blick zurück auf das von dieser Seite "abbröckelnde" Volterra werfen - gelangen Sie in das Tal der Era. Eben und ruhig verläuft die Strecke, bis sich die beiden Nationalstraßen 439 & 439d vereinen. Nun nimmt der Verkehr auf dieser ansonsten weiter ebenen, durch das grüne Tal verlaufenden Straße mit dem Annähern Pontederas zu (die unangenehmsten Störenfriede sind dabei - an Werktagen[!] - die LKWs, die ein Kieswerk bei Sterza ansteuern). Über Capánnoli und Ponsacco erreichen Sie Pontedera.

Etappe 61:
Volterra - Cécina (40 km)
Skizze s. Seite 120

Die zahlreichen Serpentinen der Hauptstraße 68 führen Sie zunächst in das Tal der Cécina, deren Bett Sie zur gleichnamigen Ortschaft, dem Etappenziel, leitet (s. Etappe 11).

Etappe 62:
Chiusi - Castiglione del Lago (20 km)
Skizze s. Seite 185

Die Hauptstraße nach Sinalunga führt Sie in Richtung Norden aus dem beschaulichen Landstädtchen Chiusi. Nach ca. 4 km erreichen Sie in San Giuseppe den Abzweig der ruhigen Nebenstraße zum Lago Trasimeno. Hier biegen Sie rechts ab und radeln über Porto und Gioiella geradewegs nach Castiglione del Lago (s. Etappe 33).

Auf den Spuren der Etrusker

Register

Bei mehreren Seitenangaben ist die jeweilige Hauptnennung durch **halbfetten** Druck gekennzeichnet; die Seitenzahlen der Abbildungen sind *kursiv* gesetzt.

Der Wind kommt immer von vorn

Der Titel dieses Buches steht stellvertretend für die Erfahrungen auf einer Fahrradreise.
Bei der Planung, Vorbereitung und Durchführung einer Reise, angefangen mit der Auswahl und Ausstattung eines geeigneten Fahrrades, gibt es eine Vielzahl von Details zu beachten.
Der Autor **Jürgen Rieck** hat in seinem Buch alle nötigen Informationen zusammengetragen. Die darin gegebenen Hinweise sind für jede Radtour gültig, gleich wie lange sie dauert und wohin sie geht. Sie sollen dazu beitragen, daß Fahrradreisen mit Planungsfehlern der Vergangenheit angehören.
Zur Vorbereitung Ihrer Reise sollten Sie sich dieses Buch besorgen. Da wird Ihnen auch dann der Spaß an der Reise nicht vergehen, wenn Sie das meteorologische Wunder erleben:
Der Wind kommt immer von vorn.

144 Seiten, zahlreiche Fotos und Abbildungen.
Preis: DM/sfr 9,80

Mit dem
Mountain–Bike
in den Bergen

25 kombinierte Rad- und Bergtouren

Christian Dialer hat 25 kombinierte Rad- und Bergtouren für Mountain-Bikes/All-Terrain-Bikes erradelt und beschrieben, die meisten davon im deutsch-österreichischen Voralpenland, ergänzt durch einige Strecken im Bayerischen Wald, im Salzkammergut und im Engadin. Ein Spezial-Führer für Touren auf Schotter-, Wald- und Feldwegen.

160 Seiten, 14 Farbfotos, 8 SW-Fotos, zahlreiche Skizzen
Preis: DM/sfr 19,80

CYKLOS – Fahrrad-Reiseführer

Mittel-Italien ist nicht das einzige Fahrradreise-Paradies. Für die wichtigsten radtouristischen Gebiete Europas erscheinen in gleicher Art wie dieses Buch entsprechende Bände mit Routenbeschreibungen auf bis zu 335 Seiten. Alle Bände dieser Reihe sind speziell für den deutschsprachigen Radtouristen konzipiert und recherchiert worden; um Aktualität und Zuverlässigkeit zu gewährleisten, sind die Strecken erst kurz vor Drucklegung im Fahrradsattel überprüft worden.
Bisher sind folgende Fahrrad-Reiseführer lieferbar:

Holland per Rad
Irland per Rad
Schottland per Rad
Dänemark per Rad
Südschweden per Rad [neu 1989]
Nordwest-Frankreich per Rad (Normandie/Bretagne/Loiretal)
Süd-Frankreich per Rad
Ost-Frankreich per Rad [neu 1989]
Österreich per Rad
Ungarn per Rad
Mallorca per Rad [neu 1989]

Außerdem geplant: Nord-Italien, Belgien, Norwegen, England.

Jeder Band mit etwa 250-300 Seiten kostet **DM/sfr 19,80**.
Die genannten Bücher sind zu beziehen in jeder Buchhandlung oder direkt vom

Verlag Wolfgang Kettler, Czeminskistr. 5, 1000 Berlin 62
Tel. (030) 781 35 49
(Lieferung auf Rechnung auch ins Ausland)

Beim Verlag (und nur dort) gibt es außerdem ein Set von vier Postkarten mit Radfahrgrafiken von Jutta Herold aus den bisher erschienenen Büchern dieser Reihe zum Preis von **DM/sfr 2,00**.

Mit offenen Augen reisen